职业技术教育“十四五”重点教材建设项目

新媒体营销和运营实战

主　编◎梁晓晓　刘春霞

副主编◎覃丽燕　胡　吉　龙梦玲

参　编◎梁品寅　黄小静　郑　妍

何嘉扬　夏　曼　劳显茜

孙　娟　韩　英　宾壹杰

李建梅　龚伟慕

西南交通大学出版社

·成　都·

图书在版编目（CIP）数据

新媒体营销和运营实战 / 梁晓晓，刘春霞主编. —
成都 ：西南交通大学出版社，2023.1
ISBN 978-7-5643-9111-9

Ⅰ. ①新… Ⅱ. ①梁… ②刘… Ⅲ. ①网络营销
Ⅳ. ①F713.365.2

中国版本图书馆 CIP 数据核字（2022）第 254235 号

Xinmeiti Yingxiao he Yunying Shizhan

新媒体营销和运营实战

主　编　梁晓晓　刘春霞

责任编辑 / 罗爱林
助理编辑 / 周媛媛
封面设计 / 吴　兵

西南交通大学出版社出版发行
（四川省成都市金牛区二环路北一段 111 号西南交通大学创新大厦 21 楼　610031）
发行部电话：028-87600564　028-87600533
网址：http://www.xnjdcbs.com
印刷：四川煤田地质制图印务有限责任公司

成品尺寸　185 mm × 260 mm
印张　14.25　　字数　319 千
版次　2023 年 1 月第 1 版　　印次　2023 年 1 月第 1 次

书号　ISBN 978-7-5643-9111-9
定价　43.00 元

PREFACE
前　言

新媒体营销与运营是互联网营销环境下的热门话题，不管个人还是企业，都可以通过新媒体平台来进行市场营销，通过优质的内容输出打造口碑并累积知名度。新媒体营销传播速度快、成本低、信息量大、内容丰富、互动性强，能为企业宣传、产品销售带来良好的效果，因此十分重要。如何进行新媒体营销与运营？《新媒体营销和运营实战》给出了解决方案。

本书全面、系统地阐述了新媒体营销和运营的相关知识，理论联系实践，有利于学生快速掌握新媒体营销和运营的方法与技巧。全书共十个项目，内容涵盖新媒体营销概述、大数据时代的新媒体营销、新媒体编辑必备技能、新媒体文案策划、微博营销、微信营销、今日头条营销、抖音短视频营销、直播营销、新媒体营销数据分析的相关内容。本教材通过新媒体平台界面介绍、平台使用技巧、营销策略分析等，并结合丰富的实例，帮助学生提升营销和运营能力。

（1）应用性强。本书注重学生新媒体营销和运营能力与思维的全面发展，力求用更多的真实事例反复锻炼学生举一反三的能力。

（2）可操作性强。本书在讲述理论的同时提供新媒体营销实训平台，帮助读者了解如何运营实战，进行仿真练习，真实体验新媒体运营全过程。

（3）配套资源丰富。本书丰富的案例、知识链接和实战任务皆有助于更好地引导读者学习新媒体的相关知识，提高读者的学习效率。

（4）使用范围广。本书可以作为网络营销、新媒体营销、电子商务、互联网运营等相关专业的教材，也可以作为相关媒体从业人员和广大爱好者的自学参考书。

本书在编写的过程中，引用、参考了不少专家、学者的观点和许多博主的各类材料，在此向诸位同仁表示衷心的感谢，同时引用了一些视频的截图和人物形象的图片，再次予以感谢。由于编者知识水平有限，书中难免有疏漏之处，恳请广大读者批评指正。

编　者

2022 年 8 月

CONTENTS

目 录

项目一

新媒体营销概述

学习目标

熟悉新媒体与新媒体营销的相关概念。

了解新媒体营销的常用方法和工具。

认知新媒体的特征及新媒体平台分类。

引导案例

2018 年加多宝虽然输了官司，但在微博平台上，用自嘲的文案，配以幼儿哭泣的图片，在新媒体民意上算是占了“王老吉”上风。以下是加多宝的文案：

2 月 4 日 14:18——“对不起，是我们太笨，用了 17 年的时间才把中国的凉茶做成唯一可以比肩可口可乐的品牌。”

2 月 4 日 15:07——“对不起，是我们太自私，连续 6 年全国销量领先，没有帮助竞争队友修建工厂、完善渠道、快速成长……”

“加多宝”借助微博平台的自嘲文案，吸引了大量网友的讨论，获得巨大的流量。新媒体时代，消费者的参与需求越来越强烈，“加多宝”的“对不起”文案正是这一个特征的表现。

任务一　新媒体营销的概念和内涵

一、新媒体概述

媒体（media）一词来源于拉丁语“Medius”，意为两者之间。媒体是传播信息的媒介。媒体，从本质上讲，包含两层意思，第一层含义是指储存、处理、呈现、传递信息的实体，第二层含义是指媒体是承载信息的物体。

在广义的媒体定义中，媒体泛指人们用来传递信息与获取信息的载体、工具、中介物体、渠道或技术手段。加拿大传播学者、媒介技术学派的代表人物马歇尔·麦克卢汉，在他的著作《理解媒介》中认为：“从社会意义上看，媒介即信息。”“媒介即信息”这个理论，本质上没有那么复杂，简单来说，媒介是人体感官的延伸，就像文字，文字本质上也是媒介，印刷媒体和文字的结合便是人视觉能力的进一步延伸。

相对于广义的媒体而言，狭义的媒体就显得更加具体化，指的是常见的传统四大媒体，包括杂志、电视、报纸和广播，这四种媒体是人类社会发展过程中产生的早期媒体形式。而随着计算机网络及数字技术的发展新兴的一些新媒体，与过去的传统媒体相比，无论是从形态上还是使用方式上都有很大的差别。新媒体是相对于过去的这四种传统媒体而言的，涵盖了所有数字化的媒体形式，包括所有数字化的传统媒体、网络媒体、移动端媒体、数字电视、数字报纸杂志等。

“新媒体”是新的技术支撑体系下出现的媒体形态，如数字化的广播、杂志、报纸，以及现代社会生活中人们常用的手机短信、网络、数字电视、数字电影、触摸媒体、手机网络等。

相对于四大传统意义上的媒体，新媒体被形象地称为“第五媒体”。“新媒体”的概念并不是一成不变的，比如在 20 世纪 90 年代互联网刚兴起时，门户网站、论坛、电子邮件等也曾被称为“新媒体”。但随着时间的推移、网络技术的不断发展、数字技术的更新及移动互联网的发展，新生事物总是会替代旧事物，PC 端的网络媒体内容也逐渐被人们划分到传统媒体当中。最近这几年，“新媒体”的概念也发生了较大的变化，现在被称为“新媒体”的更多的是指随着移动互联网技术的发展而兴起的媒体渠道。当前我们经常讨论的新媒体是指：

① 社交应用类新媒体：QQ、微信、微博等，图 1-1 为微博界面。

② 新闻资讯类新媒体：今日头条、新浪新闻等。

③ 视频娱乐类新媒体：抖音、快手等，图 1-2 为抖音界面。

图 1-1　微博界面

图 1-2　抖音界面

一般来说，传统媒体的生产者大多比较专业，比如制片人、编辑、主播等，而作为普通大众，在其中充当的角色一般只是消费者。但是当新媒体出现后，每个人都可能成为内容生产者，都可以通过各类新媒体平台，如知乎、今日头条、微博、微信、抖音等发出自己的声音，向社会传达自己的看法。这是新媒体时代下的新特点。

二、新媒体营销概述

随着新媒体的出现，客户将原来花在传统媒体上的时间逐渐转移到新媒体上。因此，新媒体逐渐成为一些企业或个人进行市场投放的首选，新媒体营销也成为当下火热的营销趋势。那么，什么是新媒体营销呢？新媒体营销是随着信息技术的革新，互联网技术的进步，企业传统营销模式多样化态势的出现而发展起来的一种全新理念的营销方式。

伴随着 5G 高速通信网络时代的来临，新媒体营销对传统媒体产生了巨大的冲击，同时在各个行业都展现出了极强的发展势头。从媒体融合角度来看新媒体营销这个概念，新媒体营销是对传统营销的扩展与延伸，所获取的收效将不可估量，可以说是社会经济新的增长点。

不同于传统营销的思维方式，新媒体营销的思维方式更具沟通性、差异性、体验性、创造性和关联性。新媒体营销是通过“三步走”实现的。图 1-3 为新媒体营销的“三步走”步骤。

图 1-3　新媒体营销的“三步走”步骤

1. 策　划

根据产品的具体特征来提取核心诉求，采用合理的方式和表现形式进行事件营销。全面了解消费者的需求，充分利用人们的从众心理，使消费者在对事件的讨论中产生共鸣。

2. 舞台定位

选择合适的新媒体操作平台来进行新媒体营销。企业或个人可以在抖音、今日头条、微信等平台上制造话题，引导人们参与其中；也可以利用人群聚合效应，使产品的宣传得到更广泛的扩散。

3. 持续跟进

在完成前两步后，坚持持续跟进，以企业或个人的账号慢慢渗透来使新媒体营销的效果得到延伸。

【课堂活动】

学生分组，讨论以下哪种行为属于新媒体营销的活动类型？

① 在微信社群进行了一场主题内容分享，用户填写个人资料并关注公众号后可获得相关活动资料素材。

② 某知名博主在微博发起话题活动，评论、关注并转发可获得抽奖资格。

任务二　新媒体营销的方法和工具

一、新媒体营销方法

常见的新媒体营销方法有以下八种：病毒营销、事件营销、口碑营销、知识营销、互动营销、情感营销、会员营销、饥饿营销。

1. 病毒营销

病毒营销是一种常用于网站推广、品牌推广等的网络营销方法。它利用公众的积极性和人际网络，通过提供有价值的产品或服务，让营销信息像病毒一样传播和扩散，营销信息可以被快速复制并传向数以百万计的受众。“让大家告诉大家”，通过别人为你宣传，实现“营销杠杆”的作用。

网易云音乐发起了一场名为《看见音乐的力量》的营销活动，包下了杭州地铁1号线的车厢以及江陵路地铁站。从网易云音乐应用平台上的4亿条评论里，挑出点赞数最高的5000条，经人工筛选，最终选定85条，没有广告公司的参与，没有大手笔的费用预算，与其说是“音乐的力量”，倒不如说网易用户以原生、优质的文字内容戳中了人们心中的孤独感和表达欲，从而迅速地引爆了社交网络。经过一层层的“晒照”分享转发，最终成为不可跳过的经典病毒营销案例（图 1-4）。

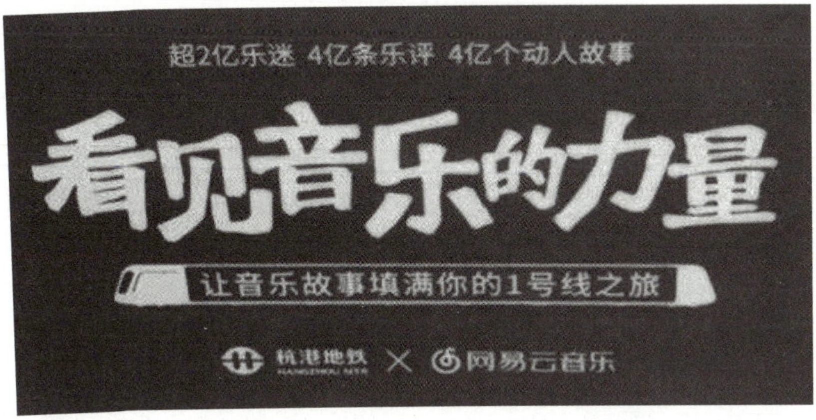

图 1-4　网易云音乐的病毒营销

2. 事件营销

事件营销是指企业通过策划、组织和利用一些具有比较大的新闻价值、社会影响或名人效应的人物或事件来吸引媒体、社会团体和消费者的兴趣与关注，以快速提高企业或产品的知名度、美誉度，树立良好品牌形象，并最终促成产品或服务销售的手段和方式。例如：

从普通素人到顶流网络红人，“甜野男孩”丁真仅用了 9 秒钟。随后，四川理塘文旅火速出手，让丁真担任理塘的旅游形象大使，更引发了“四川借势，西藏插足”的话题讨论。不得不说，对于热点的精准把握，确实给各大品牌好好上了一课。

事件营销方式具有受众面广、突发性强的特点，能够在短时间内使信息达到最大、最优传播的效果，为企业节约大量的宣传成本，近年来越来越成为国内外流行的一种公关传播与市场推广手段。

3. 口碑营销

“口碑”这一概念源于传播学，由于被市场营销广泛应用，所以衍生出了“口碑营销”的模式。传统的口碑营销是指通过朋友、亲戚的相互交流将自己的产品信息或者品牌传播开来。而在今天这个媒体泛滥、信息爆炸的时代里，对于天天接触到广告的消费者来说，他们对广告，甚至新闻，都具有极强的免疫能力。为了保持较好的营销能力，只有制造新颖的口碑传播内容才能吸引大众的关注与议论。总的来说，口碑是目标，营销是手段，产品是基石。

为了推广全球首个主动式智能厨房——方太智能 M，方太集团在母亲节时发布了一个短片。在这个长 6 分 13 秒的视频中，女主角通过智能设备远程控制方太智能 M，方太智能 M 根据主人最近的就餐时间与身体状况来调整饮食，自动开火烹调，同时还有净化空气、当闹钟、提醒各种需要注意的事项等功能。从起床到用餐，这款主动式智能厨房能用精确到秒的节奏准备你需要的美食。甚至在女主角失恋时，方太智能 M 也在安慰她（以提供蔬菜知识和全球失恋人数统计等形式），并给女主角做了可口的蛋糕，配上了背景字幕：懂你的胃，更懂你的心（图 1-5）。

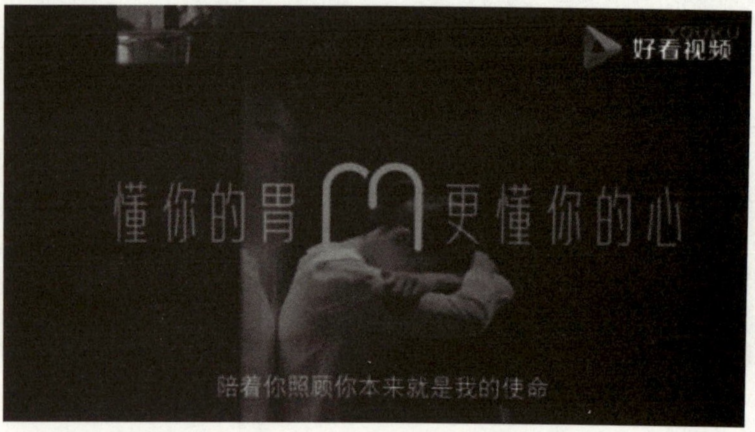

图 1-5　方太的口碑营销

视频最后提到："史上最强大的厨房智能，你想拥有吗？"接下来，方太揭晓了一个出人意料的答案——"其实，你现在已经拥有，Mother！世界上最大的智能是妈妈的爱。"整部影片中，方太智能 M 不仅仅是一个能干的机器人，更是一个像母亲一样全方面关心你、呵护你的智能饮食生活管家。它和母亲一样熟悉你的口味，精心为你准备一日三餐，注意保障你的饮食平衡与身心健康，方太智能 M 中的"M"即英文"Mother"（妈妈）的首字母。这个广告短片很好地塑造了"妈妈"这个文化符号，又突出了方太智能 M 的品牌内涵与优异性能，于是在方太产品的消费者中得到了很好的反馈效果。

4. 知识营销

知识营销是指通过科普宣传，让消费者不仅知其然，而且知其所以然，重新建立新的产品概念，进而使消费者萌发对新产品的需要的营销方式。

2017 年 8 月，奥迪在知乎上发起了一个话题——"用汽车发动机煎牛排这事靠谱吗？"。这个话题的产生是因为两位赛车手兼厨师克里斯和比尔曾经在《汽车发动机烹饪指南》一书中介绍了用汽车发动机烹饪美食的方法，指出只要将食物用锡纸裹好，直接放在发动机上，通过行车过程中发动机产生的热量，就可以将食物做熟。奥迪号召网友结合自己所学专业来脑洞大开一下：汽车发动机的热量足够煎牛排吗？

话题一发出，奥迪官方账号就抢先做了回答。在分析了发动机的工作原理后指出，发动机正常的工作温度是 85～105℃，而正常烹饪时，大火的温度一般在 180～250℃，而小火温度则在 100～150℃，发动机工作的温度和烹饪的温度两者是有一定重合度的。本着实践出真知的精神，奥迪还专门录制了一段 6 分钟的视频，一位美食达人先后在不同奥迪车型的发动机上制作了烤牛排、煎鸡蛋、烤龙虾、烤鸡翅等 9 道菜（图 1-6），通过不断地对比烹饪效果，得出结论：用汽车发动机烹饪食物是可行的，但对于车型和烹饪水平都有较高的要求，宝马即将上市的新车 R8 烹饪效果最好，其发动机堪称"史上最贵的厨房”。由于视频和配图在展现过程中很有冲击力，再加上较多的优秀回答者的参与讨论，使得最终话题浏览量高达 42 万多。奥迪也成功借助此次知识营销，为新车的上市做了预热。

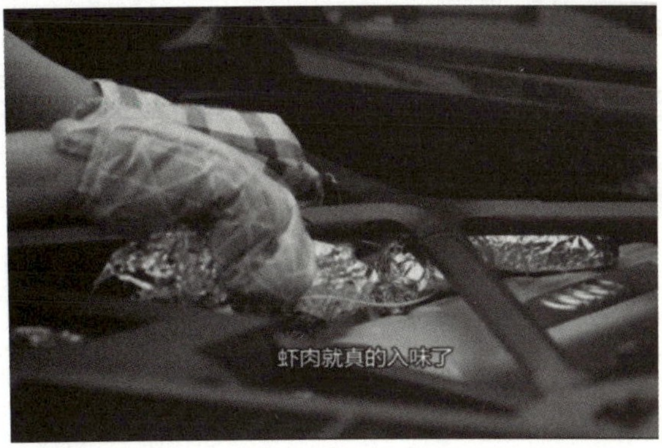

图 1-6　在发动机上烤龙虾

5. 互动营销

互动营销即互动式营销。相对于传统媒体，新媒体营销最大的特点就是互动，新媒体可以拉近企业和消费者之间的距离。而要想互动，首先就需要抓住双方的利益共同点，换句话说，互动营销也是双方共同采取的行为。

“公益”的字面意思是“公共利益”，“公益行为”是人们自愿为公共利益和他人利益付出财物和劳务的无偿行为。做公益除了捐钱捐物、出人出力，还能做些什么？捐声音！一个名为“为盲胞读书”的公益活动在微信朋友圈、微博中流传开来，短短两天，由此引起的微博话题阅读量达 1303.9 万之多。

“为盲胞读书，每人一分钟，让盲胞有书可‘读’。通过语音功能，朗读一小段文字，你就可以成为声音的捐献者，为盲胞制作充满温暖的有声书。”“为盲胞读书”微信公众号称，该平台旨在发动 3.63 亿微信活跃用户录制 1 分钟的书篇节选，以“点亮”我国 1263 万盲胞的精神世界。“为盲胞读书”是一场双赢的活动，不仅能唤醒身边更多人的善意，带动更多人参与公益活动，而且能真正帮助有视觉障碍的人群“阅读”到更多的书本。(图 1-7)。

图 1-7　“为盲胞读书”微信互动营销案例

互动营销可以给我们带来四大好处：促进客户的重复购买、建立长期的客户忠诚、有效地支撑关联销售、实现顾客利益的最大化。将互动营销作为企业营销战略的重要组成部分来考虑是未来许多企业的发展方向。

6. 情感营销

情感营销就是把消费者个人情感差异和需求作为企业品牌营销战略的核心，通过借助情感包装、情感促销、情感广告、情感口碑、情感设计等策略来实现企业的经营目标。

伊利与网易合作推出了“热杯牛奶，温暖你爱的人”的主题项目，借助暖意，打通寒冷的冬日。活动搭载于网易新闻客户端之上，以 H5 页面的形式，主打温暖视觉及手掌互动。为吸引用户互动，开屏画面即呈现覆盖了寒气的窗玻璃，就像冬日在窗上涂鸦一样，只要用户擦擦屏幕，暖心的文字就会浮现出来，温暖氛围就此被营造出来。而随后的手掌互动，更进一步带给用户“温暖”体验，用户只需将手掌贴在屏幕之上，利用手机屏幕的感应机制，牛奶就可以被“加温”。为了扩大传播，活动中还设置了分享朋友圈，邀请好友一起加热的环节，借助“一杯牛奶”的暖意，激发用户传递爱（图 1-8）。

伊利既是品牌也是信息，“为爱热牛奶”既是内容也是情感，消费者乐于参与内容的互动和分享，同时也并不排斥信息的表露。品牌较为实效的互联网数字营销，是“内容 +”的模型，例如，内容 + 情感、内容 + 信息、内容 + 品牌等多维度传播，这样才能使广告具有持续的“传递”效果。

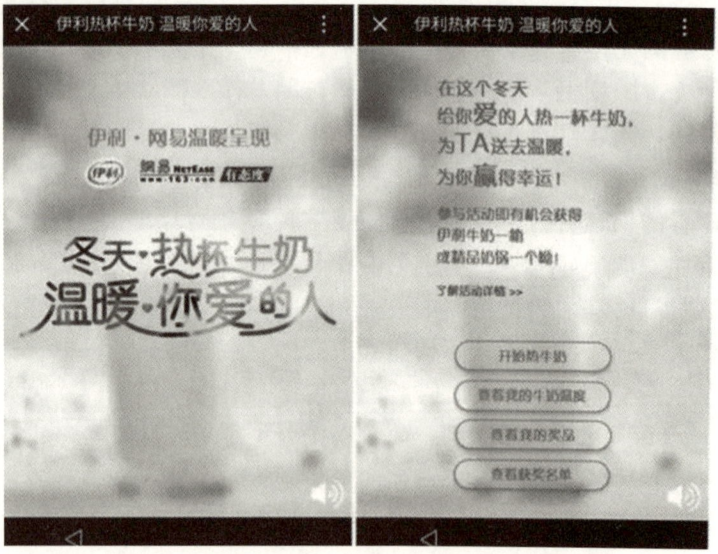

图 1-8　伊利情感营销

7. 会员营销

会员营销是一种基于会员管理的营销方法，商家通过将普通顾客变为会员，分析会员消费信息，挖掘顾客的后续消费力及其终身消费价值，并通过客户介绍等方式，实现客户价值的最大化。

“家春秋”餐厅就做过一次活动，工作人员扮演成熊大熊二和客人玩石头剪子布，客人赢了就送小礼品、优惠券等。这家店地处社区，光顾的客人很多都带着孩子来就餐。孩子看到熊大熊二非常好奇，会想要跟它们玩石头剪子布，大人看到猜拳有机会得奖品也会想着重在参与（图 1-9）。

这时有的客人会拉住服务员说：“我也想猜拳。”服务员借机说：“这是本店回馈会员的活动。”客人就会问：“你们这儿会员怎么办理？”

接下来服务员就以服务和解释的方式，完成了一次会员营销。

图 1-9 会员营销

会员营销实质是一种顾客管理模式。一般来说，开发一个新客户的成本要比维系一个老客户的成本要高——获取一个新客户的成本是维护老客户成本的 5~6 倍，确保老顾客的再次消费是降低销售成本和时间成本的最好办法。会员营销是商家为了维系与顾客之间长期、稳定的关系而演变成的一种营销模式、营销手段，通过提供差异化服务和精准的营销来提高顾客的忠诚和活跃度，从而提高商家的销售额。

8. 饥饿营销

所谓饥饿营销，就是指通过调节供求两端的量来影响终端的售价，达到稳定销售目的。

在日常生活中，常常碰到一些现象会导致品牌产品限量供应。比如最早期的小米手机，通过限量供应的方式引起了智能手机爱好者的广泛关注，并因此产生大量的话题，为小米手机赢得热度，稳定了销量业绩。

在这里要注意的是，要实施“饥饿营销”策略，首先产品要拥有消费者的认可，并且有足够的市场潜力，才会有施展的空间，否则就会徒劳无功，甚至得不偿失。因此，企业如果在饥饿营销中实施过度，把产品的价格定得过低，导致消费者期望过大，同时又把产品供应量限制得太紧，使得超过消费者的等待时间或者可承受价格，令消费者“期望越大失望越大”，就会使消费者转移注意力，寻找其他企业的产品。

二、新媒体营销的工具

随着移动技术和信息技术的不断发展，在进行新媒体营销时，可以借助各种先进的工具。这些工具对于营销活动的顺利展开帮助很大，值得营销者使用。

1. 图片处理工具

在新媒体营销中，作为视觉化呈现的重要一环，图片的重要性不言而喻。无论是微信公众号、微博还是今日头条，都需要为文章配图。图片处理技能主要体现在以下几个方面：一是给文章配图，二是图片的处理，三是海报设计。一般来说，新媒体常用的图片处理工具有 Photoshop、创客贴、美图秀秀等。其中 Photoshop 较为常见，在图片处理方面的效果更好；创客贴是一款多平台（Web、Mobile、Mac、Windows）极简图形编辑和平面设计工具，无须下载任何客户端，只要计算机处于联网状态，打开浏览器进入网站即可使用；美图秀秀功能极多，可以在手机上添加水印。不同的图片处理工具各有优势，如果配合使用，就可以制作出效果良好的图片。

图 1-10 所示为创客贴登录界面。登录后可看到丰富且可免费使用的商用图片、图标、字体等素材，用户可以在“模板”中选择合适的模板套用，大大降低了平面设计的难度。

图 1-10 创客贴

2. 文字排版工具

文字是新媒体载体中最基本和最常用的元素，是新媒体信息传播的重要载体。大部分新媒体传播形式都是以文字表现形式为主的，即使是漫画或视频，也都是以文字为基础的。文字是新媒体内容的核心，而排版是新媒体内容呈现中不可或缺的部分。浏览者除了对内容质量有要求，还看重阅读体验，因此文字排版尤为重要。

常见的文字排版工具有秀米排版、135 编辑器、i 排版，图 1-11 所示为秀米排版。

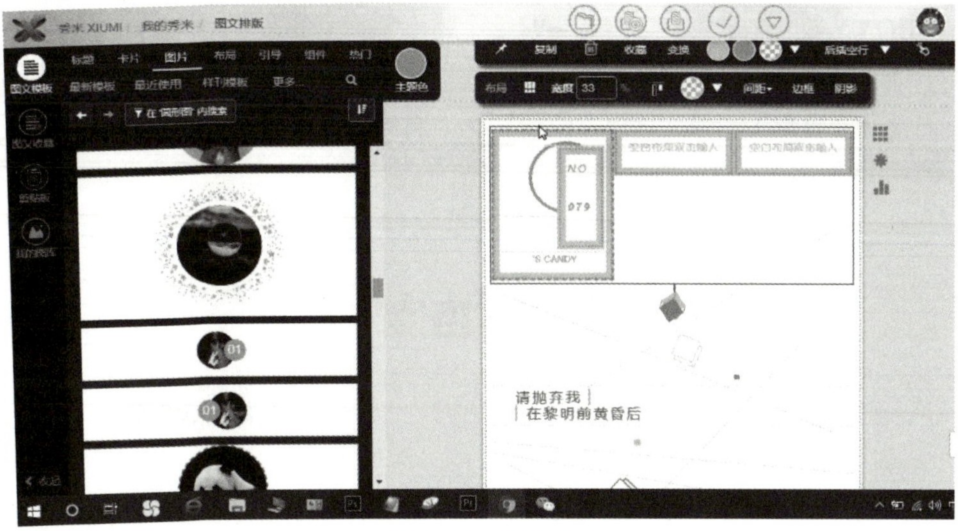

图 1-11　秀米排版

3. 视频处理工具

在进行新媒体营销时，会发布一些小视频，这就需要运用到视频处理工具。常用的视频处理工具有爱剪辑、会声会影、剪映、快剪辑、Premiere 等。

4. 存储工具

在新媒体平台上发布信息要进行存储，这就需要运用到存储工具。常用的存储工具有百度网盘、360 云盘、腾讯微云等。图 1-12 所示为百度网盘。百度网盘是一款优秀的云存储产品，已为超过 7 亿用户提供服务，覆盖主流 PC 端和手机操作系统，空间超大。它支持照片、视频、文档等多类型文件的云端备份、分享、查看和处理，自建多个数据存储中心，更有国际顶尖安全认证为用户数据安全提供护航。

图 1-12　百度网盘

5. SEO 工具

SEO 即搜索引擎优化。在进行新媒体营销时，利用搜索引擎优化，可以改进品牌的关键词排名，获得更多流量，进而将流量转化为利润。常用的 SEO 工具有百度、360 搜索等。图 1-13 所示为百度查询。

图 1-13　百度查询

6. 运营助手

运营助手可以简化新媒体营销的运营流程，使营销取得更加出色的效果。常用的运营助手有新媒体管家、西瓜助手、爱微帮等。

爱微帮是一款面向新媒体的软件工具和数据平台。爱微帮运营助手可以帮助新媒体作者更好地编辑内容，添加图文、视频和各种素材等，设定时间自动发布媒体内容，帮助作者提高效率并节省时间。作者可以通过爱微帮运营助手更好地了解和跟踪用户的访问行为和阅读统计，同时还可用运营助手分析公众号同行和广告主的一系列数据。图 1-14 所示为爱微帮登录界面。

图 1-14　爱微帮

【知识链接】

新媒体营销的核心理论

市场营销中有诸多理论，包括 4P、4C 和 4I 等。而在新媒体营销中，也可以使用 4I 理论。4I 理论适用于传播方式较为广泛的网络营销，如微信营销、互动营销、自媒体营销等。

随着多元化网络新媒体形式不断出现，信息开始过剩，传统的营销理论已经很难适应新媒体时代背景下媒体发展的需求，4I 理论应运而生。图 1-15 所示为 4I 理论的原则。

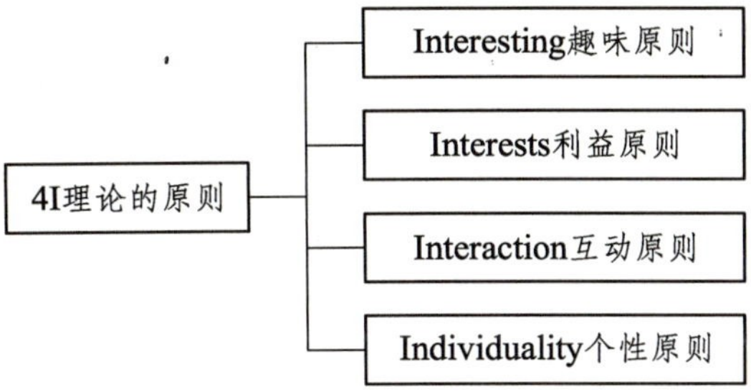

图 1-15 4I 理论的原则

1. Interesting 趣味原则

中国互联网以娱乐为基本属性之一。在互联网这个“娱乐圈”中，不管是做广告还是做营销都要符合娱乐性和趣味性的原则。

2. Interests 利益原则

新媒体营销活动要为目标受众提供切实可行的利益。任何营销活动都要站在目标受众的角度思考问题，分析一下目标受众为什么要参加你的活动、参加你的活动对他们有什么好处。分析目标受众的心理，结合营销方式和技巧，设法激发目标受众的参与欲望，最终就能引导目标受众产生进一步的行动。

3. Interaction 互动原则

新媒体具有交互性，利用新媒体的特性与客户进行交流，可以使新媒体营销的作用发挥到极致。新媒体营销若能做到高度互动，将会带来意想不到的效果。

4. Individuality 个性原则

新媒体营销实现个性化，将会使客户得到被关注、被重视的满足感。以投其所好的方式进行新媒体个性化营销，不仅可以引发互动，还能让客户感觉这个营销活动就是为自己量身打造的，使客户的虚荣心得到极大的满足，从而促成交易行为。

【课堂活动】

你熟悉哪些新媒体营销方法？新媒体营销的工具有哪些？请自拍一张相片，并用你比较熟悉的图片处理工具进行处理，处理完之后发布至微信朋友圈。

任务三 新媒体平台介绍

一、新媒体的特征

1. 数字化

数字化是新媒体的根本特征。新媒体的传播具有非线性的特点，信息的发送和接收可以同步进行，也可以异步进行。

2. 互动性

新媒体传播者和受传者的角色界限模糊，用户不再被动地接受信息，仅充当倾听者、消费者的角色，而具有了与传播者交互信息的功能，甚至转变成传播者的身份。从某种程度上说，用户也是传播者。新媒体使每个人不仅有听的机会，而且有说的条件，新媒体呈现出前所未有的互动趋势。

3. 相对性

新媒体是一个相对概念，会随着传媒技术的进步而不断发展，就目前技术的表现而言，新媒体主要包括互联网媒体和手机媒体两大类。

二、新媒体平台介绍

新媒体平台也随着互联网的快速发展，更新了一代又一代。现如今，我们说的新媒体平台，一般指微信、微博、今日头条这一类平台，这类平台按照媒体性质归纳为五个大类：

1. 半封闭式媒体

这类新媒体主要包括：微信公众号、QQ 公众号平台等。

这类新媒体平台对内容要求较高，对用户认同感要求高。主要是针对关注自己公众号的粉丝的一个内容传播，传播范围有一定局限性。只有关注账号的用户，才能接收到信息。

2. 短信息平台

短信息平台类似于朋友圈，这类平台主要是适合快速阅读，利用人们碎片化时间提供比较短小的内容发布的平台，优质内容也会得到平台推荐。常见的有：新浪微博、今日头条的微头条、Twitter 等。

3. 开放式推荐媒体

这类新媒体平台，适合想做自媒体的人。由于在原创上动力不足，平台推出合理的推荐机制，甚至设置各种奖励机制以鼓励原创。比如：今日头条的广告分成等。这类新媒体平台主要有：趣头条、今日头条、搜狐自媒体、网易自媒体、一点资讯、UC 自媒体、百家号、企鹅号等。

4. 视频式平台

视频，有长视频和短视频。

长视频一般指超过半个小时的视频，常见的长视频内容是综艺、影视剧等，常见的长视频平台主要有：优酷、爱奇艺、乐视、腾讯视频等。

短视频是指在各种新媒体平台上播放的、传递碎片化内容的、适合在移动状态和短时休闲状态下观看的、几秒到几分钟不等的视频内容。短视频内容以娱乐、生活为主，大部分短视频具有简单、快节奏的特点。常见的短视频平台主要有：抖音、微视、快手、美拍、火牛视频、抖音火山版等。

5. 问答平台

问答平台主要有：悟空问答、百度问答、知乎问答、微博问答、搜狗问答、360 问答、手百问答等。

百度、知乎、微博、搜狗、360 等问答平台主要用来做品牌宣传，软性植入品牌、推广品牌，从而获得粉丝流量。像悟空问答，不仅可以获得粉丝流量，宣传品牌，还可以赚点零花钱。平台的资金扶持给予优质原创问答红包奖励。手百问答则是通过内部签约作者来回答问题，而每个问题回答都可以获取收入。

按照内容形式新媒体平台可分为三类：

1. 图文类

图文类的自媒体，主要以微信公众号、百家号、企鹅号、知乎自媒体等为主，这些内容平台对图文形式相对比较友好。

微信公众号平台，是较为主流的新媒体平台，优点在于平台对内容的开放度更大，适合缓慢积累粉丝，以粉丝订阅为主，常见的变现形式为流量主和第三方广告接单。

百家号、企鹅号则是推荐算法类平台，对内容的要求更高，一篇好的内容，如果符合平台的推荐算法，即使粉丝较少，也能获得较高的阅读量，其中百家号的变现能力更强，企鹅号一般。

知乎则属于问答类型的图文平台，变现形式以带货为主，对内容质量要求较高。

2. 视频类

视频，有长视频和短视频。与前面介绍内容一致，在此不再重复。

3. 直播类

直播是比较新型的内容形式，具体分为电商直播、游戏直播以及娱乐直播等。常见的平台有百度直播（YY 直播）、视频号直播、淘宝直播、京东直播以及快手抖音直播等。

百度直播依托百度的搜索算法，正在发展当中。淘宝和京东的直播比较垂直，适合电商类有货源或者垂直可变现的领域作者。抖音快手的直播则更加多元一些，无论是游戏娱乐还是电商都能获得用户和收益。

【课堂活动】

结合自己日常使用手机或平板电脑上网的体验，围绕下列问题展开深入思考，并与同学进行讨论。

你手机上安装了哪些 App？对你而言，最重要的 App 是哪几个？为什么？

项目二

大数据时代的新媒体营销

学习目标

了解新媒体营销的流量思维。

认知大数据时代新媒体营销发展趋势。

引导案例

云南白药“大数据 + 明星”品牌营销

2017 年 6 月。云南白药牙膏官方旗舰店在淘宝网上开业，为了让大众了解这一消息，同时提升品牌曝光度和认知度，云南白药联合阿里进行了一场大数据技术、明星效应以及跨界宣传的开业营销。对于很多刚开张的线上门店而言，短期的品牌曝光和销售冲量或许是很常规的开业营销目的，而对于云南白药来说，其不同在于，刚上线就致力于通过开业营销来为品牌“沉淀长期营销优势”，所以和阿里的合作，主要是放眼于品牌形象的打造和传播，以获得长远的品牌效应。

为了达到这个目的，在品牌特点和产品优势的基础上，云南白药主要是借助阿里的生态平台以及大数据技术来对淘宝用户进行数据采集和分析，包括用户的搜索、浏览、点击、购买、分享等行为的深层次了解，知晓淘宝用户的使用习惯和偏好，并针对其年轻化的主要特点，结合云南白药自身的特性，策划出了将明星粉丝转化为店铺粉丝的一条营销思路，专攻明星粉丝这一人群，并进一步针对两位明星代言人黄晓明和井柏然的粉丝来组织营销互动活动。

为了激发两大明星粉丝群体的参与和互动热情，云南白药和阿里在淘宝发起了帮偶像上头条的活动，通过 PK 的方式来增强粉丝和品牌的互动。活动一出就取得了非常好的效果，在短短几天内就引来数万粉丝的活跃参与，为旗舰店迅速带来了超过 30 万粉丝，在短短的时间内就得到了极高的品牌热度。

此后，云南白药还与当时热播网剧《春风十里不如你》的原著作者冯唐进行了联合跨界 IP 营销（Intellectual Property，知识财产），推出了“春风十里”的主题套装；并借助阿里大数据技术对优酷观剧人群进行了与淘宝用户重合度的数据收集和分析，同时在其他的一些平台上也做出了相应的重合度抓取，将这些资源进行整合，针对性地设计出了一套 IP 媒体矩阵。用这种方法，云南白药牙膏成功获得了销量上的显著提升。

任务一　新媒体营销的流量思维

互联网争夺的是流量，不论是对于平台还是对于企业来说，流量意味着体量，体量意味着分量。“目光聚集之处，金钱必将追随”，流量即金钱，流量即入口。

一、流量思维概述

流量思维是指在价值链的各个环节中，都要以“流量多少”为核心来思考问题。营销人员在开展营销活动的过程中，需要注重带给企业、产品的流量和关注度的大小，将更多的用户关注度引导到所营销的对象上。

“流量”这一概念是随着互联网的发展而流行起来的，简单而言，流量就是浏览量、互动量。流量越高，说明营销活动所触达的用户就越多，营销活动的效果也就越明显。对于企业而言，流量越高，就意味着其与用户的互动越频繁，用户越了解企业及其产品，最终实现购买的可能性也就越高。

随着互联网的发展，“流量”这一概念也在不断地发展变化之中。忠诚度高的粉丝群体开始成为流量中最为坚实、忠诚的一部分，随之而来的粉丝经济能够带来巨大且长期的经济利益，是营销人员的必争之地。因此，在流量思维的基础之上，粉丝经济思维也成了新的营销发力点。

从本质上讲，粉丝经济是由粉丝、明星及第三方企业支撑起来的新型经济形态。在这个利益群体中，明星是商业价值的承载体，粉丝是商业价值的实现者，第三方企业是商业价值的投资者和受益者。在商业环境下，粉丝经济可以细分为两种表现形式：一是企业聘请现有的娱乐明星为企业和产品代言，从而吸引该明星的粉丝，为企业和产品引导粉丝流量，最终实现粉丝经济；二是将企业自身明星化，利用企业自身的特性或高管的个人魅力吸引专属于企业的粉丝，如小米公司就以其独特的产品和个性，吸引了一大批忠实的米粉，通过这部分企业的粉丝实现粉丝经济。粉丝经济主要关注的是流量的质量，即粉丝群体强大、稳定的购买力和坚实的用户忠诚度。对于狂热的粉丝而言，只要是企业推出的产品，他们都会在第一时间购买，从而为企业带来稳定的收益。

在新媒体时代，众多企业通过广泛的发声渠道，开展着十分激烈的“粉丝争夺战”，其目的就是更多地获取用户的注意力、与用户互动、占据用户的心智空间，从而获取竞争先机。

二、流量获取策略

“天下没有免费的午餐”，但为了更快、更多地获取流量，企业往往愿意使用“免费”或“伪免费”的方式，以零价格或者极低的价格向用户提供产品或服务，以换取用户的大量关注。免费，就是新媒体时代获取流量的一大杀手锏。

首先需要说明的是，在这里所讨论的“免费”并不仅仅代表完全免费，也包括用户不直接为产品付出金钱成本这种形式。为了获取“免费”的产品，用户可能需要付出非货币的成本作为交换，如提供个人信息、关注企业的微信公众号、为企业进行口碑传播等方式。虽然从本质上讲，获取这种“免费”的产品是需要付出一定成本的，但对于用户而言，这种只耗费时间或者提供信息的交换，完全可以看作是免费的，而大多数人都爱占便宜。因此，“免费”对用户有着十分强大的吸引力，也就成为企业迅速获取流量的一大策略。

在商业领域讨论免费策略的集大成之作——《免费：商业的未来》一书中，美国《连线》杂志主编克里斯·安德森认为，新型的“免费”并不是一种左口袋出、右口袋进的营销策略，而是一种把产品或服务的成本压低到零的新型杰出能力。①

那么究竟什么是“免费”的商业模式呢？根据《免费：商业的未来》所言，这种新型的“免费”商业模式是一种建立在以计算机字节为基础上的经济学。免费成为了一种经济模式，这种经济模式基于比特经济学。②如果某样东西成为软件或其他形式的数字化产品，那么它的成本和价格也会趋零化，因为软件的生产不过是代码的复制粘贴而已，几乎不存在额外的成本。在数字经济、电子商务等新兴方式的助推下，这种趋势正在催生出一个体量巨大的新经济，这也是前所未有的。在这种新经济下，产品基本的定价就是“0”，这是数字化时代的一个独有特征。因此，企业和营销人员就可以利用“零成本”实现“零价格”，进而实现“免费”的商业模式，吸引到足够多的用户，从而获取更多的流量。

对用户来说，“免费”是一种全新且非常具有吸引力的商业体验，而对企业来说，“免费”更多的是一种新时代的生存法则，是企业获取流量的“快速通道”。

【课堂活动】

试分析在新媒体时代，众多企业开展“流量争夺战”的目的是什么？如何有效获取流量？

任务二　新媒体营销的用户分析

一、用户思维

在市场经济条件下，用户思维是各行各业生存的基本法则。企业不考虑用户所需，

---

①② 杜鹏、佟玲等：《新媒体营销》，人民邮电出版社 2021 年版。

闭门造车，即便用尽心思，提供的产品也难以抵达用户，更不用说锁定用户了。因此，企业必须花更多的时间及精力读懂用户思维，精准地把握用户的真实需求。

1. 用户思维概述

新媒体时代的来临，将用户的重要性提升到了新的高度。由于新媒体“人人皆可发声”的特性，用户在商业中的参与度和影响力得到了空前的提升，在企业及其营销活动中有了更大的话语权。因此，营销人员必须具备良好的用户思维。简单而言，用户思维就是“以用户为中心”，从用户的视角，站在用户的角度考虑问题，时刻为用户着想，针对用户的各种个性化、细分化需求设计个性化产品，提供具有针对性的产品或服务，实现精准营销，真正做到“用户至上”。

新媒体的发展给营销人员带来了新的机遇和挑战。一方面，营销人员可以利用新媒体渠道与用户建立更加即时、紧密的联系，通过新媒体营销活动与用户进行更多的互动，从而获取更多的第一手需求和反馈，推动产品和营销策略的改进；另一方面，用户同样可以利用新媒体渠道发声，曝光其在消费、使用产品或服务的过程中遇到的问题，而这些负面信息一旦发酵，就有可能引发企业的公关危机，对企业的发展产生不利影响。因此，如今的营销人员必须从用户的角度进行思考，既要满足用户的多样化、个性化需求，也要防止用户在消费、使用产品或服务的过程中可能出现的负面情绪对企业的营销活动造成负面影响。

2. 用户思维的法则

为了更好地掌握和运用用户思维，企业需要遵守相关的法则。培养和使用用户思维的方法很多，可谓“百家争鸣、各有所长”。

（1）得大众者得天下

从市场的角度而言，大部分的消费者都是收入处于中等水平的消费者，也就是大众消费者，他们的经济水平和购买力都较为有限，但却有着极为庞大的数量和稳定的需求，因此作为一个消费者群体，他们有着十分强大的消费能力。对于任何一个企业而言，大众消费者也是消费者的主力军，他们的购买力和影响力都是不容小觑的。在新媒体时代，以往默默无闻的普通消费者们拥有了更多的发声机会和渠道，也就凭借其庞大的数量拥有了更大的影响力。众口铄金，普通消费者的发声往往能够获得广泛的关注和认同，可以对企业的营销活动产生至关重要的影响。处理好和大众消费者的关系，既可以有效地保障企业利益，又可以获得良好的社会效应。

对于营销者而言，关注绝大多数平凡的消费者有着重大的意义。他们或许千人千面，但又千人一面，值得在营销过程中给予极高的重视。小米在智能手机刚刚兴起、价格居高不下的 2011 年前后，十分敏锐地察觉到了这一当时的“高端商品”在大众市场内的巨大消费潜力。通过良好的市场运作、营销活动和产品研发，小米推出了小米 1 这一款主打超高性价比，瞄准大众市场的产品，使得更多的普通用户可以用得起智能手机，引起了抢购风潮，打响了中国智能手机市场的一声惊雷。时至今日，凭借着多年以来在中低端市场上累积下来的声望，小米已经占据了国内智能手机巨大的份额，获得了高额的营收，并成为互联网和硬件行业举足轻重的力量之一。

（2）兜售参与感

参与感指的是用户不仅出现在产品的最终购买、使用环节，更参与到产品研发、设计、营销等环节中，从而对产品、企业及其营销活动产生的特殊情感。向用户提供参与感也是用户思维的一个重要法则。

通过参与，用户会对企业和产品赋予更多的情感，发自内心地对企业和产品产生信赖感、忠诚感，在未来的实际购买和口碑传播中，都会给予该企业更多、更好的反馈，并有可能成为企业的忠实用户。而企业也可以从用户参与的过程中收获更多的创意和信息，用以完善产品、推进营销活动的开展，实现向用户思维的转变。

在新媒体时代，用户有了更多的参与渠道，也有着更强的参与热情、意愿和能力。小米在向用户提供参与感方面走在时代和行业的前列。正如小米联合创始人黎万强在其著作《参与感》中写的那样，几乎从小米进入大众视野开始，甚至在小米手机发布之前，其推出的小米社区就成了大众关注的焦点之一。小米社区不仅是一个让用户日常聊天、交流使用感受的平台，更是一个让用户向研发工程师进行反馈、参与产品设计过程的平台。秉承着“小步快走，快速迭代”的思想，小米的手机系统 MIUI 几乎每周都会更新，而大部分功能更新的创意都来源于小米社区的用户。小米社区的用户在使用过程中发现的不足或者对此提出的建议，可以通过小米社区直接进行反馈，并最终由工程师进行可行性筛选和技术实现，从而为小米生态添砖加瓦。小米社区的用户在参与研发、更新的过程中，也变成了企业产品研发和新媒体营销的参与者，由此会产生强烈的参与感。面对由自己提出并最终被实现的建议，用户往往有着十分强烈的分享意愿，乐于主动进行口碑传播，企业也由此提升了自身和自身产品的社会影响力，可谓一举多得。

（3）用户体验至上

在马斯洛需求层次理论中，人们在最基础的需求得到满足之后，就会追求实现更高级的需求，在消费领域同样如此。随着购买能力的上升，用户不再局限于满足最低层次的需求，而开始更加关注产品的附加价值，尤其是在购买、使用产品时的体验，这也向新媒体时代的营销人员提出了新的挑战。

用户体验至上的核心，不是营销人员做了什么，而是营销人员让用户感受到了什么。事实上，用户体验是一种十分主观的感受，是用户在接触、购买、使用产品或者服务的整个过程中形成的综合体验。不同的用户面对同一对象，可能会产生不同的体验。要形成好的用户体验，营销人员一定要重视相关过程中的每一个细节，哪怕是一些认为普通用户不会在意甚至不会注意的细节，也要认真进行打磨。

比如，以往的视频软件切换方式往往是割裂化的，即用户观看完一个视频后，需要回到主界面，再点击新的链接，才能观看下一个视频，这在使用过程中给用户带来了不便。而抖音等 App 使用的瀑布流浏览方式就改变了以往的切换方式，页面会随着用户的下拉不断出现新的内容，从而营造出连续的观看体验。这种方式既方便了用户的浏览，带给用户更好的使用体验，又延长了用户的使用时间，这便是设计人员在用户体验方面做出的改进。

二、用户特点

新媒体时代和传统媒体时代的用户显然是不同的。

1. 传统媒体时代的用户行为

人类传统的行为模型是 S—O—R 模型，对应的中文就是“刺激—机体—反应”模式，即“刺激一个体生理、心理一反应”。该模型表明消费者的各种行为是由刺激引起的，这种刺激来自消费者身体内部的生理、心理因素和外部的环境因素。

消费者在各种因素的刺激下产生动机，动机是在需要的基础上产生的，在动机的驱使下做出具体的决策反应。

如果发生了购买行为，消费者还会在购买后对购买的产品及相关渠道和厂家做出评价。一次完整的购买决策过程一般包括：引起需求、收集信息、评价方案、决定购买和购买后行为等阶段。消费者购买决策过程如图 2-1 所示。

图 2-1　消费者购买决策过程

我们为什么会消费？人们购买一种商品的行为并不是突然发生的。菲利普 · 科特勒在传统行为模型的基础上提出了一个强调社会两方面的消费者行为的简单模型，该模型说明消费者的购买行为不仅受到营销的刺激，也受到外部因素的刺激。而不同特征的消费者会产生不同的心理活动。消费者在购买商品时，都会有一个决策过程，只是因购买者类型和其购买的产品类型不同而使购买决策过程产生区别。消费者通过决策做出购买判断，最终形成对产品、品牌、经销商、购买时机、购买数量等的选择。图 2-2 所示为科特勒行为选择模型。

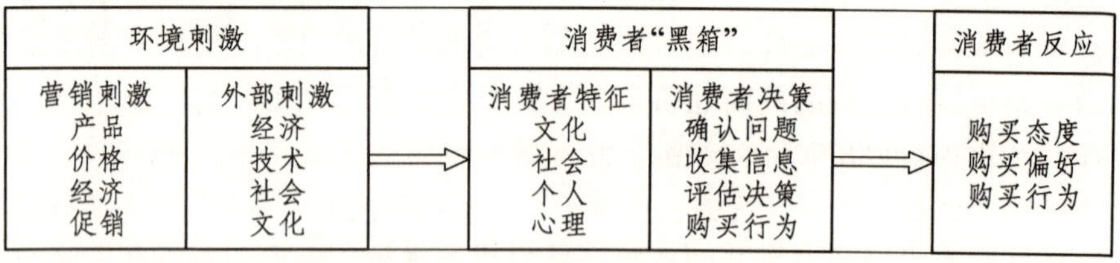

图 2-2　科特勒行为选择模型

2. 新媒体时代的用户行为

（1）新媒体时代消费者行为的特点

在新媒体不断发展的时代背景下，消费者行为不再只受传统因素的影响，在消费者行为中，我们能够看到更多的感性因素，主要包括以下几个方面。

① 寻求趣味性：在新媒体时代，消费者的思维方式和行为方式都已经发生了一些变化。在知识更新换代如此快、网络如此发达的今天，面对互联网带给他们的海量信息，

消费者一般会主动或被动地同时做多件事情。在以手机为代表的移动终端，这种变化主要体现在：消费者对信息的关联性和趣味性要求大大提高，如果信息无法让他们感受到乐趣，他们的注意力就不会被吸引，这样企业锁定目标消费者的能力就越来越弱，目标消费者也越来越分散。这对企业开展营销活动提出了更高的要求：当新消费市场涌动的细分场景与个性化满足的需求不断迭代，满足新媒体时代新型消费者需求已成为必然。

以当前比较流行的短视频 App 抖音为例，抖音的“走红”很大程度上是因为它包含的内容具有很高的趣味性。抖音捧红了很多店铺，如土耳其冰激凌店的小哥用有趣、开玩笑的互动吸引消费者；重庆靠其独特的城市风貌和有趣的交通道路，吸引了更多的游客。这些都是在新媒体时代背景下，遵循消费者的行为变化规律，靠消费者所青睐的具有趣味性的模式进行营销，从而实现良好营销效果的案例。

② 注重互动：随着互联网高速发展，口碑的传播范围与影响力都在逐渐扩大，消费路径为“感知—兴趣和互动—链接与交流—购买行动—信息分享”。通过各种渠道，消费者能够轻而易举地感知到产品信息的存在，主动地与企业对话、深入了解产品细节，全面了解产品，进而实施购买行动。同时，社会化网络还为消费者提供了一个分享产品信息、购物体验的平台，能够给消费者提供沉浸式的购物体验，用户乐意分享评价，这些口碑信息也就成了其他消费者“感知”的开端。这样的消费路径的变化，导致了现在的营销活动不再是单向的，而是消费者主动与企业进行互动，同时在互动中增强自己的存在感。而这种互动往往是多个方向的互动，它不仅存在于企业与消费者之间，还存在于消费者与消费者之间。借助互联网，消费者可以多重形式、多种角度地进行产品信息的交换。

③ 追求个性消费：在新媒体时代，消费者越来越追求个性化的消费模式，所以近年来定制化的营销模式也越来越受到大家的喜爱。无论是定制化的家居服务，还是各大打车软件推出的定制化专车，或餐馆推出的定制化套餐，都是满足消费者个性化需求的营销策略。之前比较火的“答案茶”正是迎合了消费者追求个性的心理，通过让消费者提前写好问题，并将问题答案隐藏在奶茶杯上的方式，给予不同消费者不同的答案，以满足消费者的好奇心；同时也用这种定制化、个性化的方式，赢得了更多消费者的青睐。

④ 容易超前消费：网上货架的无限性使得更多长尾产品有机会露出，商家通过大数据分析消费者购买行为后进行精准的交叉推荐，更容易刺激消费者产生新的购买需求。比如，消费者除了要购买数码相机，可能还会购买存储卡和与摄影相关的书籍，这时商家通过交叉推荐，容易产生更多的销售额。由于摆脱了距离、交通、营业时间等方面的限制，再配合发达的物流体系，地点与区域已不再成为消费者购买产品的限制条件。电子支付方式和现金支付方式相比，前者不容易刺激消费者的自我克制心理，从而提高了每一次购买的随意性，所以有了“剁手党”这一消费者群体。导购网站和社交网络的诱导和炫耀性刺激也引发了消费者更多的购买行为。

正是这样的消费者行为变化，使得花呗、京东白条、分期付款等功能迎来了广阔的市场，消费者很难在当前的互联网时代控制自己的购买欲望，因而容易产生过度消费。反过来，正是这些允许消费者提前、超额消费的功能，进一步促进了消费者的过度消费。

（2）新媒体时代消费者的行为模式

由于社会化媒体的不断发展，新的媒介和渠道正在产生和发展，但是从本质来看，在新媒体时代，消费者的各类行为可以归结为以下几种行为模式。

① 社交行为：在新媒体时代，社交行为的发生地点称为“社会化社区”。社会化社区的定义是聚焦于关系以及具有相同兴趣或者身份的人共同参与的社会化媒体渠道。处于社会化社区的渠道有社交网站、论坛和 App 等，这些渠道都强调在社区背景下，个体需要进行沟通、交流和合作，并且强调社会关系在社会化社区中有着非常重要的地位。在新媒体时代，企业可以通过社交网络成为一个积极的参与者，从而达到自己的营销目标。

② 搜索行为：在新媒体时代，消费者处理信息决策的前提之一就是产生搜索行为。搜索行为的基础是社会化发布。社会化发布旨在将内容传播给受众。对于营销人员来说，利用消费者的搜索行为可以达成以下两个目标：第一，提升品牌信息的曝光度；第二，提升访问量。营销人员使用的创意内容是能够指向内容的导入链接，它们主要来自搜索引擎结果、其他网站和社会化媒体社区。

③ 娱乐行为：在新媒体时代，消费者最多的行为是娱乐行为。对于营销人员来说，品牌可以采用多种方式来利用社会化游戏开展营销活动。游戏提供了一种受众明确、到达范围广、参与度高且干扰少的营销方法以及与品牌粉丝互动的方法。在这些情况下，品牌可以通过显示广告、游戏赞助以及广告植入等方式为游戏以及游戏周边打广告。目前，很多企业都采用了游戏化营销模式，其目的就在于利用消费者的娱乐行为，提升自身产品的活跃度。

④ 购买行为：在新媒体时代，消费者的购买行为是指使用社会化媒体来辅助在线购买和销售产品或服务。当消费者在购物过程中进行互动和协作时，新媒体会对购买行为产生杠杆作用。新媒体商务渠道包括评论网站或品牌的电子商务网站、折扣网站和折扣推送平台、社会化购物市场和社会化商店。除此之外，企业可以通过微信、微博和分享等功能来使其传统的电子商务网站社会化。

三、用户画像

随着互联网和大数据的发展，用户画像应运而生，众多企业利用用户画像来进行精准营销。

1. 用户画像的概念

用户画像是根据用户社会属性、生活习惯和消费行为等信息而抽象出的一个标签化的用户模型。互联网逐渐步入大数据时代后，不可避免地改变与重塑了企业及用户行为，其中最大的变化莫过于用户的一切行为在企业面前似乎都将是“可视化”的。构建用户画像"可视化"的核心工作即是给用户贴"标签"，而标签是通过分析用户信息得来的高度精练的特征标识。随着对大数据技术的深入研究与应用以及其已初显潜力的价值和巨大的变革之力，企业日益专注于如何利用大数据来进行精准营销，进而深入挖掘潜在的商业价值来实现盈利。

（1）用户画像定义的发展

用户画像的概念最早是由交互设计之父艾伦·库珀提出的：用户画像是指真实用户的虚拟代表，是建立在一系列属性数据之上的目标用户模型。用户画像又称"用户角色"，简单来说就是利用大数据收集的相关用户信息抽象出的一个标签化的虚拟用户模型。用户信息包括用户的基本信息、社会属性信息、心理属性信息、人口统计学信息和一些操作行为信息，如浏览内容、消费行为、社交活动等。比如我们在描绘一个人时，往往会抓住他最显眼的标签特征，例如双眼皮、长发、圆脸……经过一番描绘，就有了一个人物大致的形象。而虚拟用户模型能根据用户的真实数据构建用户画像，将用户的各项属性和特征抽象为一个个标签，供上游的其他系统使用。特别要注意的一点是，用户画像是将一类有共同特征的用户聚类分析后得出的群组，因此并不针对具体、特定的某个人。

用户画像最初被应用于电子商务领域，它主动或被动地收集用户在网络上留下的种种数据，并将其加工成一系列标签。大家通过下述例子就能充分理解这个概念。假设有一个男性用户，他注册的账号名为"机械达人"，年龄为 25 岁，手机号码是 156××××××××，他登录的 IP 地址是香港地区，而且他常用的收货地址为香港大学，最近一个月他消费了 1 万元，消费次数为 4 次。这时我们已经掌握了他的基本信息，然后根据他搜索浏览的数码和电子游戏类产品信息，可推断出他的喜好；还可以根据他关注的产品价位、他单位时间内在某平台的消费金额、他的消费频次，来大概判定他的消费水平。接着再分析他的购买记录，我们发现他购买的数码产品都是同类型产品里价格比较高的，那么我们就能基本构建出这个人的用户画像了。原始的用户画像不仅包含标签，还包含权重，某注册用户的用户画像如图 2-3 所示。

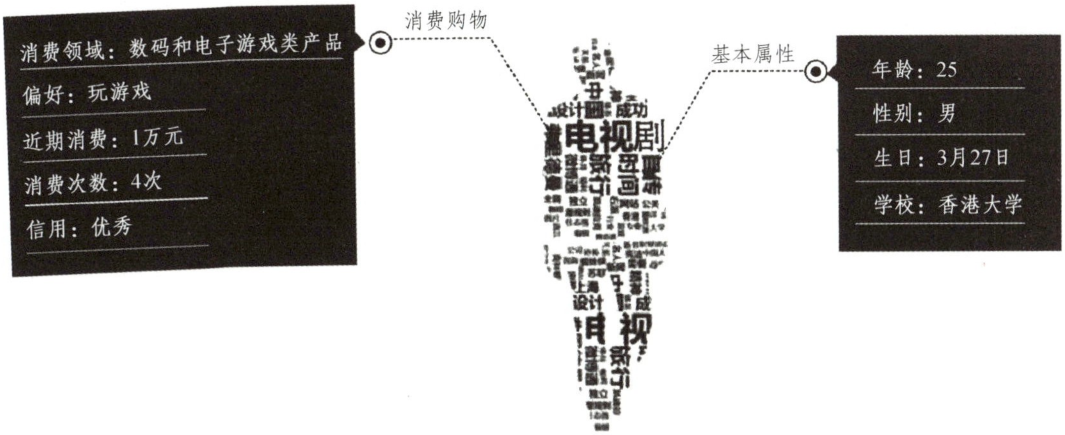

图 2-3 某注册用户的用户画像

标签通常是人为规定的、高度精练的特征标识，如年龄、性别、地域、兴趣等。每个标签分别描述该用户的一个维度，各个维度之间相互联系，共同构成对用户的整体描述。通过对用户行为数据进行分析，抽取出具有代表性的变量，比如用户活跃度、使用频率、购买行为、兴趣爱好等，并建立一个分类系统，对用户进行标签分类。需要注意的是，用户画像其实并不指代具体的某个人，“他偏好数码和电子游戏类产品，他购买的数码产品都是同类型产品里价格比较高的”这样的话语可以用来描述这类产品领域的一类典型用户。与此同时，这样简洁、独立的标签，非常适合用计算机进行处理。有了用户画像，企业的运营活动、广告投放、产品功能优化等日常工作会达到事半功倍的效果。

（2）用户画像标签体系

构建用户画像的核心工作就是给用户贴标签，那么我们如何选择标签呢？目前主流的标签体系都是层次化的，主流标签体系如图 2-4 所示，首先分为几个大类，每个大类下再逐级进行细分。在构建标签时，只需要构建三级标签，就能够映射到一级、二级标签。

一级标签都是抽象的标签集合，一般没有实用意义，只有统计意义。比如，我们可以统计有人口属性标签的用户比例，但用户有人口属性标签本身对广告投放没有太大意义。

二级标签主要是基于用户的行为及确定的规则产生。比如对一级标签“购物偏好”的进一步细分，可分为：快消、服饰、食品。而在规则层面，可以将“近 30 天交易次数≥2”定义为“消费活跃”。

用于广告投放和精准营销的一般是三级标签，对于三级标签有两个要求：一是每个标签只能有一种含义，避免标签之间的重复和冲突，便于计算机处理；二是标签必须有一定的语义，方便相关人员理解每个标签的含义。

此外，标签的粒度也是需要相关人员注意的。标签的粒度太粗会导致标签没有区分度，标签的粒度过细会导致标签太过复杂而不具有通用性，表 2-1 所示为几类常见的三级标签。

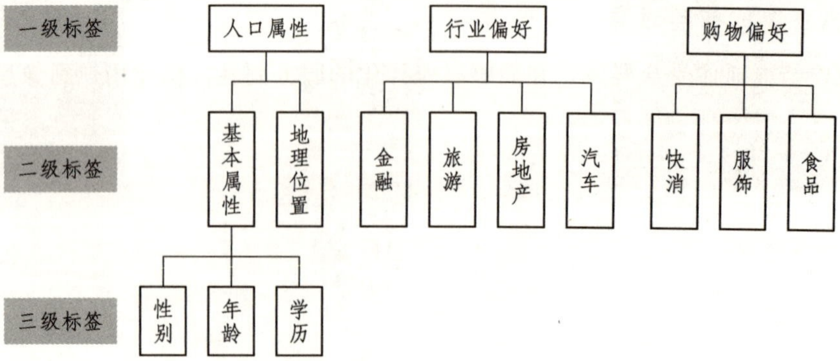

图 2-4 主流标签体系

表 2-1　几类常见的三级标签

标签类别	标签内容
人口标签	性别、年龄、地域、教育水平、出生日期、职业等
兴趣特征	兴趣爱好、常用 App/网站、浏览/收藏内容、互动内容、品牌偏好、产品偏好等
社会特征	婚姻状况、家庭状况、社交/信息渠道偏好等
消费特征	收入状况、购买力水平、已购产品、购买渠道偏好、最后一次购买时间、购买频次等

（3）用户画像标签分类

构建用户画像时使用的标签差异较大，但大致可分为三类，三类标签属性如图 2-5 所示。第一类是人口属性，这类标签比较稳定，一旦建立可以很长一段时间基本不用更新；第二类是兴趣属性，这类标签随时间变化得很快，有很强的时效性，标签体系也不固定；第三类是地理属性，这类标签的时效性跨度很大，如 GPS 标签需要实时更新，而常住地标签一般可以几个月不用更新。

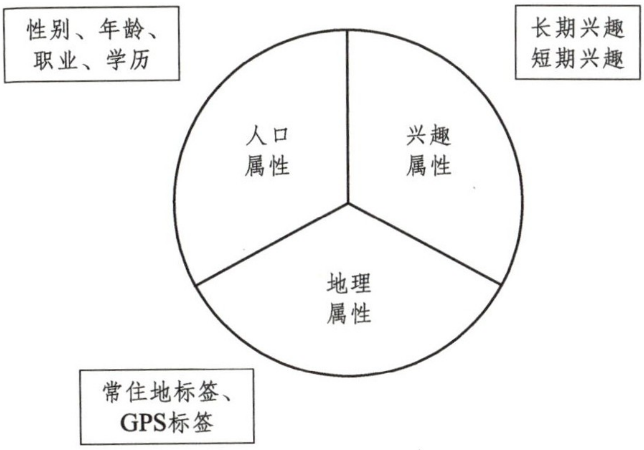

图 2-5　三类标签属性

2. 用户画像的构建过程

企业想要精准抓住受众群体，并能够以差异化的服务制胜，构建用户画像是非常好的区分受众群体的方法。用户画像是以量化数据为基础，通过数据分析筛选获得的对某类或某几类特定用户的认知，主要用于顾客分析，即通过对个体或群体顾客的研究，细分市场，选择目标顾客并细分目标顾客，最终呈现的是目标顾客是谁和是什么样的图形，可以认为是一种寻找目标用户、联系用户诉求与设计方向的工具。运用此工具，企业除了能够准确了解现有用户，还可以通过广告营销获取具有相似特征的新用户。那么具体该如何构建用户画像呢？

（1）明确用户画像的构建目的

在产品构建以及营销活动开展的初期，确认用户画像的构建目的是非常基础也是关键的一步。企业要明确画像目的：了解构建用户画像期望达到的运营目标或营销效果，了解目标用户真实的情况，找到他们行为的特点与动机，并将其按一定逻辑进行分类与分层，从而在构建标签体系时对数据广度、深度、时效性方面做出规划，以确保底层设计科学合理，精准抓住受众，以差异化服务制胜。

（2）数据采集和筛选

从挖掘数据开始，经历清洗数据、数据可视化、文字描述、分析、建议等一系列流程，形成一个符合需求的用户画像。也就是说，得对数据进行采集和筛选。在采集数据时，企业需要根据用户画像的构建目的采集多维度的数据，通过行业调研、行业报告、数据服务商、用户访谈、用户信息填写及问卷、平台前台等方式获得行业数据、用户数据、行为数据、产品数据等。在自身采集到的数据中可能存在非目标数据、无效数据及不实数据，因而企业需要注意过滤原始的数据，去除会造成用户画像不准确的干扰因素，筛选出真实、干净的基础数据。

（3）数据预处理

数据预处理包括数据清洗、数据结构化处理、数据合并等基础工作。数据清洗主要是过滤无效或者虚假数据，若针对特定的业务系统（如用户画像），数据清洗还包括过滤非目标数据；而数据结构化处理、数据合并等工作则需要结合具体业务和应用场景，从而整合出用户信息雏形。

（4）数据标签化并赋予其权重

数据标签化能够将原始数据转化为特征。在这个步骤中，需要剔除数据中的异常值，并进一步将所得的数据标准化。我们再将就此得到的各项用户数据信息映射到对应的用户标签上，给各个标签赋予相应的权重。权重值计算是用户画像标签体系成功构建的关键。此外，用户画像的丰富度与准确度取决于标签的精准选择，因而数据标签化时需要与产品自身的功能与特点相结合，力求做到准确、丰富、立体。

（5）生成画像

每个用户的所有信息转化为标签并得到权重值以后，所有标签合并起来即可组成该用户的完整画像。最终生成的用户画像数据落地入库、每日计算更新，然后再根据各业务应用场景的不同需求进行调整和对接，如与会员运营平台、广告运营平台等打通，为之提供决策支撑。把用户的基本属性、购买能力、行为特征、兴趣爱好、心理特征、社交网络大致标签化之后，画像基本成型。但是值得注意的是，用户画像无法完整地描述一个人的所有特征，只能尽可能地接近这个人。因此，用户画像既应根据变化的基础数据不断修正，并根据已知数据来抽象出新的标签使用户画像越来越立体，帮助产品运营实现用户增长。针对目标群体进行分析时，企业可以根据用户价值来细分核心用户、评估某一群体的潜在价值空间，以制定针对性的运营策略。

3. 用户画像的应用

（1）个性化推荐

营销定位讲求的是争夺用户有限的心智空间，那么在新媒体时代铺天盖地的信息洪流中，营销人员要做的就是吸引用户的注意力、关注点，这也被称为“注意力经济”。

一款 App 的用户量动辄成千上万，用户与用户之间千差万别，更重要的是，如今各种信息过载，那么挑选用户喜欢的内容并将其及时送到用户面前，是任何一款 App 成功“黏”住用户的必备技能之一。一个好的个性化推荐系统还能大大提升用户体验。对于一些电商类产品，个性化推荐能够减少马太效应和长尾效应对其的影响，使产品的利用率更高。因此，基于用户画像而进行的个性化推荐就显得十分有必要了。

网易云音乐其实比很多音乐 App 推出都要晚，却成为众多用户喜爱使用的音乐 App 之一，这是因为它很早就推出了个性化推荐功能。图 2-6 所示为网易云音乐手机端的首页，可以看到重量级的入口“每日推荐”排在所有入口的首位，从此处可以看出个性化推荐功能在产品中的重要性。“每日推荐”会根据用户平时听的歌曲、喜爱的歌曲、收藏的歌曲，每天给用户推荐不同的符合品位的歌曲。而且用户听得越多、收藏得越多，平台给用户推荐的歌曲曲目也会更加符合其品位。如此一来，每当网易云音乐的个性化推荐系统给用户推荐了一首触动其心灵的歌曲时，就是用户从网易云音乐又一次获得惊喜的时刻，这无疑会增强用户的黏性。

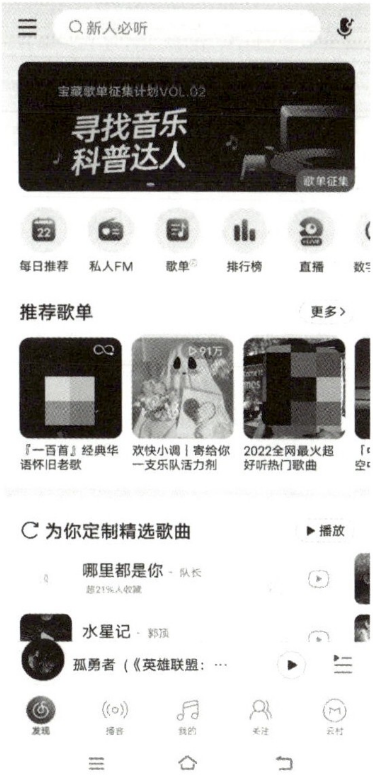

图 2-6　网易云音乐手机端的首页

（2）广告精准投放

任何一款 App 最终要解决的问题都是如何实现商业变现，承接广告是 App 普遍采取的商业变现方式之一。该承接什么样的广告、如何让广告主信服 App 能带来收益、如何合理投放广告都是任何一款 App 首先要解决的问题。因此，对用户有所了解就显得尤为重要，如男性用户偏多还是女性用户偏多，用户年龄分布、家庭收入、消费水平和消费记录如何，用户有没有什么特殊的偏好等。当有了完整的用户画像并对用户的这些信息都一清二楚以后，就可以对广告主的各种投放需求做更好的承接，也可以做广告的精准投放，知道什么广告该向什么样的用户投放。

比如，电商 App 内 banner（横幅）等黄金位置的广告展示，站外渠道如 App 的开屏广告、视频前贴片广告等，基于用户画像去指导广告的投放，不仅能够降低成本，还可以大大提高点击率及转化率，提升广告的整体投放效果。

（3）精细化运营

随着产品功能的不断丰富和用户的不断增多，用户的需求与产品功能之间的匹配关系需要得到精细化的运营，而精细化的运营就是通过用户分群，对不同需求的用户匹配不同的服务和内容，从而满足其个性化的需求，以更好地完成运营中的拉新、促活工作。无论产品在哪个发展阶段，在进行精细化运营时都应该应用用户画像。有了用户画像的帮助，运营就可以从粗放式转为精细化，企业就可以将用户群体切割成更细的粒度，辅之以短信、推送、邮件、活动等手段，驱之以关怀、挽回、激励等策略。比如，资讯类App经常使用消息推送的方法将用户可能感兴趣的内容及时奉上，以确保在用户通知栏中展现的大多是用户感兴趣的内容，使App在提升活跃度的同时避免打扰用户。而购物类App则可以根据用户的购买类型和习惯，推荐相关类型、延伸类型，甚至用户可能感兴趣的其他类产品。

【课堂活动】

① 用户思维出现的背景是什么？

② 目前，很多企业都通过新媒体开展各类营销活动。请问，如果你是某品牌的营销人员，你会如何利用新媒体营销的相关理论去吸引用户？

任务三 大数据时代新媒体营销发展趋势

一、新媒体发展的七大趋势

移动互联网模式以信息技术为基础。互联网的本质就是信息的产生，移动互联网可以以更高效的方式和更大的覆盖面促使信息的产生，从而使新媒体对传统媒体产生越来越深刻的影响，尤其是对传播方式的影响。

1. 注意力经济时代来临

注意力经济又称眼球经济，指由注意力所形成的经济模式。注意力经济具体指最大限度地吸引用户或消费者的注意力，通过培养潜在的消费群体，以期获得最大的未来商业利益的经济模式。人们阅读信息的载体，是从书籍到报刊，从报刊到PC端，从PC端到移动端转变的。注意力是零和博弈，一个人得到的就是其他人失去的。信息传播者消费的是受众的注意力，然而信息的丰富却造成了注意力的贫乏。我们生活在一个信息环境中，更为确切地说我们是生活在一个由注意力经济构建的信息环境中，注意力之所以成为重要的经济资源，就在于它的稀缺性。正是由于稀缺，所以要争夺。

2. 移动场景阅读时代来临

随着智能手机的普及，人们开始习惯用手机取代计算机完成一些工作，如工作交流、邮件收发、内容制作等。在PC端时代，使用计算机可以阅读相对较多的头部内容，随着生活节奏的加快，时间碎片化已经成为趋势。而在移动端时代，能容纳头部内容的空间被大大压缩了。流量成为许多公司共同争夺的目标。如果内容不能进入手机App的首页空间，那么得到关注的可能性就很小，这就进一步加剧优质内容对显示空间的争夺。谁能抢占移动端头部的显示区域，谁就能不断得到曝光，曝光度高，就掌握了流量，也就掌握了财富，从而进一步形成品牌的传播力。

3. 参与感时代来临

为了抓住用户和市场，吸引用户的注意，不同类型的媒体也在努力提高自己的内容设计水平和技术交互手段来拉动和转化用户。以电视综艺节目为例，其交互方式进化过程如图 2-7 所示。

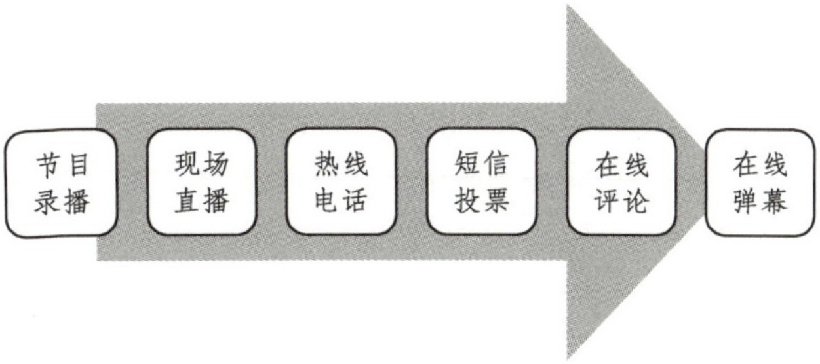

图 2-7　电视综艺节目交互方式进化过程

最早的电视综艺节目是先录制再定期播放的，观众只能看节目。随后就出现了直播类型的节目，开始有主持人串场。后来电视综艺节目也允许观众加入交流，最开始是支持热线电话打入发表意见，但电话交流只有极少数人才能成功参与。到了短信时代，电视综艺节目终于可以实现全民参与投票了。

互联网时代，越来越多的人喜欢在网络上观看综艺节目，因为可以在线评论、分享、点赞，每个人都能分享自己对知识的独特见地、丰富宝贵的人生经验等，不过在这个阶段，观众还是无法真正参与到节目直播中去，直到弹幕技术的出现——用户在某一刻被视频的某一瞬间触动的感受，将被定格在视频的精确时间点上，与视频内容共存，甚至融合。在未来，观众不仅能够看到视频内容，还能获取其他观众在各个时间点对于视频内容的感受。要知道，点进同一个视频的人，大多数情况下都是对该话题有共同兴趣的人。这就好比一群兴趣相投的球迷围在同一台电视前看球赛，绝杀的那一刻大家齐声欢呼。每一个在线观看节目观众的弹幕发言都可以成为直播节目内容创造的一部分，观众的参与感大大增强了。

4. 社会化传播时代的来临

传统媒体考核指标为目标人群到达率，在报刊上表现为发行量（包括订阅发行量和赠阅发行量），在电视广播上表现为收视（听）率（平均每分钟观看电视频道的人数占电视观众总人数的百分比），在网站上表现为访问量。将广告或公关文章插入或植入覆盖量高的媒体内容中，这样可以获得较高的注意力流量。

人和人的关系链逐步演化成社会化网络媒体最重要的组成部分。在社会化网络媒体中，谁拥有更多的用户信任，谁就掌握了一部分网络流量，谁就能通过经营好这种“信任”获取商业回报。社会化传播其实是一种“信任经济”，“网红”就是信任经济的一种典型产物。“网红”这个词大多数人是瞧不上的，甚至觉得“网红”这个词带有贬义。

可近几年短视频的兴起，让所有人再也不能忽视“网红”所带来的影响力。但要持续得到别人的信任，就需要培养专业化的品牌，做持续的原创专业内容。

5. 短视频时代来临

随着短视频的风靡，企业的新媒体营销工作也发生了相应的变化。首先是风格娱乐化，短视频平台的整体内容风格以轻松、娱乐为主，因此企业在短视频平台发布的内容需要避免枯燥的说教，增强其趣味性。

其次是视频真人化。虽然用户在短视频平台可以发布纯文字类视频或图片翻页类视频，但是平台曝光度高的内容往往以真人出镜类的视频居多。因此，新媒体营销者除了具备文案创作能力及内容策划能力外，还需要拥有一定的“镜头感”。

最后是内容系列化。短视频平台用户在遇到感兴趣的视频内容后，通常会查看新媒体营销者信息并浏览其更多视频，这就要求新媒体营销者对内容进行精准定位，防止出现“昨天拍花草、今天拍生活技巧、明天拍工作技能分享”的情况。

6. 信息流时代来临

目前，多数平台数据系统会记录用户的每一次浏览行为，并基于此计算用户的喜好，随后向用户推送可能感兴趣的内容。在以算法分发为主的信息流时代，新媒体账号发布内容的浏览量不再只取决于账号粉丝数，还取决于系统对账号的“友好”程度。

因此，在以算法分发为主的信息流时代，新媒体营销者需要在过往的“粉丝招募”“粉丝留存”工作的基础上，做好以下三项工作：

第一，加强内容原创水平，防止被系统判定为“抄袭”而不被推荐。

第二，增强账号活跃程度，有规律地更新系列化内容。

第三，重视日常沟通，加强与平台相关板块负责人的联络，第一时间了解系统规则变化，并争取获得平台资源位置。

7. 内容电商时代来临

随着微信公众平台、今日头条、大鱼号等新媒体内容平台的崛起，越来越多的新媒体平台与电商平台开始广泛融合，新媒体账号开始以内容形式直接销售商品。比如，你无意中浏览到的公众号文章中有个购物的入口，这个入口就是小程序链接，可以直接导入单品的页面并在识别二维码后直接支付，对于公众号创业来说，这的确是新的红利。而对于用户而言，整个体验过程也流畅、方便。在内容电商时代下，企业新媒体营销者需要留意：消费者的消费习惯正在发生变化，从过往“有具体的购物需求后，搜索电商平台，比对商品并下单”变为“无购物需求状态下浏览内容，由于被内容吸引而直接下单”。

因此，如何根据用户属性进行产品选择，如何策划独特的内容吸引用户持续浏览，如何将广告“无缝”植入文章内，如何引导用户下单等，将成为企业新媒体营销者重点思考的问题。

【知识链接】

新媒体营销的优势

新媒体营销使用的是新媒体平台，如抖音、快手、微博、微信等。这些新媒体平台本身就有很强大的网状人际关系结构，新媒体营销以其自身的优势逐渐发展成为当下主要的营销方式之一，并取得了较好的效果。其优势表现如下。

1. 交互性较强

在新媒体时代，信息传播渠道多元化，消费者可以自主地参与到传播系统中，交互性较强。新媒体传播与传统媒体传播相比，最明显的变化就是从单向的传播转变成双向的传播。接收者通过转发、点赞、评论、问答等方式和企业进行无障碍互动。通过这个机制，产品信息可以得到实时更新，接收者可以以最快的速度消除心中疑虑，企业可以对消费者的需求有更加精准的定位。

2. 海量化及碎片化的信息

新媒体凭借强大的技术手段使得海量化的内容信息以简短精练的形式存储于平台上，信息传播较为碎片化。受众的上厕所时间、挤地铁时间大多是碎片化的，在碎片化的时间里，受众只需轻轻一点就可以看今日头条、刷抖音。

3. 传播速度快

传播速度实时化技术的发展使新媒体可以实现实时传播，这一点在微信朋友圈和微信群已经得到了充分体现。不再需要复杂的剪辑、烦琐的后期制作与排版，技术的简单便捷使信息可以在全球实时传播。消费者在接收新媒体信息时，从时间和空间上都得到了极大扩展。新媒体信息的接收更加快捷、方便，很多时候一条有价值的内容，往往在极短的时间内就能被引爆。

4. 传播内容多元化

新媒体平台支持很多文件格式，集文字、图片、声音、视频等多种形式于一体，让用户从各个感官感受到发布的信息内容，容易让用户在接收信息的过程中产生身临其境的感觉。不同的营销方式具有不同的特征，可根据产品的类型、适用的人群选择最合适的营销方式。

5. 个性化较强

个性化推荐是新媒体的特点之一，能通过大数据对用户进行分析然后进行个性化推荐。大数据个性化推荐无非是对供给过剩的现实情况做出的一种信息筛选策略。所以，做个性化的自媒体可以与传统媒体拉开距离，以此来吸引志同道合的用户，并将这些用户发展成自媒体信息的二次传播者。

6. 社群虚拟化

网络社交是继网络兴起后发展起来的，是在网络上建立一个虚拟化信息的传播环境，使用此传播环境的用户构成了虚拟的社群。

7. 成本低

新媒体内容丰富，形式灵活多变，在传统媒体上需要耗费大量的空间与时间大力宣传的广告，放在新媒体这里，只需要较小的投资就能达到同样的广告效果。这是新媒体最大的优势——既能帮企业宣传产品，还能大大地节省投资。相比于过去企业通过投入大量资金在电视上打广告或建立网站及每日发布信息，新媒体平台的宣传费用较低。新媒体以其互动性强、渠道广泛、覆盖率高、性价比高等特点成为媒体界的新宠。企业使用新媒体能够降低广告成本，实现最大化收益。

8. 目标精准

新媒体平台营销的广告投放更精准。就像对症下药一样，目标受众看到的广告是更适合自己的广告，而不用遭受无关信息的干扰。比如，某个自媒体账号所针对的人群大多数都是带有“宠物爱好者”这个标签的人群，如果你的产品是和猫、狗等宠物相关的产品，那么找这个自媒体投放广告非常合适。非目标受众不用接收相关广告信息，也降低了企业的宣传费用。此外，精准投放广告不但可以节约成本，而且更容易锁定目标客户，极大地提高了广告主的投资回报率。

二、大数据时代下新媒体营销思维分析

1. 通过多屏整合，实现跨界营销，打造多元化的新媒体营销平台

互联网技术和数字媒体技术的出现使各个传播渠道之间的界限模糊化。各领域、各部门都已经在工作管理、广告宣传等工作中，不同程度地应用了数字媒体技术。新媒体营销要求企业能够系统化地思考整个营销过程，不能仅局限于新媒体本身。在多屏整合上，必须要做到各种媒体之间的对接实现无缝化，以及将传播过程中的协同联动融入现实生活中。企业也可以用相同的渠道以更加方便和专业的方式获取消费者信息，从而能以相比过去更加精准、有效的方式将本企业的产品信息传达给受众，投其所好，保持良好互动，做好积极沟通。如何选择有效的媒体是门艺术，企业需根据自己产品的气质和特色选择适合的渠道和媒介，要充分利用各种媒体渠道打好组合拳，多元、有主次地传播。

2. 充分洞察消费者行为

消费者洞察是企业做好新媒体营销的起点。所谓消费者洞察，是指从消费者内在的心理、行为出发总结出来的可以指导商业行为的经验。洞察不是直接观察出来的事实，而是在事实的基础上，结合了个人的经验和分析得出的结论。企业从深层次挖掘消费者的潜在需求和新需求，研究消费者在心理方面对产品和品牌的认知与态度，以及其消费行为、购买倾向和消费经验。

3. 创新营销内容，挖掘深层价值

新颖的营销内容能够引起社会和用户的广泛关注，并能够引起讨论和传播。想要创新和丰富营销内容，企业需要找到一个能够真正触动消费者神经的点，通过这些内容能够引起消费者广泛的兴趣，使得消费者渴望认识企业、承认企业并尊重企业。同时，企

业及其产品若是得到了消费者的认可，消费者便会积极地进行评价，同时会向周围的人传播这些信息内容，或者通过社交媒体平台，积极与企业进行互动沟通，参与到企业的营销过程中来。营销内容的创新需要将消费者放在第一位，传播的内容要有趣和有营养，深入发掘更深层次的价值，这样才能为企业和用户创造新的价值。

4. 新媒体营销内容碎片化

在新媒体营销时代，便捷的移动终端已经让我们实现了随时随地浏览各种信息，新媒体营销信息内容进一步碎片化发展，但每一条碎片化的新媒体营销信息都暗藏着消费者的个性化需求。它意味着企业或品牌必须将完整、系统的品牌认知和新媒体营销信息转化成碎片化的信息，进行新媒体营销传播和新媒体营销广告植入，还要能够在用户的印象中重新组合起来。用户时间的“碎片化”只是表象，其实质是消费的“场景化”。

5. 新媒体营销内容核心价值观与商业价值的平衡

新媒体经营者需要深刻理解新媒体影响力重塑的本质。标题党只能一时吸引观众的眼球，媒体变的只是信息的承载介质和传播手段，而其核心法则什么时候都不能变。媒体的核心法则是，通过正当创新，在不违背媒体核心价值观的情况下，实现自己的商业价值。新媒体如何找到核心价值观与商业利益的平衡是一个长期话题。

6. 新媒体营销由重内容转向重渠道

营销人的策划能力将取代资本，成为新媒体营销成败的关键。如巧借话题控制媒体信息流——通过巧妙的话题策划，吸引自媒体来关注并主动传播，再通过一系列爆料等引爆社会化媒体，从而引导舆论走向或扩散传播等，将“声量”无限量放大，这需要操盘者具备复杂而高明的营销能力。

【课堂活动】

试分析新媒体对传统媒体产生了哪些深刻的影响？大数据时代下如何促进新媒体营销的发展与创新？

【思考练习】

① 如何获取新媒体营销的流量思维？

② 如何构建新媒体营销用户画像？

项目三

新媒体编辑必备技能

学习目标

掌握新媒体图片处理技能。
掌握新媒体图文排版技能。
掌握音频、短视频处理技能。

引导案例

四年前，苹果发布了自家的充电板 Air Power，只要把手机放上去就能充电。

普通充电板充电时必须把手机放在板子正中间，假如放歪了，很可能出门前会拿到一部没充进电的手机。

随手一放就能充电的 Air Power，就没有这样的问题，这一特性也让小何梦寐以求。

可是，一直到何同学都毕业了，这款充电板仍然迟迟没有发售。

原来，在 2019 年时苹果就“砍掉”了这款产品，满怀期待的何同学终究是错付了。

于是，为了补偿自己落空的期待，何同学决定干脆自己做，并且体验还要比苹果更好。

苹果不是把手机放在 Air Power 充电板上就能充电吗?

那何同学就要做个桌子那么大的充电板，随手把手机放到桌子任何地方都能充电（图 3-1）。

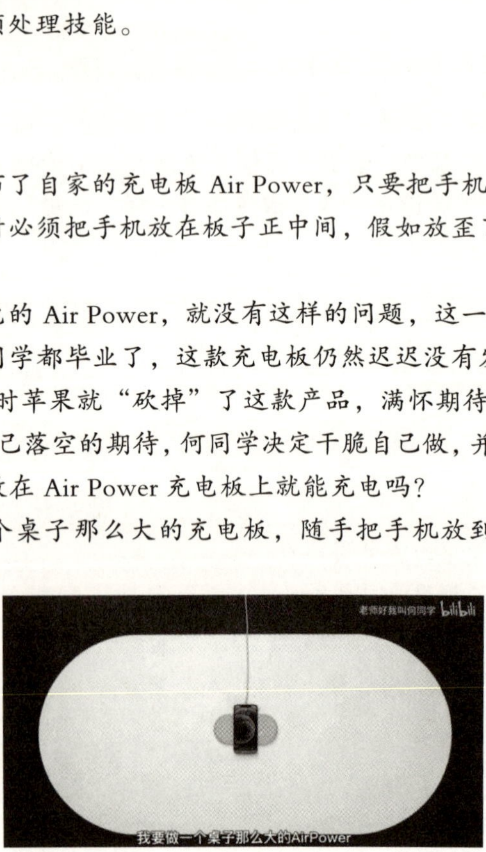

图 3-1　何同学的创意设计

无线充电的原理很简单，只需要一个无线充电线圈即可。可实现何同学这一想法，需要632个线圈。于是他换了一种更巧妙的方法，与其把桌面铺满线圈，不如用一个线圈，一直跟随手机移动。

他做了个简单的模型，在天花板安装一个摄像头，当检测到桌面的手机后，摄像头把坐标发送给电机，电机再带着线圈移动到手机下方。虽然想法很好，但现实却问题重重。首先，线圈移动速度太慢，十分影响充电响应速度；其次，桌子里的线太多，不仅不美观，还会把零部件缠在一起。而对何同学来说，最无法接受的是，这个桌子太无聊了。针对这三个问题，完美主义者小何开始秀起了操作。他先是更换了电机和丝杆的型号，让线圈移动更快；为了更好整理各种线，他还自制了一个卷线器。这些还不算离谱，为了解决无聊的问题，何同学直接制作出了一个钢铁侠操作台。他把桌面改成了一块透明玻璃屏幕，每当把手机放到桌子上，一只“光电猫咪”就会拍马赶到，给手机充电。把当前设备充满电后，猫咪还会自动寻找下一个可以充电的设备（图3-2）。

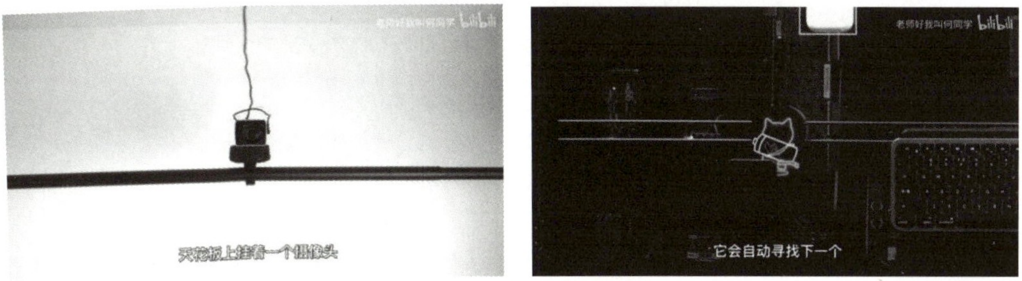

图3-2　何同学的创意模型

当然，作为一张桌子，不光要能充电，办公才是它的主要使命。小何还在桌子内部集成了一台Mac mini，可以直接连接显示器和键鼠，当成电脑使用。除了常规操作和显示动画效果外，这个桌子还有三个特别功能。比如，这个桌子的屏幕可以成为你的备忘录。每天工作前，你可以列一个任务清单，显示在桌面上提醒自己。每完成一项，桌子上就会亮起一个绿色的光点，这样就让工作有了阶段性的成就感。

何同学还给办公桌赋予了健康小助手的提醒功能。平时他剪视频一坐就是五六个小时，经常腰酸背痛。长时间工作后，站起来活动一会儿可以缓解身体疲劳，但年轻人很少有这种意识。为此，他给桌面配了一个升降桌腿，在连续工作一个小时后，充电小猫就会及时出现提醒休息。桌面上也会随之出现一个按键，轻轻一点，桌子就会升到预先设定的高度。此外，很多人忙起来就会忘记喝水，这个桌子每隔一小时，就会用下方加了磁铁的线圈，把杯子送到你面前。

最后，何同学也没忘记自己的“传统艺能”。

“摸鱼”是工作效率最大的敌人，对何同学这样更新缓慢的UP主来说更是如此。

为了提升工作效率，手机充电时桌子上会弹出一个“专注模式”的图标。如果选择进入专注模式，一个25分钟的倒计时就会出现在手机下方，提醒你要在这25分钟集中注意力。假如你在这段时间管不住自己，代价是巨大的——既然你划水玩手机，那猫咪就拒绝为你的手机充电。

“用魔法打败魔法”才能强制戒断拖延症和无故看手机的顽疾。何同学的这一大作不仅科技感十足，而且戳中了很多人的痛点。使用者可以一边享受酷炫的视觉体验，还能一边健康工作。观众们纷纷开始幻想，假如有了这张桌子，自己的工作肯定也不再枯燥。期待能用上同款办公桌的观众，在弹幕里催何同学尽快量产。

从案例中我们可以得出，设计产品时，除了考虑产品本身，更重要的是考虑用户的体验和对情感的考量：用户与产品有时不是使用与被使用的关系，而是基于平等的双向交流。

任务一　新媒体图片处理

在新媒体文案中，精彩的图片呈现具有更好的视觉效果，更能打动受众，有助于媒体账号形成品牌风格，加深品牌印象。因此对图片进行创意设计和艺术美化十分必要。

一、图片的基础知识

1. 像　素

像素是一个很小的矩形颜色块，是组成图像的最基本单元。一个图像是由很多这样的颜色块横竖排列组成的。需要观察像素时，可将图像放大，放大到一定程度时，可看见图像变为锯齿状，出现一个个小方块，这些小方块就是像素。像素的英文为 Pixel 或 PX，当图片尺寸以像素为单位时，每 1 厘米等于 28 像素。

2. 图像分辨率

图像分辨率是指图像中存在的信息量，图像的分辨率越高，对应的图像也就越清晰，颜色过渡越平滑，且图像信息量越大，图像文件也越大。

3. 常见的图片格式

（1）JPEG 格式

JPEG（Joint Photographic Experts Group）格式是最常用的网络图片格式，它支持真彩色、CMYK、RGB 和灰度模式，扩展名为“.jpeg”或“.jpg”。其采用有损压缩的方式去除冗余的图像和彩色数据，在获取极高压缩率的同时能够展现十分丰富、生动的图像。换句话说，JPEG 图像压缩算法在提供良好的压缩性能的同时，具有比较好的重建质量，被广泛应用于图像、视频处理领域。该格式的图片具有高保真效果、低容量的特点。JPEG 格式压缩的主要是高频信息，对色彩的信息保留效果较好，适合应用于网络图片（图 3-3）。

图 3-3　JPEG 格式图片

JPEG 格式的不足之处在于对图像压缩得越多，信息丢失就越多，从而导致图像变得模糊、朦胧，无法看清。因此，将文件保存为 JPEG 格式时，需要在压缩率与质量之间保持平衡。

（2）PSD 格式

PSD（Photoshop Document）格式是 Adobe 公司的图形设计软件 Photoshop 的专用格式。PSD 文件可以存储成 RGB 或 CMYK 模式，不仅能够自定义颜色数并加以存储，还可以保存 Photoshop 的图层、通道、路径等信息，是目前唯一支持全部图像色彩模式的格式。用 PSD 格式保存图像时，图像没有经过压缩。所以，当图层较多时，图像会占用很大的硬盘空间。

（3）GIF 格式

GIF（Graphics Interchange Format）格式是非连续色调或具有大面积平面色彩图像的格式。其采用非失真的压缩方式，即图像在压缩后不会有细节上的损失。GIF 格式支持透明功能、动画效果，主要用于保存和压缩基于文字的图像、线条和剪贴画等。GIF 格式可以在保持图像尺寸不变的情况下，通过减少图像中每点的色彩数来调整图像文件的大小，网络上常见的动画图片都是 GIF 格式。

GIF 格式的缺点是最多只能保存 256 种颜色（8 位颜色），一般常用于矢量图形的转存。

（4）PNG 格式

PNG（Portable Network Graphics）格式支持 24 位全彩色，采用非破坏性压缩，可以完整和精确地保存图像的亮度和彩度，同时还提供比 GIF 和 JPEG 格式更快的交错格式及更好的透明背景（图 3-4）。

PNG 格式的缺点是由于其采用无损压缩方式，所以 PNG 格式的文件通常比 JPEG 格式的文件大，但小于 GIF 格式的文件。另外，一些版本的浏览器还不支持 PNG 格式。

通常情况下，网络图片可以通过摄影网站、专业图片网站、网站的图片频道、搜索引擎等途径获取。

图 3-4　PNG 格式图片

二、处理图片的软件

1. Photoshop 软件

Photoshop 是一款妇孺皆知的图像处理软件，具有强大的图像处理功能，集成度高、适用面广、操作简便。不仅可以对图片进行美化和修饰，而且可以绘制各种艺术图形；不但能够真实地反映现实世界，而且还能创造虚幻的景物。Photoshop 界面如图 3-5 所示。

图 3-5　Photoshop 界面

2. 光影魔术手软件

如果不是图像处理的专业人士，又对 Photoshop 的操作不那么熟悉，那么这款简单实用的图片处理软件——光影魔术手，就可以帮助我们完成图片画质以及效果的处理。光影魔术手能满足图片后期处理的基本需要，但它最大的优势是能够批量处理图片。它操作简单、易用，不需要任何专业的图像技术，就可以制作出专业的摄影色彩效果，是照片后期处理、图片快速美容美化以及照片冲印整理时必备的图像处理软件。光影魔术手使用界面如图 3-6 所示。

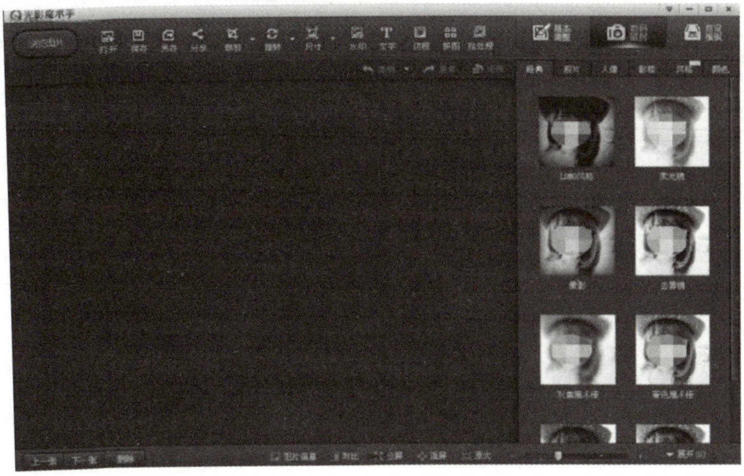

图 3-6　光影魔术手使用界面

3. 美图秀秀软件

QQ、微博和微信等社交软件的流行，让“自拍”“美颜”“闪图”等词逐渐成了网络时代与图片有关的专业名词。美图秀秀作为网络时代图片处理软件的代表，可以让任何一个新手轻松制作出理想的图片。

美图秀秀是一款很实用的免费图片处理软件，操作比 Photoshop 简单，所以特别适合图片处理新手。它包括了图片特效美化、美容、拼图、场景、边框、饰品、九宫格切图等功能，还有每天更新的素材，一键下载即可运用，可以在短时间内做出想要的效果。除了 PC 版，美图秀秀还推出了 iPhone 版、Android 版、iPad 版及网页版，广泛适用于各种系统类型和平台的操作。美图秀秀网页版的操作界面主要由图像窗口、工具栏、菜单栏、在线素材栏、特效栏等部分组成，美图秀秀网页版的操作界面如图 3-7 所示。

图 3-7　美图秀秀网页版的操作界面

三、图片的使用原则

下面将介绍几个在新媒体文案中使用图片的基本原则，以最大限度地发挥图片的用途。

1. 保证图片的清晰度

为文案添加配图，不仅是为了美化文案版式，更重要的是为了增强文案的吸引力。所以一定要选择清晰度高的图片，避免使用带有马赛克、水印的图片，这样才能更好地吸引读者阅读文案，给其带来良好的阅读体验。

2. 图片要与文案主题相符

文案中的配图一定要有其存在的意义，也就是说图片一定要与文字内容有关联。若图片与文字内容毫无关系，很容易让读者在阅读时产生误解，产生不好的阅读体验。此外，还需要注意图片是为文案内容服务的，能够通过文字表达清楚的内容就没有必要再搭配过多的图片，否则可能会让读者产生阅读上的负担。

3. 注意图片的数量

在一篇文案中使用的图片既不能太少，也不能太多。因为配图太少可能无法充分发挥图片的作用，而配图太多则容易导致页面过长、加载速度慢等现象的出现，会给移动端用户造成页面总是滑不到底的错觉，容易导致跳出率的提升。一般来说，一篇文案配3～5幅图为宜，这样既能达到美化文案的目的，又不会因为页面过长而引起读者的视觉疲劳。

4. 图片尺寸、色调要统一

在同一篇文案或同一个版面中，图片的尺寸和色调要统一。尽量使用同一系列或同一色系的图片，或者有一定内在相关性的图片，这样才可以使文案显得更有格调。

5. 对图片进行适当美化

为了让图片更具特色和吸引力，可以对图片进行适当的编辑和美化。目前，使用较多的图片编辑软件有Photoshop、美图秀秀、光影魔术手等。Photoshop的功能强大，也很专业，需要使用者具备一定的操作基础；而美图秀秀和光影魔术手操作起来比较容易，比较适合零基础的用户使用。

【课堂活动】

① 你常用哪些处理图片的相关软件？此软件有哪些特点？

② 学生分组，试用美图秀秀进行图片美化。

任务二　新媒体图文排版

一、常用的新媒体图文排版工具

精美的图文排版不仅可以为受众提供良好的阅读体验，还可以提高新媒体文案的格调。因此，新媒体文案人员需要掌握一些常用的图文排版工具，以提升工作效率。目前，常用的新媒体图文排版工具有 i 排版、壹伴、秀米、新媒体管家和 135 编辑器等。

1. i 排版

i 排版操作容易，素材丰富，模板更新速度快且样式丰富、齐全，风格清新简洁。缺点是不能同步更新上传到微信公众号后台。

2. 壹伴

壹伴是一款适合新手的图文编辑器，操作容易，能满足一般的排版需求，是公众号管理的得力助手，可以高效地完成微信排版、定时群发、一键图文转载、GIF 动图一键上传等工作（图 3-8）。

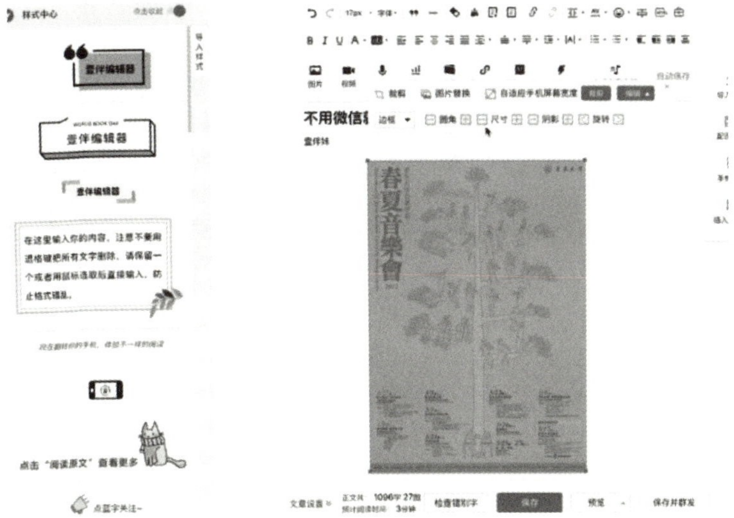

图 3-8　壹伴

3. 秀　米

秀米是一款专业的新媒体文案编辑工具，可以为微信公众号、头条号、微博等多个平台提供图文排版服务，内含多重风格的排版模板，用户也可以自行创建新的图文版式。另外，秀米还可以生成长图与贴纸图文，并把编辑好的图文设置成样刊（图 3-9）。

图 3-9　秀　米

4. 新媒体管家

新媒体管家是一款辅助管理多家新媒体平台账号的插件，支持微信公众平台、头条号、微博、百家号、知乎、大鱼号、企鹅媒体平台、一点资讯、搜狐公众平台、网易媒体平台、简书等多家新媒体平台，还支持多个账号一键登录。另外，新媒体管家还针对微信公众平台进行了十几项功能优化，能够让用户直接在微信公众平台后台完成文案的编辑、找图、修图和排版等操作。

5. 135 编辑器

135 编辑器是一款在线图文排版工具，不用下载、安装软件或插件，就可以即时处理图文内容。它具有十分丰富的排版样式、模板素材、图片素材，为用户提供一键排版、秒刷、云端草稿、全文配色、企业定制等实用功能。

二、新媒体图文排版技能

1. 文字的视觉传达

无论在何种视觉媒体中，文字都是新媒体视觉传达内容中的重要组成部分。不同的文字排列组合，如字体、字号、加粗、颜色、阴影等都会直接影响版面的视觉传达效果。因此，文字是一项综合性的艺术技能，而文字的设计是完善文字版面需求，增强视觉传达效果，赋予版面艺术审美价值的一种重要构成技术。

（1）基础排版

① 字体：每个字体都有其固有的风格。在文字排版中，字体的选择并不是一个随机的过程。文字排版的过程需要根据文字内容和文字载体的应用场合、产品风格、字体的易读性等方面综合考虑。如果需要使用不止一种字体，一定要限制在三种以内，并且确保字体之间是紧密关联的。使用两种非常相近的字体可能会导致读者认为设计者使用了错误的字体。常见的文字类型包括衬线体和无衬线体。

衬线体是指笔画的开始、边缘、结尾的地方有额外装饰部分的字体，它能够更清楚地注明笔触的末端，提高读者的辨识率，提升读者的阅读速度。衬线体让人感觉更加正式，多见于英文书籍、论文、小说等的正文部分。常见的衬线体有 Times New Roman、Georgia、宋体，如图 3-10 所示。为方便读者看出字体差异，图中文字均加粗显示。相对于衬线体来说，无衬线体则省略了笔画边缘的修饰部分。常见的无衬线体有 Verdana、Arial，如图 3-11 所示。

图 3-10　衬线体

图 3-11　无衬线体

② 字号：在铅字印刷时代，字体的大小是使用“字号”作为单位的，但是在计算机排版时代，字体的大小是按照国际标准，用“磅”作为单位的。两种标准并不统一，表 3-1 所示为字号与磅数的换算。字号的选用需要考虑文字所发布的渠道。在新媒体平台中，文字常常以纯文本、海报文本、视频文本的形式，展示在 PC 端或者是屏幕有限的移动端上，因此设计者学会恰当地使用字号，有助于读者在有限的空间中获取重要信息。

表 3-1　字号与磅数换算表

字号	磅数
七号	5.25
小六号	7.78
六号	7.87
小五号	9
五号	10.5
四号	12
小三号	13.75
三号	15.75
小二号	18
二号	21
小一号	24
一号	27.5
小初号	36
初号	42

③ 颜色：字体颜色与背景颜色是文字的重要组成部分。一方面，恰当的背景颜色有助于突出显示内容信息，起到强调作用；另一方面，不同的颜色给读者带来的视觉体验不同，恰当地使用字体颜色，可以起到烘托文字气氛的作用。纯黑色字体相较于白色屏幕，会形成强烈的对比冲突，反差太强显得刺眼，造成读者体验不佳。因此正文字体颜色尽量不用纯黑色（#000000）。在背景颜色方面，可以选择与字体颜色反差较强的颜色，以突出显示部分的内容，但同时需要注意与字体颜色相协调。

④ 字间距：调整字间距的主要目的是确保每个字符之间的空间美学，创建优美的文本序列。恰当的字间距调整可以让读者的阅读更加顺畅。尤其是对于长句、段落、标题来说，一个合适的字间距可以成就一个完全不同的设计。秀米间距的设置，如图 3-12 所示。其他微信编辑器平台，如 135 编辑器、i 排版、新榜编辑器等同样支持字间距调整。

图 3-12　秀米的字间距设置

在 135 编辑器、i 排版、新榜编辑器排版工具中，还可以用代码调整字间距。

⑤ 行间距：行间距是文字信息上下行之间的距离，以确保合适的行与行之间的空间。合理的行间距有利于提升文章的整体美感，同时方便读者的迅速阅读。默认行间距的文本在手机上显示较为拥挤，因此可以先按“Ctrl + A”组合键全选正文，再把行间距设置为 1.5 倍或 1.75 倍（1.5 倍和 1.75 倍的视觉体验较佳）。

⑥ 段间距：段间距作为每段文字之间的距离，能够让读者有效地区分上下段，并形成阅读缓冲区，减少了长篇段落文字对读者带来的阅读压迫感。当字号设置为 15px，正文段前距或段后距设置为 10px 或 15px 时较为合适，且阅读体验较好。

⑦ 页边距：页边距是指页面中文字两端与页面两端之间的距离。恰当的页边距能够让文本内容的视觉效果更好。在印刷品中，考虑到印刷品的装订，页边距也为裁剪和胶装等工序留下了操作空间。

⑧ 对齐方式：在字体排版设计中，对齐方式在符合读者阅读习惯的同时，也要保证文字与内容的其他元素进行互动。常见的四种关键对齐方式：左对齐、居中对齐、右对齐、两端对齐。

秀米编辑器的对齐方式设置如图 3-13 所示，从上往下分别是向左对齐、居中对齐、向右对齐、两端对齐。在其他微信编辑器平台中，如 135 编辑器、i 排版、新榜编辑器等同样支持对齐方式调整。

图 3-13 秀米编辑器的对齐方式设置

⑨ 文字链：文字链是内容链接的一种形式，以文字的形式进行呈现，读者通过点击文字实现链接跳转。从呈现效果看，文字链比传统链接更简洁、更高效，可以避免文字与长串网址的混乱排版。

（2）适当优化排版

优化排版主要有以下两个目的。

第一，突出品牌形象。统一使用独特的排版，会让读者产生亲切感，并熟悉品牌风格。公众号文章无论是出现在朋友圈、微信群，还是被其他公众号转载，有特色的排版都会被读者第一时间“认出来”。

第二，促进转化。好的文字排版可以突出重点，辅助内容引导读者做出相应的动作，如关注、转发、点赞、购买等。

常见的文字排版优化内容包括顶部关注、底部引导、文字强调等。

① 顶部关注：读者打开公众号文章时如果直接看到大量的文字，容易产生阅读压力，阅读体验过于生硬，因此，设计者可以在文字顶端增加引导关注的图片或文字，友好地提醒未关注的读者先关注公众号再进行阅读，如图 3-14 所示。

图 3-14 使用文字链的视觉效果

② 底部引导：与顶部关注类似，如果文章结束后直接收尾，会让公众号文章显得太突兀，因此需要在底部进行动作引导。常见的底部引导包括关注公众号、提醒阅读原文、引导相关阅读等。

③ 文字强调：读者阅读公众号文章的场景各不相同，有的在上班路上，有的在赶飞机，有的在咖啡厅，因此，设计人员必须将文章中用于强调的文字突出显示，便于读者快速找到重点。常用的文字强调方法包括加粗、变色、加文字框、变样式等。

（3）避免过度排版

排版的目的在于优化阅读体验，经过优化的排版会让读者读起来更舒服，理解起来更容易。但过度排版会让读者把注意力放在排版的格式上，而过于花哨的排版甚至会引起读者的反感。常见的过度排版有四类，包括动态背景、颜色过多、风格不定、样式繁杂，设计者在排版时必须尽量避免。

【知识链接】

过度排版

1. 动态背景

常见的动态背景如漫天飘落的雪花、不断燃放的焰火、循环游过的小鱼等。其最大的弊端在于：读者的视线会随着背景而动，从而忽略正文内容。

2. 颜色过多

一篇文章中的文字颜色应尽量不超过三种，否则读者无法确定哪一种颜色是强调部分，导致找不到阅读重点。

3. 风格不定

公众号偶尔变化风格，会让读者感觉耳目一新。但如果公众号推送出的每一篇文章，其字体、分割线等都不相同，就会导致公众号的整体形象无法呈现，风格自然也无法被读者记住。固定的排版风格，可以更好地统一品牌形象，提升品牌的识别度。

4. 样式繁杂

微信编辑器有很多样式，但设计者在使用样式时必须注意求精而不求多。过多的线条、文字框、箭头等堆砌在一起，反而无法将想要表达的内容表达清楚。正因为文字排版所涉及的因素较多，所以并不存在某种万能排版风格或可以套用的排版风格。良好的文字排版对于文字内容而言，犹如绿叶衬红花，而符合内容表达的排版风格才是好的。设计人员在具体的文字排版过程中应清楚要表达何种形象。无论采取何种排版风格，首先必须确保读者可以容易地看到并明白文字信息，设计者不能为了追求独具一格的排版风格而舍弃内容的易读性。

2. 排版插件的应用

新媒体排版插件是通过浏览器对微信公众平台后台功能进行增强的插件。此类插件一方面可以帮助运营者在编辑图文信息时，不必跨多个编辑平台进行“复制”“粘贴”“同步”等操作，可以直接登录微信公众平台进行多项功能的使用；另一方面可以增强公众号后台的数据分析功能，并对整个公众号领域的热门文章等数据进行汇总展示。

如“壹伴”提供与新媒体管家功能类似的服务，通过官网下载插件并安装至浏览器即可使用。熟练运用这些插件的功能，可以大大提高图文编辑效率。

登录“壹伴”官网，根据浏览器提示下载和完成安装后，微信公众平台后台的首页中会增加数据统计、热点汇总及单篇文章数据统计等信息。

“壹伴”图文编辑页面新增了一行编辑功能栏，如图 3-15 所示。在其中单击“一键排版”按钮可以保存不同的排版样式，方便设计者对不同的图文采取一键排版，提高排版效率。

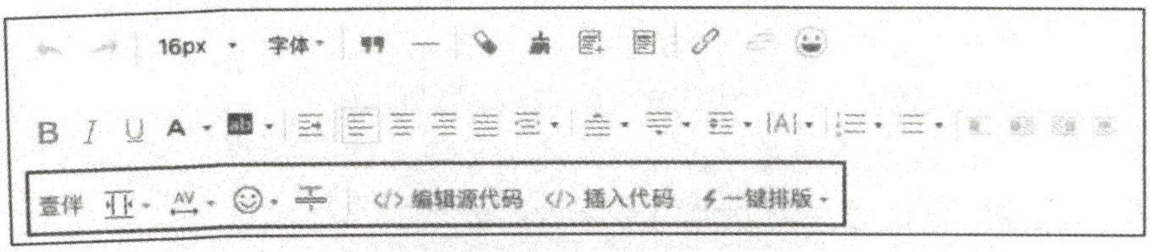

图 3-15　编辑功能栏

“壹伴”图文编辑页面的左右两侧分别增加了样式中心和扩展功能。“壹伴”图文编辑页面右侧的扩展功能中有采集文章、配图中心、手机传图、永久预览链接、生成二维码、检查错别字功能，能够极大地提高排版效率。

3. 创意字的设计

（1）创意字设计

创意字是文字在传播和应用过程中的一种变形文字形式。创意字设计并没有固定版式和固定字体可以套用，其本质是在文字形状的基础上，设计者通过对文字含义的理解，把含义与形状进行结合的产物。很多创意字是从原有字体库中的字体演变而来的，创意字的设计更加考验设计者对文字形状的驾驭能力和对文字含义的理解能力。

创意字在品牌名称和海报中经常会被用到。如淘宝网、当当网等品牌（图 3-16），在字体的创意设计上较好地突出了品牌感，其字体标志本身就是品牌名称，视觉效果直观。好的创意字设计能让人过目难忘，深入人心。

创意字在海报中的使用更能突出其特点。图 3-17 所示的海报中的文字分别是“赢”“唯美”，巧妙的字体设计能够加深观众对海报的印象。

图 3-16　创意字

图 3-17　创意字在海报中的应用

创意字的设计与设计者的艺术审美及其对表达内容的理解能力有关，并没有固定的规则。但在新媒体视觉营销中，字体设计必须拥有营销价值，使观众记住品牌名字或产生购买行为。

（2）创意文字云

“创意文字云”是一种文字呈现形式，以图形化排版来表达某个概念或形象。文字与图形在表达内容和形象展示上互相补充，形成一种新型文字处理技巧。图 3-18 所示为与新媒体运营者相关的“创意文字云”，内容部分是以新媒体为主题展开的相关关键词，图形展示部分是一个人物的轮廓。将人物形象与新媒体运营相关的工作内容进行结合，就形成了一个“创意文字云”。

图 3-18　与新媒体运营者相关的“创意文字云”

文字是组成“文字云”的内容部分，这些字词信息紧紧围绕着某一主题或要展现的某一形象而展开，字词对于主题信息描述越详细，越能突出表达主题。例如，做一个与大学生相关的“文字云”，“大学生”就是“文字云”要表现的主题，展开联想发现，围绕大学生相关的关键词有很多，如四六级、考研、留学、社团、学生会、图书馆、快递、暑假、寒假、聚会、食堂等。

图形是“文字云”的升华部分，通过具体的图形展示主题或形象。“创意文字云”的图形可以分为文字图形、形象照片、Logo 等。以大学生“文字云”为例，选择图形时就需要选择一些形象照片，如抱着书的学生、有活力的年轻人。需要注意的是，为了使最终表现形式清晰，建议选择单人相片，避免多人相片导致最终呈现的“文字云”轮廓不清晰，无法表达预期的内容。

4. H5 海报制作

（1）H5 动画的展现形式

我们在微信平台上见过各种各样的 H5 动画，总结起来共有展示型、互动型、场景型、游戏型和测试型五种形式。

展示型是我们经常看到的 H5 动画，它的制作难度低，人人都可以参与制作。互动型 H5 动画与展示型 H5 动画类似，都是展示内容，只不过形式不同。场景型 H5 动画融入了一些互动型 H5 动画的成分，更着重 H5 动画展现形式的场景化，传播主体将要传达的信息植入场景中，让用户通过互动能进入一定的场景、情景当中，从而使用户较容易接受这些广告信息。游戏型 H5 动画的展现内容本质上是一个游戏。用户不论是通过屏幕互动还是手机感应器，其目的都是完成游戏。测试型 H5 动画较为显著的特点就是基于测试标准，通过 H5 动画对用户进行测试对比，在互动形式上比较简单。

（2）H5 动画素材收集

MAKA、易企秀、兔展、人人秀、凡科互动等 H5 动画制作平台已经为设计者提供了丰富的素材。然而，对于自定义程度较强的 H5 来说，平台所提供的素材并不能满足需求。H5 动画的素材包括字体、图片、GIF 图、icon 图标、音乐五个部分。

（3）H5 动画页面制作

初学者在制作 H5 动画页面时可在免代码设计平台进行。在无代码基础的情况下，通过免代码 H5 动画设计平台，初学者可以方便、快捷地设计出 H5 动画作品。无论使用哪个 H5 动画设计平台，建议都使用微信账号登录，这样无论设计者是在 PC 端还是移动端制作，都方便统一账号分享，同时在微信中观看 H5 动画作品时也省去了重新登录的麻烦。

H5 动画制作的平台包括“易企秀”“MAKA”“兔展”等，它们的设计方法相近。下面以易企秀为例，介绍 H5 制作工具的使用流程。

第一步，打开易企秀官网，点击页面右上方进行注册和登录，如图 3-19 所示。

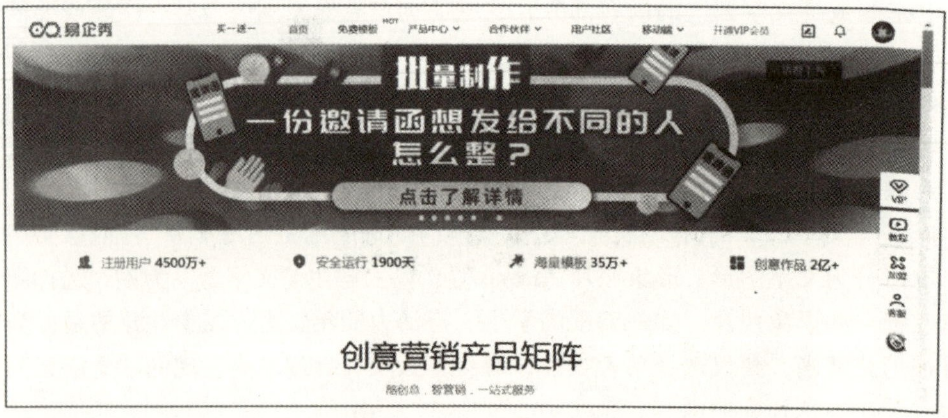

图 3-19　登录后的易企秀首页

第二步，点击“免费模板”，选择符合需求的模板，如图 3-20 所示。

图 3-20　选择适合的 H5 模板

第三步，进入编辑页面进行修改，如图 3-21 所示。

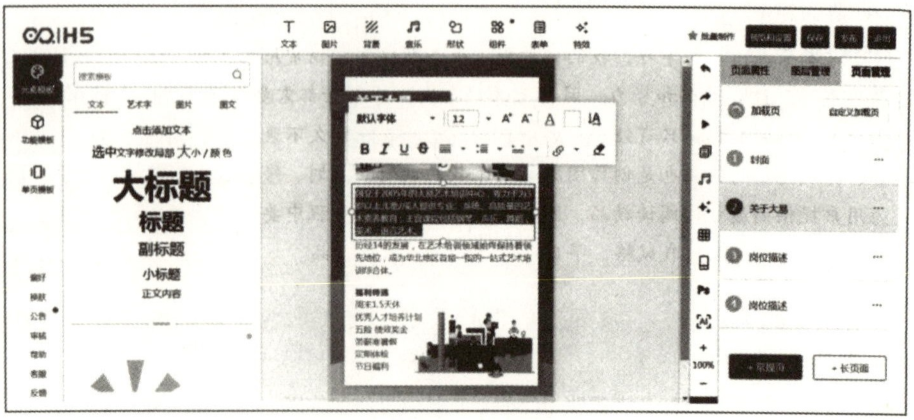

图 3-21　编辑 H5 页面

第四步，编排好的 H5 内容可以在电脑上或者手机上进行预览，若内容不再修改就可以进行发布，如图 3-22 所示。

图 3-22　预览和发布

【课堂活动】

你常用的新媒体图文排版工具有哪些？你是否熟悉 i 排版、壹伴、秀米、新媒体管家等新媒体图文排版工具？

任务三　新媒体音频、视频处理

借助各类音视频后期编辑工具，能够轻松实现视频的合并与剪辑、添加音频、添加特效等操作。

一、常见的音视频格式

1. 常见的音频文件格式

音频文件主要有以下格式。

（1）WAV 文件

音频文件最基本的格式是 WAV（波形）格式。它把声音的各种变化信息（频率、振幅、相位等）逐一转成 0 和 1 的电信号并记录下来，信息量相当大。其具体大小与记录的声音质量有关。

（2）MID 文件

MID 文件又叫 MIDI 文件，其记录方法与 WAV 文件完全不同。人们在声卡中事先将各种频率、音色的信号固化下来，需要发出某个音时就利用声卡调出那个音。一首

MIDI 乐曲的播放过程就是按乐谱指令去调出所需要的各个音的过程。因此，MIDI 文件的体积很小，即使是长达十多分钟的音乐也不过 10 ~ 100 KB。

（3）MP3 文件

MP3 可以说是目前最为流行的多媒体格式之一。它将 WAV 文件以 MPEG-2 的多媒体标准进行压缩，压缩后体积只有原来的 1/10 至 1/15（约 1 Mbit/s），而音质基本不变。

2. 常见的视频文件格式

（1）AVI

AVI（Audio Video Interleaved），即音频视频交错格式。AVI 这个由微软公司推出的视频格式，在视频领域可以说是历史最悠久的格式之一。AVI 格式调用方便、图像质量好，压缩标准可任意选择，是应用最广泛且应用时间最长的格式之一。

（2）MOV

使用过 Mac 计算机的人应该多少接触过 QuickTime。QuickTime 原本是苹果公司用于 Mac 计算机上的一种图像视频处理软件。QuickTime 提供了两种标准图像和数字视频格式，即可以支持静态的“*.pic”和“*.jpg”图像格式以及动态的基于 Indeo 压缩法的“*.mov”和基于 MPEG 压缩法的“*.mpg”视频格式。

（3）WMV

WMV 是一种独立于编码方式的在互联网上实时传播多媒体信息的技术标准，Microsoft 公司希望用其取代 QuickTime 之类的技术标准以及 WAV、AVI 之类的文件格式。WMV 的主要优点在于：可扩充的媒体类型、本地或网络回放、可伸缩的媒体类型的优先级化、多语言支持、扩展性等。

（4）MKV

一种扩展名为“.mkv”的视频文件频频出现在网络上，它不但可在一个文件中集成多条不同类型的音轨和字幕轨，而且其视频编码的自由度也非常大，可以是常见的 DiVX、XViD、3IVX，甚至可以是 Real Video、Quick Time、WMV 这类流式视频。实际上，它是一种全称为 Matroska 的新型多媒体封装格式，这种先进的、开放的封装格式给我们展示了其非常好的应用前景。

（5）FLV

FLV 是 Flash Video 的简称，FLV 流媒体格式是一种新的视频格式。由于它形成的文件极小、加载速度极快，使得在线观看视频文件成为可能。它的出现有效地解决了视频文件导入 Flash 后，导出的 SWF 文件较庞大、不能在网络上很好地使用等缺点。

（6）F4V

作为一种更小、更清晰、更利于在网络中传播的格式，F4V 已经逐渐取代了传统的 FLV，也已经被大多数主流播放器兼容，而不需要通过转换等复杂的方式。F4V 是 Adobe 公司为了迎接高清时代而推出继 FLV 格式后的支持 H.264 的 F4V 流媒体格式。它和 FLV 主要的区别在于，FLV 格式采用的是 H.263 编码，而 F4V 则支持 H.264 编码的高清晰视频，码率最高可达 50 Mbit/s。也就是说，F4V 文件和 FLV 文件在同等大小的前提下，前者能够实现更高的分辨率，并支持更高的比特率，就是我们所说的更清晰、更流畅。另外，很多主流媒体网站上下载的 F4V 文件扩展名却为“.flv”，这是 F4V 格式的另一个特点，属于正常现象。

（7）RMVB

RealMedia 可变比特率（RealMedia Variable Bitrate，RMVB）的前身为 RM 格式，它们是 Real Networks 公司所制定的音频视频压缩规范，根据不同的网络传输速率，制定出不同的压缩比率，从而实现在低速率的网络上进行影像数据实时传送和播放，具有体积小、画质较好的优点。

早期的 RM 格式是为了实现在有限带宽的情况下，进行视频在线播放而被研发出来的，并一度流行于整个互联网。而为了实现更小的体积与更优的画面质量，RealNetworks 公司不久又在 RM 格式的基础上，推出了可变比特率编码的 RMVB 格式。RMVB 格式的诞生，打破了原先 RM 格式那种平均压缩采样的方式，在保证平均压缩比的基础上，采用浮动比特率编码的方式，将较高的比特率用于复杂的动态画面（如歌舞、飞车、战争等），而在静态画面中则灵活地转换为较低的采样率，从而合理地利用了比特率资源。RMVB 格式最大限度地压缩了影片的大小，最终拥有了近乎完美地接近于 DVD 品质的视听效果。可以做个简单对比，一般而言，一部 120 分钟的 DVD 影片的大小为 4 GB，而采用 RMVB 格式来压缩，其大小仅为 400 MB 左右，而且清晰度和流畅度并不比原 DVD 差太远。

二、视频剪辑工具使用流程

下面以手机剪映为例，介绍视频剪辑工具的使用流程。

搜索并进行软件的下载和安装。

打开剪映，点击开始创作（图 3-23），按照拍摄顺序依次选择需要剪辑的拍摄内容添加（如图 3-24 所示），剪映自动上传图片素材。

图 3-23　进入剪映 App

图 3-24　添加照片

添加音频，选择合适的音乐，如图 3-25 所示。将音乐播放的时间长度，调整至与图片展示的时长一致。如图 3-26 所示。

图 3-25　选择音乐图

3-26　调整音乐播放时长

添加“滤镜”效果：点击“滤镜”，进入如图 3-27 所示的页面，选择“暮色”效果，如图 3-28 所示。

图 3-27　点击滤镜图

3-28　选择“暮色”效果

将视频条的指针放在需要加字幕的地方，点击文本按钮，点击新建文本，打上你需要的字幕，然后可以选择样式、花字、气泡、动画等，也可以点击功能栏中的文本，点击识别字幕，则可以将视频中的配音直接转成字幕。选中其中一个字幕条调整字体大小和颜色样式，则可以直接同步调整整个视频的字幕。点击左下角按钮，回到如图 3-23 所示的页面，点击“设置封面”按钮，选择“添加文字”，输入文字“分享喜欢”。（图 3-29）

图 3-29　设置封面文字

在视频里的新旧话题转换处添加转场特效，可选择全局转场，增加视频分段、跳转的流畅度，如图 3-30 所示。

然后进行精剪，仔细检查片段顺序、语速和停顿，点击右上角“导出”按钮，如图 3-31 所示，等待视频导出。

图 3-30　添加“转场”特效

图 3-31　“导出”视频

在视频中如果需要补充图片或者视频资源，可将指针调整到该位置，在底部功能栏选择画中画，新增画中画选择要添加的视频和照片，然后添加，在视频画面中调节新增画面的位置和大小。

【课堂活动】

你熟悉哪些新媒体音频、视频处理工具？这些处理工具各有何特色功能？请你使用爱剪辑 App，选择自己拍摄的视频进行视频剪辑。

【思考练习】

① 图片的使用原则有哪些？
② 优化排版的目的是什么？

项目四

新媒体文案策划

学习目标

熟悉新媒体营销文案的特点。

了解新媒体文案策划的常用策略。

掌握新媒体文案的标题、正文段落的创作。

掌握新媒体文案的开头、结尾等的创作。

引导案例

安徽三只松鼠电子商务有限公司（以下简称“三只松鼠”）是我国的一家定位于纯互联网食品品牌的企业，也是目前我国销售规模最大的食品电商企业之一。

在竞争激烈的食品行业中，三只松鼠是如何获得令人瞩目的成绩的？

第一，三只松鼠抓住了大众消费者市场。依托于淘宝，三只松鼠在消费者定位上抢占了市场先机，在这一年轻人最爱使用的购物平台上瞄准了广大的中低端普通消费者，为之后的营销活动奠定了基础。坚果市场是一个相对来说进入门槛比较低的初加工食品市场，但是如果要把坚果零食品牌化，就没有那么简单了。对于这类单价相对较高的产品，三只松鼠选择了“降价不降质”的做法，在其他方面压缩成本，在保证产品质量的同时将产品价格控制在一个较低的水平，以迎合购买力相对有限的年轻群体，从而迅速打开市场。三只松鼠抓住互联网带来的市场机遇，在前端下了很大功夫，采用直接、低价的方式赚人气、赚口碑，推动消费者接触并接受这个品牌。后期针对新顾客择低价、老顾客认品牌的心理，利用品牌效应慢慢回本。因此，三只松鼠迅速打开销路，获得了广泛的好评和关注，实现了“得天下”。

第二，与其他专做产品的零食品牌相比，三只松鼠与众不同的地方在于给用户带来了极强且极具特色的体验感：“萌”。不论是在店铺的装饰上还是在产品的包装上，总能看到3只憨态可掬的小松鼠，这就是三只松鼠的“形象代言人”。依托于拟人化的形象，三只松鼠从多个方面凸显自己的“萌”：购买三只松鼠的产品叫作“领养一只鼠小箱”，在包装箱上则写着“主人，开启包装前仔细检查噢”等话语，这进一步体现了三只松鼠自身拟人化的特质，给顾客以全新的感受，吸引了大量“90后”“00后”童心未泯的顾客，使三只松鼠形成了具有亲和力的品牌形象，在很大程度上助推了品牌的发展。而在顾客寻求客服人员帮助时，三只松鼠的客服人员也像松鼠一样，用“主人”来称呼顾客，让顾客觉得客服人员很“萌”，也觉得自己受到了尊重，这种交流方式增加了品牌的趣味性、独特性和互动性（图4-1）。

通过抓住大众市场、提供与众不同的体验感，三只松鼠发展成为我国领先的食品品牌，在给企业带来巨大收益的同时，也获得了一大批忠实的粉丝。

图4-1　三只松鼠品牌

任务一　认识新媒体文案

一、新媒体营销文案的定义

我们将新媒体营销文案界定为以下两个层次。

一个层次是职业称呼，即新媒体营销文案从业人员，也称新媒体编辑。具体解释为：基于新媒体（移动互联网媒体为主），面向特定人群进行文字内容输出和创意输出的文职人员。详细来说，在新媒体平台上通过发布信息、互动分享等活动，聚集一批人员加入，并逐渐形成一个群体，这个新媒体平台的执笔人，我们称为新媒体营销文案。新媒体营销文案的核心工作是通过发布信息、互动分享等活动，实现同一个精神群体中人与人之间的连接和互动。如果只负责在新媒体平台写稿件，不关注受众群体，更不与受众进行互动，这样的人不是新媒体营销人员，只能称作码字员。

另外一个层次是新媒体平台上内容的呈现形式，即新媒体平台上一切与文字写作、策划与编辑有关，并且向特定人群发布、反馈的信息都称为新媒体营销文案。新媒体营销文案的写作与编辑，目的就是在新媒体平台上精准定位用户，进行创意化设计与呈现传播信息，使其符合受众需求，更容易被受众认可、记住，甚至被再次传播，达到在大范围内塑造品牌形象或者拓宽产品销售渠道的目的。

二、新媒体营销文案的特点

1. 发布成本低

传统媒体广告成本动辄几十万元甚至上百万元，而且发布时间和对象不够灵活和精准。但进入新媒体时代后，企业的广告信息发布成本逐渐降低。

2. 形式多样化

（1）发布平台多样化

新媒体营销文案的发布与传播平台包括但不局限于微信、微博、头条号等，企业可以根据不同的受众选择不同的平台、发布不同类型的文案。

（2）呈现形式多样化

新媒体营销文案不仅可以以文字形式发布，还可以以短视频、图片、Flash 小游戏等多种形式呈现。

3. 互动性强

消费者可以借助新媒体平台参与企业开展的各种活动，与企业进行沟通和互动。企业在互动中也完成了相关推广活动。

4. 目标人群更精准

企业通过智能终端系统挖掘用户兴趣爱好、工作生活习惯、居住地域、年龄、职业等信息，有针对性地推送和推广文案。例如，今日头条通过智能算法解读用户兴趣，形成用户画像，有针对性地推送信息。

5. 好的文案容易被用户二次创作

短、平、快、用心的新媒体营销文案更容易被用户记住，从而实现二次创作和分享。例如，凡客诚品“凡客体”的文案，延伸出许多改编版的“凡客体”。

6. 发布及时

传统文案的时效性是以天和小时来计算的，那么新媒体营销文案写作在新闻报道中就是以分和秒来衡量的，真正做到了“争分夺秒”，将“及时”“实时”的追求推向了极致。自媒体文案的时效性更强，只要写完、自己审核满意就可以发表，没有任何程序和时间的限制。

7. 语言个性化、网络化

新媒体的出现，使人们的信息交流出现了前所未有的变化。其语言简约，体现出快餐式的特点，尤其是一系列丰富的表情包，更受到新媒体用户尤其是年轻一代用户的喜欢：新媒体环境下生成的网络新词语，如“土豪”“高大上”“点赞”等早已在各大媒体上广泛应用，并且已经被大众熟知；新媒体的表达方式也跨越了传统的线性表达方式，开始出现个性故事化叙述、H5 互动宣传和小游戏、微视频、小动画等多种表达方式，视觉传达的优势更加明显。

8. 碎片化阅读与传播

碎片化阅读是在新媒体环境与生活节奏加快的大背景下出现的一种新的阅读方式。它主要包括以下两个方面的内容。一是阅读内容的碎片化。新媒体受众只选择自己感兴趣或者对自己有用的一个或数个片段来阅读。二是阅读时间的碎片化。新媒体受众一般利用自己工作和生活的零碎时间，通过移动互联网终端实现阅读。例如，在等公交车时、在餐厅排队打饭时登录微信朋友圈、微信订阅号、今日头条、简书等平台阅读信息。

针对受众的阅读习惯，新媒体传播也趋于碎片化。一般情况下，针对一个小主题所形成的风格鲜明、观点突出、表达自由与清晰的、通俗易懂型的短文章、短视频、短漫画更容易被传播，成为阅读量超过 10 万人次的“爆款”文章。

【课堂活动】

① 新媒体营销文案的特点是什么？

② 与同学讨论如何做好新媒体营销文案。

任务二　新媒体文案策划的常用策略

一、新媒体文案的写作策略

新媒体完整文案的输出，必须建立在确定写作的目的、目标人群，分析竞争对手，以及提炼产品的卖点上，结合投放渠道的特性，最后进行创作，完成文案的输出。

1. 吸引力策略

（1）与“我”相关

人总是关注自己想关注的内容，对任何与自己没有直接利益的事情都不容易在乎。例如，走在路上，发现一个路人被高空落物击中受伤，人的第一反应是确认自己的上方是不是也有物体坠落，确保自己在这个环境下有没有危险、会不会受伤。在确认过后，人才会开始对受伤者产生同情，或者理性上考虑受伤带来的后果。

查看大部分的官方网站、品牌介绍、产品介绍等就会发现，大部分企业的文案都侧重于描述“我是什么”“我有什么”，却很少关注能够给目标人群带来什么，企业在这方面有很大的改善空间。如，2020 年 11 月，云南白药牙膏在巩固中国口腔护理第一品牌地位的同时，站在市场前端，伸手拥抱年轻的浪潮，推出行业首支拥有多种口味与多层颜色的“治愉之茶”奶茶牙膏，开拓了云南白药牙膏品牌的全新人群，进一步引领口腔健康生活新方式（图 4-2）。

图 4-2　云南白药奶茶牙膏

（2）制造对比

对比，即把两种相应的事物对照比较，使目标人群的感受更加强烈。对比手法常常用在文学创作中，如动与静、明与暗、冷与热，甚至突发情况与日常情况也是对比。对比强烈的事物，会直接触发人类大脑的决策机制。例如，山橙时代参加亚果会时，介绍道：如今随着消费水平的不断升级，消费者对水果的诉求不再是简单的满足于吃到，而是开始对水果的新鲜程度、外观、口感、内在品质等提出更高的要求，以及注重消费体验、品牌等附加价值。山橙时代将不断做好产品质量管控、供应链打造，利用线上线下销售与品牌营销相结合，与政府、合作伙伴一同并肩作战，打造健康原生态而又不失高端时尚的脐橙品牌（图 4-3）。

图 4-3　产品质量对比

（3）满足好奇

人为什么会有好奇心呢？心理学中的辛普森效应指出，人们对于未知事物表现出强大的好奇心。工作与生活中有一个很好的运用句式——将“如何”这一词运用在句子开头，就可以自然而然地使用“认识性好奇”的原理。例如，“如何快速阅读一本书？”“如何在 21 天养成一个好习惯？”

（4）启动情感

文案创作者通过情绪、情感的刺激，以起到吸引注意、打动人心的作用。情感、情绪更容易直达人的内心并引起强烈的记忆感受。例如雀巢的情感文案：

向凌晨 4 点起床的奶牛致敬。

凌晨 4 点，黑龙江双城的 10 万头奶牛起床了，这是采集鲜奶的最佳时间。

小标题：

1. 纬度、平均气温、挤奶时间、饲料规格，做好牛奶是一门科学。

2. 70 项品控措施，一丝不苟的生产工序。

3. 妈妈给宝宝的，永远只有更好，这也是我们的标准。

像妈妈一样地爱，雀巢营养（图 4-4）。

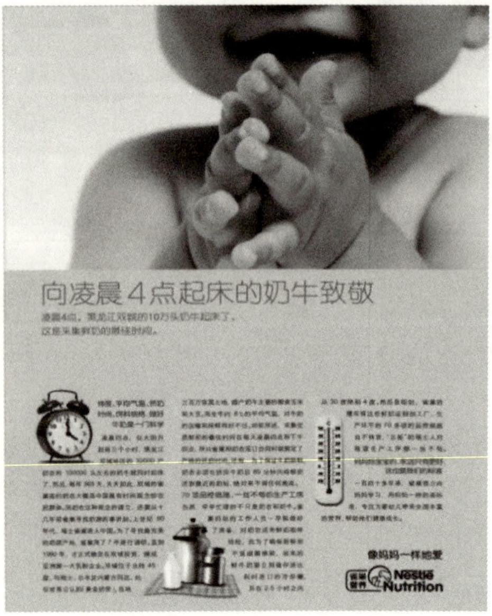

图 4-4 雀巢情感文案

情感、情绪可以按照不同的范畴去分类。按照价值的正负变化方向可以分为正向情感和负向情感。正向情感包括愉快、信任、感激、庆幸等，而负向情感则包括痛苦、鄙视、仇恨、嫉妒等。按照价值主题的类型又分为个人情感、集体情感和社会情感。

2. 代入感策略

（1）讲故事

讲故事的方式几乎适用于任何产品和品牌的宣传文案，更适用于宣传同质化比较严重的产品，用故事来加强用户和产品的情感联系，当然也可以在产品本身就具有很大特点时，用故事来深化这个特点。

今年的账单上，90%的付款记录是为了我。爱别人前，我想先学会爱自己。（为悦己支付，每一笔都是在乎）

坐过 55 小时的火车，睡过 68 元的沙发，我要一步步丈量这个世界！（为梦想付出，每一笔都是在乎）

千里之外每月为父母按下水电费的“支付”键，仿佛我从未走远。（为牵挂付出，每一笔都是在乎）

天南海北聊天的人很多，只有你会为我转来救急的钱和一瓶装心事的酒。（为友情付出，每一笔都是在乎）（图 4–5）

图 4-5　故事文案

这个文案并不复杂，但是结合着场景化的图片，这些“讲故事”的文案在一堆堆、一排排的传统文案中突围出来，给看到他的人留下了深刻的印象。

（2）提问题

提问题能使用户付出思考，引起重视，做出反应，更容易让用户有代入感，让用户能直接进入广告文案要表达的主题中去。例如，国外的戴亚肥皂电视广告：“难道你不喜欢使用戴亚？难道你不希望每个人都使用它？”

再比如“一周文案”的“人生灵魂问答”，就通过提问题、再回答的方式，引发客户的思考（图 4-6）。

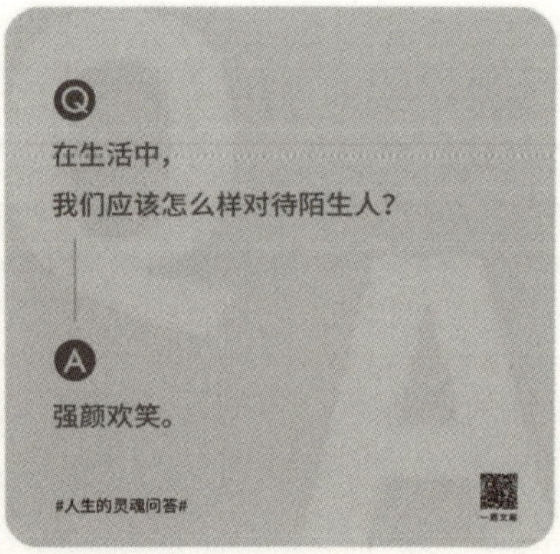

图 4-6 “提问题”式文案

提问题的方式可以是选择题、填空题或反问式，一般适用于功能性比较强的产品或服务介绍，通过提问题将用户带到需求的困扰点上，然后用户通过品牌商的产品或服务获得解决。

（3）用情怀

每个品牌门店的橱窗装饰都会花费极大的精力和成本，以达到不仅体现品牌的风格，更能触动目标人群内心的效果，甚至包括店内的音乐，也都是精心挑选的。这些都是在营造一个场景，而这个场景最终的目的就是激发用户内心的情怀。情怀是一种高尚的心境、情趣和胸怀。例如，江小白的文案：“我把所有人都喝趴下，就为和你说句悄悄话。”“手机里的人已坐在对面，你怎么还盯着屏幕看。”“我在杯子里看见你的容颜，却已是匆匆那年。”大家常说的“生活不止眼前的苟且，还有诗和远方”中的“诗和远方”就是典型的“情怀”的体现。在新媒体文案中，文案创作者需要动用一切能用到的资源来营造这样的情怀氛围，如用具有情怀的文字、图片、音乐等，将用户带入品牌所营造的氛围中去（图 4-7）。

图 4-7 江小白文案

3. 信任感策略

（1）用细节

商品的卖点都是通过对一个个细节卖点的拆分来表现整体的卖点诉求。例如，小米手机将多个细节卖点一起展示，就是为了说明手机品质好。如果直接说小米手机很好，可信度不高，但是展示出细节为配置一亿像素夜景相机、全金属一体化机身、多功能NFC、全新 MIUI12，这些细节就是在说明手机好在哪里、为什么好（图 4-8）。

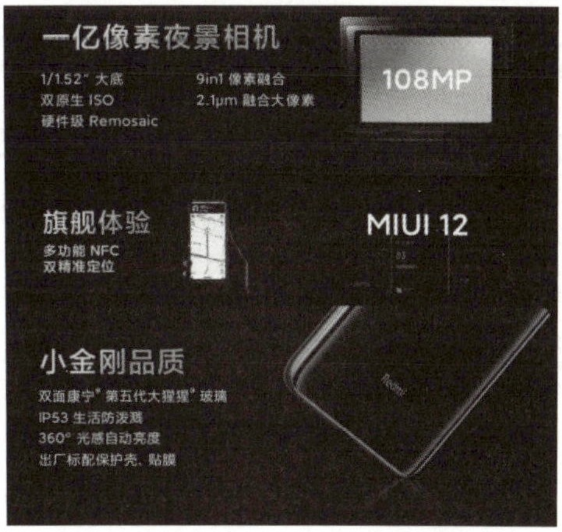

图 4-8　产品细节展示

（2）用数据

在广告文案中体现数据也是以较理性的方式来证明卖点，在必要的时候还需要呈现最为准确的数据。

（3）示范效果

在商家无法让用户立即自证商品或服务的情况下，商家都会极力地去示范效果，让用户亲眼看到效果的真实性，达到文案可信的目的。实用性强的商品，更适合运用示范效果的方式。示范效果均为对产品卖点及效果的进一步强调说明。使用这个策略的经典广告创意有洗衣粉品牌汰渍的广告。汰渍自 1995 年进入中国市场以来，广告风格和创意几乎没有变更过，都是通过“衣服非常脏—用汰渍清洗—展示洗过之后的效果”来表现汰渍的去污效果，加强了“有汰渍，没污渍”这句广告文案的可信度（图 4-9）。

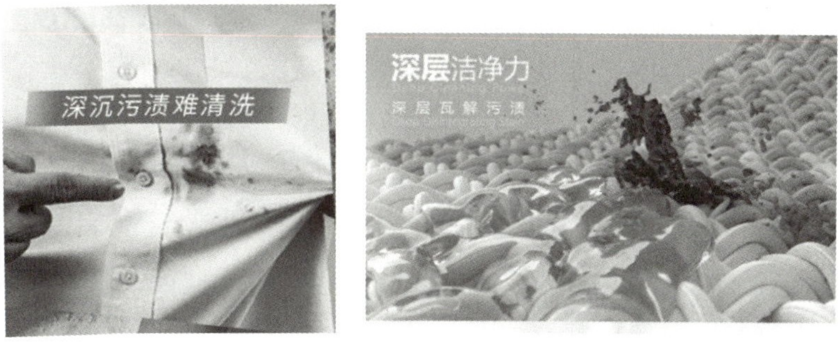

图 4-9　效果展示

【课堂活动】

结合上述所学的理论与技巧，如果你要给洛阳龙门石窟做一个文案，你有什么好的想法吗？在思考过程中可与同学进行讨论。

任务三　新媒体文案创作的四大要素

新媒体文案的创作包括标题、正文段落、开头、结尾四大要素。

一、新媒体文案的标题撰写

一个有吸引力的标题能在无形中抓住用户的眼球，增加阅读量。好的标题除了能够总结全文，起到画龙点睛的作用，同时也体现了客户的需求。常见的新媒体文案标题撰写的方法如下：

1. 数字化

将文案内容中的重要数据或内容以数字的形式呈现出来，整合进标题里，利用吸引眼球的数据快速引起用户注意，能有效提高阅读标题的效率。

举例：

《10 个容易被忽略的 Excel 小技巧，超实用！》

《十大口碑最好的女鞋！》

《十大护肤品品牌有你家的吗？》

2. 借助名人

欧米茄热烈欢迎周冬雨加入品牌名人大使大家庭，欧米茄全球总裁兼首席执行官安世文（Raynald Aeschlimann）对周冬雨成为品牌名人大使也感到十分自豪，他表示，周冬雨不仅有天赋，在专业领域更是精益求精，与欧米茄的创新精神以及追求卓越的品牌理念不谋而合。她勤奋、率真、勇于做自己，彰显了新一代年轻人的优秀品质，我们非常高兴她能够加入欧米茄名人大使大家庭。

名人的任何事情都是大众所关注的，几乎大部分广告都在利用名人效应。爱屋及乌，受众将对名人的喜欢、信任甚至模仿，转嫁到受众对产品的欢迎、信任和模仿。在使用名人名言做标题时，要做到主题鲜明，突出内容主旨，语句简练，富有哲理性，同时要注意对其引用的时机，这些名人名言或语出惊人，或振奋人心，或寓意深刻，或表达了对人生、事业的思考和感悟，使文案标题富有感染力和表现力。

3. 恐惧化

恐惧化标题充分利用人们的恐惧心理，在一定程度上让用户产生强烈的共鸣，特别是健康保健以及食品安全等内容上的运用，可以直击用户痛点。常使用的方法一种是直接阐述常见危害让用户感到可怕，另一种手法是颠覆性事实陈述，让用户意识到以前的做法都是不对的，从而产生一种恐惧。

举例：

《如果你不在乎钙和维生素，请继续喝这种豆浆！》

《高血脂，瘫痪的前兆！》

《30 岁的人为什么会有 60 岁的心脏？》

4. 热点化

主要针对一些时下发生的事件，引起人们的广泛关注。体育赛事、节假日、热播影视剧、热销书籍等，都会在一段时间内成为讨论热点，登上各大媒体平台的热搜榜。以此为文案标题的创作源头，通过大众对社会热点的关注，来引导客户对文案的关注，提高文案的点击率和转载率。

举例：

《小丑鲜花情人节鲜花预定火爆》

《“双 11”捡漏，29 元护肤品抢到就是赚到》

5. 神秘化

大多数人，特别是网民都有一个特点，那就是好奇，对什么事情都有探究欲。人类的求知本能也让大家喜欢探索未知的秘密，于是揭秘的标题往往更能引发关注。脑白金上市之初曾在媒体上投放了《两颗生物原子弹》等文章，引起关注健康的读者的兴趣，为日后的品牌推广打下了良好的基础。

举例：

《人类可以“长生不老”吗？》

《揭开微商女神月入百万元背后的真相》

《有机化妆品都是忽悠吗？》

6. 稀缺化

稀缺化的文案标题通常运用的是用户“物以稀为贵”的消费心理，从而刺激用户购买，在文案标题中常常提供给用户一个看似稀缺的机会，主要通过对时间、数量、人群或职业等的限制制造紧迫感。

举例：

《快领，京东购书优惠券明天过期！》

《这篇文章今晚删除，不看亏大了》

7. 利益化

利益化文案标题直接点出产品或服务对用户的利益点，说清楚能给用户带来什么样的好处，简单明了，直接有效。

举例：

《微商年收入 15 万不是梦——我的奋斗历程》

8. 新鲜化

人们总是对新鲜的人、新鲜的事物感兴趣，这是人之常情，把握住这个特征，制造出具有新闻价值的文案，往往会引发巨大的轰动，特别是在网络传播的时候，可以获得更多的转载。

举例：

《2021大牌潮流抢先看LV、爱马仕、兰芝手袋谁是你的菜》

9. 体验化

体验式文案标题一般营造一个让人想哭或者让人想笑的氛围或场景，引导用户快速地进入这个文章所需要的场景或所需要的状态。

举例：

《一段小小的视频，上百万人都看哭了》

《这一位很厉害的强迫症人士，我一定要推荐给你》

【知识链接】

新媒体营销文案的前期准备

新媒体营销文案不是文笔好就可以写好的，一定要有明确的思维方式。在写文案之前，先要弄清楚所描述的产品或服务当下最能解决的问题是什么，然后用受众能够理解的语言表达清楚。新媒体营销文案写作的步骤主要分为明确账号定位、明确文案写作目的、列文案创意简报、输出文案创意、文案复盘这5步。

1. 明确账号定位

为什么找选题时要先明确账号定位？因为定位是一个账号的顶层设计。明确账号的定位就是确定账号的主攻领域。账号的定位越明确、领域越垂直，粉丝就会越精准，商业变现也就越轻松。没有准确的账号定位，就没有选题思路可言，更谈不上与强大的对手竞争了。

举个例子，一谈到口红，我们可能立刻想到李佳琦，从而关注他的各类新媒体账号。或者很多“辣妈”想减肥，或想做减肥餐，就立刻想到“辣妈鳕鱼”，这就是定位的作用。

2. 明确文案写作目的

（1）确定写作目标

新媒体营销文案人员在写内容时首先要确定写作目标，即希望所写的内容达到什么效果。通常来讲，写作目标可以分为4类。

① 自我讲述：围绕个人兴趣进行观察、评论。例如，“六神磊磊读金庸”“姜汁满头”“拳王的故事”等。

② 品牌推广：重在树立品牌形象、打造品牌价值，如“人间”“正午”“单读”“理想国”“公路商店”等。

③ 传达消息：常见的消息类型有时政评论、行业分析、垂直领域资讯等，如“浪潮”“品玩”。

④ 产品营销：这主要是指发布一些营销类软文，提高产品知名度和销量。

（2）做好文案选题

优质内容生产和传播的前提是要有好的选题。好的选题是成功的一半，好的选题应该具备可读性、价值、信息增量和价值观四大典型特征。

3. 列文案创意简报

列文案创意简报是新媒体营销文案写作的重点，它主要明确以下几点。

（1）对谁说

“对谁说”是进行目标人群分析，明确哪些人是潜在的消费者，这些人具备什么特征，具体包括他们的文化因素、家庭地位、社会角色、职业、年龄、经济环境、个性、爱好、价值观、购买产品的动机等。这些特征越具体，目标人群的定位就越清晰，新媒体营销文案写作就越有针对性，传播效果也就越好。

（2）说什么

“说什么”是新媒体营销文案写作的核心。在这个过程中，新媒体营销文案人员要借助 SWOT 分析法、思维导图等工具，与竞争对手对比、与自己以前的产品对比，挖掘产品的卖点；同时要通过头脑风暴、线上线下调研等方式，找到最恰当的卖点呈现方式去说服、感染目标受众，使他们信任己方推出的产品、服务或者品牌，同时能够记住并广泛传播或者发起购买行动。通过“对谁说”和“说什么”，找到受众痛点、痒点、兴奋点三者之一与产品卖点之间的对应关系，这就做好了文案策划的一大半工作。

（3）在哪儿说

“在哪儿说”是根据受众特征和需求、说的内容和方式选择恰当的平台，在合适的时间发布文案。如果你准备在朋友圈推广《我不是药神》这部电影，你可以通过哪些渠道查看同行的广告创意？当你把这些平台罗列出来，并做出比较，这就是策划方案的一部分内容，通过比较确定“在哪儿说”的平台。

4. 输出文案创意

在明确了文案写作目的、目标人群、竞争对手以及自身卖点后，新媒体营销文案人员应找到本次文案需要解决的问题，结合媒体投放渠道的特性，再进行创意思考，最后完成文案的写作输出。

5. 文案复盘

复盘即对已做过的工作内容再次进行梳理、总结。文案复盘时，新媒体营销文案人员可以通过新媒体平台数据、目标人群反馈对已完成文案的优点和缺点进行总结、分析，将所得经验运用于下一次文案写作中。

二、新媒体文案的正文段落编写

新媒体文案的正文段落编写具体方法如下：

1. 直接式

直接式就是直接叙述的方式，不拐弯抹角，不故弄玄虚，一般直接展示商品的特点或能给受众带来的好处。例如，农夫山泉的一句话文案“农夫山泉有点甜”“我们只是大自然的搬运工”，非常直接，让人一目了然，成功帮助农夫山泉跃进全国纯净水市场前三名，农夫山泉文案如图 4-10 所示。直接、简短的文案也是一种有力的正文写作形式，脑白金那句耳熟能详的文案可以说是经典的示例了——“今年过节不收礼，收礼只收脑白金”。简单明了，提高了脑白金的知名度，让不少人在过年过节时会优先考虑选择脑白金作为礼品。

图 4-10　农夫山泉文案

除此以外，这种直接还有言简义丰的效果。例如，鸿星尔克“To be No.1”、特步“飞一般的感觉”、联想“人类失去联想，世界将会怎样”，这些广告语都做到了简短、直接，还一语双关，用简单的文字表达了丰富的内涵。

2. 递进式

递进式即正文中材料与材料间的关系是层层推进、纵深发展的，后面材料的表述只有建立在前一个材料的基础上才能显出意义。通常故事体、对话体的表述方法采用的就是这种结构形式，如下所示。

丈夫：“把你的××（自己的产品）换掉吧。”

妻子：“你又不是不知道我生气时爱摔东西。”

3. 并列式

并列式即材料与材料间的关系是并行的，前一段材料与后一段材料位置互换，并不会影响文案主题的表现。并列式文案的正文结构就是“特点 1 + 特点 2 + 特点 3……”，分不同段落写不同特点。这种并列式的正文结构能把广告产品的特点清晰、准确地表达出来。

产品文案常用并列式方法分别列出产品的参数、属性、特点等。

图 4-11 所示为护肤品文案，此文案使用并列式结构细数该产品的功能。三大主打功能“淡化皱纹”“提拉紧致”“滋润保湿”之间是并列关系。这种写作方法明确列出产品亮点，简洁清晰，能有效避免文案出现结构混乱、层次不清的现象。

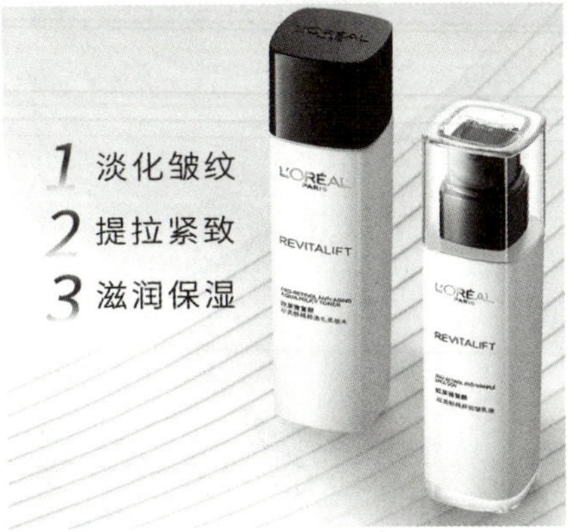

图 4-11 护肤品文案

4. 三段式

三段式写法比较适合软文型文案的写作。顾名思义，文案结构分为 3 段：第一段用列举的方法或一段话来浓缩全文的销售语言，如产品信息、产品优点等销售语言；第二段则解释销售语言中的卖点或者将销售语言展开描述，这时可运用要点衍生法；第三段是最后一段，主要任务是让受众马上行动，一般是强调产品的某些独特优势，点明前面阐述的销售语言或卖点能给受众带来什么直观的效果。

在三段式写作中，最后一段最为重要，在这一段中要把受众使用产品之后的场景、效果直接表达出来，让受众产生购买欲望。例如，雅诗兰黛小棕瓶功能介绍、雅诗兰黛小棕瓶功能叙述、雅诗兰黛小棕瓶效果展示，分别如图 4-12 ~ 图 4-14 所示。

图 4-12 雅诗兰黛小棕瓶功能介绍

图 4-13 雅诗兰黛小棕瓶功能叙述

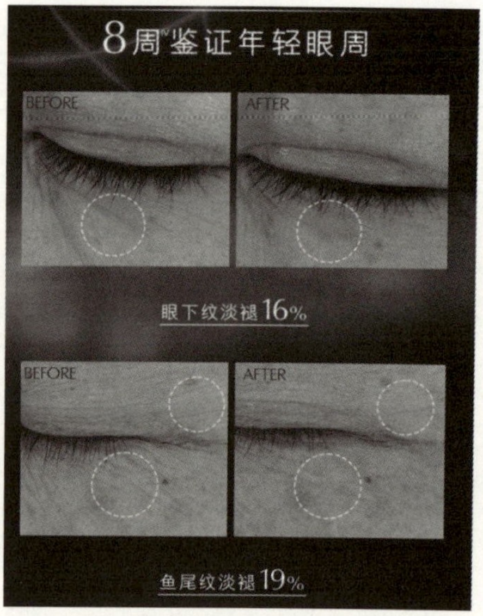

图 4-14　雅诗兰黛小棕瓶效果展示

此文案分为三段展现产品内容。第一段总列产品几大特点，第二段再分别展开叙述，最后一段则给受众展示效果等，达到不错的营销效果。

5. 对比式

在新媒体营销文案中常使用对比的方法将不同事物的相似方面进行比较，或者将同一事物前后的不同进行比较，突出该事物的特点和作用。

对比式常用在广告文案中。竞争广告一直是知名品牌商家喜爱的广告方式，虽然表面上争得“你死我活”，但实质上却拓宽了市场。值得注意的是，在运用对比手法撰写文案时，一定要把握适度原则，不能恶意诋毁竞争对手。

有些软文为了推荐某款产品而不引起受众的反感，有时会站在亲身经历的角度进行对比论述。例如，推荐祛痘产品的文案开篇就描述自己长痘时皮肤差、自卑，用再多化妆品遮掩也没有用，反而让痘痘更加严重。然后用夸张的方式提出皮肤白嫩的女生则好很多，通过对比，让受众感到“妒忌”。“妒忌”这种情绪是负面的，但受众的负面情绪会引发其对文案更多的关注。有这种困扰的受众就会越发重视自己长痘的问题，从而更加有兴趣阅读文案。

三、新媒体文案的开头设计

如果受众被标题吸引进来却发现开篇平淡无奇，就会产生一种受到欺骗的感觉，从而退出当前页面。那么，怎样才能写出一个精彩的开篇，从而留住受众呢？

1. 开门见山

所谓开门见山就是直截了当，直奔主题，不拖泥带水，直接说明文案主题。若是产品文案，则开篇直接表述某产品或服务的好处，介绍如何解决某种问题等。这种写作方法常以标题为立足点进行直接阐释，避免受众产生落差和跳脱感。若标题为疑问句，开篇则可以直接回答标题的问题，如下所示：

标题：“双十一”到啦！猜猜今晚的直播有什么活动？

开篇：19:00，淘宝直播准时开场，不同体型模特现场试穿，高额无门槛优惠券不限量发送，你还在等什么！

2. 内心独白

内心独白即把内心的真实想法表露出来。移动互联网时代人与人之间的交流是隔着网络的、有距离的交流，有时候内心独白反而能拉近人与人之间的距离，打动人心。要在文案中写出内心独白，就需要将文案写成对白或作者的陈述，向受众道出自己内心的活动。一般来说，人物的内心独白会给受众一种正在亲身经历此种感受或故事的感觉，比较亲切。内心独白被认为是内心活动的真实反映，不掺杂虚伪和矫情，所以极易给受众情真意切的印象，引起受众的共鸣与信任。如江小白的文案：小孩子把不开心写在脸上，大人把不开心藏进酒杯里。

3. 以新闻热点引入

以新闻热点引入指在文案开篇使用新闻热点话题吸引受众注意。

例如，在推荐衣服时，从最近的红毯活动、电影节入手，分析艺人穿搭，再引入自己的推荐单品；在推荐书本时，从最近的诺贝尔文学奖引入；在品牌推广时，借助节日、新闻热点等撰写宣传文案；等等。通常，这样的文章阅读量都很高，也很受欢迎，所以文案写作人员在写作过程中可以适当地借助热点。一般来说，从微博热搜榜获取热点信息是比较快的，文案写作人员也可酌情考虑从今日头条、百度风云榜、搜狗热搜榜、360热搜榜、豆瓣、知乎等获取信息。

4. 利用故事

利用故事指文案开篇使用故事进行导入，使用富有哲理的小故事或与要表达的中心思想相关的小故事作为开篇，一句话揭示道理；还可以直接写故事，然后在其中进行商业植入，如下所示：

例如腾讯视频的软文推广文案《姑娘你需要的不是一个男朋友》开篇：

他微信说：“我们分手吧。”

“嗯，好。”我回。

放下手机，我又埋头做事。心里有些空荡荡，却也如释重负。“并没有特别难受啊，外面天气真好，出去玩吧。”

失恋的痛苦并非排山倒海一样猛烈袭击，更像南方冬天的雨，一滴一滴，慢慢寒到彻骨。

这篇文案以男女分手作为开篇，采用叙事风格，不仅能让人放松，还能让喜欢阅读故事的受众觉得这就是小说的情节。虽然通篇看下来才发现是一篇植入腾讯视频的文案，但胜在新奇，新媒体营销文案写作人员也应掌握这种写作方法。

此外，新冠肺炎疫情期间，口碑就推出“战‘疫’中的我们”故事海报，讲述用户抗疫的故事；肯德基则为宅急送红骑士制作了一系列感人的故事海报，讲述骑手在岗位坚守的故事。

从这些品牌案例可以看出，讲故事的文案，正在逐渐流行。

英国作家罗勃朗宁说：“故事永远是旧的，也永远是新的。”故事虽讲的是过去的事，但是又随时在更新，所以故事能一直延续。

把不同的故事运用到不同产品上，又会产生不一样的效果。写品牌文案要善于讲故事，用讲故事的形式传播品牌和产品。

5. 借用权威

所谓借用权威，是指通过借用“权威”的影响力，引领文案的内容，将其与文案主题相融合，凸显文案的主旨及情感。这种写作方法既能吸引受众，又能提高文案的可读性。借用权威的方法主要包括使用名人名言、诗词等，或者某个行业的调查数据、分析报告、趋势研究等权威资料，如推荐书籍的文案开篇：

王小波说：“人在年轻的时候，最头痛的一件事就是决定自己的一生要做什么。”

然后顺理成章，自然而然地列出正文，引出职业规划的主题。这就是名人名言的妙用。

还有一些文案借用数据，因为人们总是更相信数据的权威性和精确性，如美团外卖文案开篇：

50 万合作商家，1 000+知名连锁品牌入驻。

6. 设置悬念

设置悬念是在文案开篇设置一个疑问或矛盾冲突，以使受众产生某种急切期待和关心的心理的一种写法。设置悬念的效果与利用故事的效果有点类似，也比较重视故事的作用。但悬念常与刺激、恐惧联系在一起，这种以悬念故事开篇的文案，通常都把吸引读者放在第一位，如下所示。

“一对夫妻穷尽一生积蓄买了一套房，住进去之后却怪异事件频发，皮肤瘙痒、掉头发、失眠、气色越来越差……尝试了各种治疗的方法，都于事无补。”

受众读到后面才得知这是甲醛超标引起的，从而引出文案的主题——一款新上市的空气净化器。这种写作技巧能吊住受众的胃口，是引起受众注意的好方法。

7. 直接下结论

所谓直接下结论，是指直接在文案开篇得出结论，再通过正文推出论据，证明开篇的结论。这种开篇的好处是文案中心清晰、观点鲜明，受众一下子就能知道文案表达的意思。例如，一篇鼓励阅读的长文案：

标题：我害怕阅读的人。

开篇：不知何时开始，我害怕阅读的人。就像我们不知道冬天从哪天开始，只会感觉到黑夜越来越漫长。

然后正文中再对此结论进行论证，达到一种引导和总结的目的，使文案结构严密，更具说服力。

8. 运用修辞手法

修辞手法有很多，包括排比、比喻、夸张、反问、设问等。修辞手法的运用，可以让文案开篇更加生动，如芝华士的父亲节文案开篇：

因为我已经认识了你一生。

因为一辆红色的 RUDGE 自行车曾经使我成为街上最幸福的男孩。

因为你允许我在草坪上玩蟋蟀。

因为你的支票本在我的支持下总是很忙碌……

不同的文案有不同的开篇场景设计，文案写作人员可灵活运用以上开篇写作方法，写出充满吸引力的新媒体营销文案开篇。

四、新媒体文案的结尾写作

1. 点题式

点题式结尾就是在文末总结全文，点明中心。有的文案在开篇和正文只对有关问题进行阐述和分析，只叙述过程，到结尾时才将意图摆到明面上来。例如，之前腾讯视频的软文文案《姑娘你需要的不是一个男朋友》就是以故事的形式将“腾讯视频”植入其中，阅读时受众并不明确其是为了进行推广还是为了销售某种产品，文案在结尾时才点明主题，原来是为了销售腾讯视频的 VIP 年卡。其文案结尾如下：

我的故事讲完了，希望能对你有所启发。

这失恋之后的 33 天，是腾讯视频陪我度过的。

和我一样，姑娘啊，很多时候你缺的并不是一个男朋友，而仅仅是一个腾讯视频。

男朋友会惹你生气，它只会为你疗伤。

男朋友会制造麻烦，它只会解决问题。

男朋友会因为一言不合把你丢在陌生的街头，它只会耐心地送你疗伤电影。

腾讯视频这么好，那为什么不马上拥有它，就现在？

就现在！腾讯视频 VIP 年卡只要 88 元，而且三人拼团只要 68 元！

点击“阅读原文”立刻拥有！

2. 互动式

在结尾设置话题（一般是以提问的方式）吸引受众参与，引发他们的思考及参与欲望。在微博、微信、微淘等注重评论的社交平台的文案中就常设置话题，当然，最好是一些受众可能感兴趣的话题，如下所示。

大家都来谈谈，过年回家你都给爸妈带什么礼物？

通宵读书是怎样的体验？

3. 名言警句式

用名言警句或其他金句结尾的文案可以帮助受众更深入地领悟文案思想，引起受众共鸣，提升他们对文案的认同感。且名言警句一般都富含哲理，借助这些语言的警醒和启发作用，还能提高该文案的转发率，可谓一举多得。例如，PPT 网课推广文案的结尾为鼓励受众购买其课程，就用上了巴菲特的名言，对推广文案起到了画龙点睛的作用，其原文如下：

每一个让你感觉到舒服的选择，都不会让你的人生获得太大的成长。而每一个让你感觉不舒服的选择，也并不一定会让你获得大家所谓的幸福，但却会让你有机会开启与众不同的体验，寻觅到更多的可能性。

从一个“PPT 制作者”成为一个“PPT 设计者”，难吗？不轻松。但正在学习阶段的你，连个 PPT 都征服不了，还谈什么征服世界？

做你没做过的事，叫成长；

做你不愿做的事，叫改变；

做你不敢做的事，叫突破；

做你不相信的事，叫逆袭。

4. 神转折式

神转折式的结尾就是用出其不意的逻辑思维，使展示的内容与结局形成一种转折关系，得到出人意料的效果，它能将正文塑造的气氛转变得干净利落，让人哭笑不得。但这种写作方式常有奇效，借助这种氛围落差在受众心里引起震撼效果，让受众惊叹于写作人员的思路，从而引起受众的讨论，在其心中留下深刻的记忆。由于神转折式的结尾有一种强烈的反差感，受众读起来有趣，自然也有利于网络传播，如下所示：

正文梗概：喜马拉雅 FM 曾推出这样一个文案，正文讲述男孩女孩是初中和高中同学，因为想着要好好学习考同一所大学，虽然非常要好却一直没有明确彼此的关系，可是她考上大学了，他却名落孙山，彼此再无联系。直到她的婚礼两人才又见面，他交给她一个手机后就转身离开了。

文案结尾：她打开手机，手机上的软件正在播放节目，她仔细听、仔细查看时发现，每一条收藏的声音都是他们学生时代曾反复收听的电台节目，每一首歌都是记忆的引子。

她泪流不止，突然意识到——

这个软件就是喜马拉雅 FM。喜马拉雅 FM 是国内最大的音频分享平台，其手机客户端于 2013 年 3 月上线，在其创立的这几年时间内，喜马拉雅 FM 已有超过 1.5 亿的用户，每日持续新增近百万用户，每位用户平均每天收听 90 分钟……

5. 引导行动式

这种方法也可以称为动之以情式，就是从感情上打动对方，让这款产品有温度、有情绪。特别是当受众感受到文案写作人员的用心与认真时，就能被其中蕴含的感情打动；也可以通过利益和好处对受众进行诱导，推广文案运用这种诱之以利的结尾方式将利益最大化，引导受众行动，如下所示。

① 我们的目的不是赚钱，只是为了让大家用到好东西，看到很多人用了我们的产品生活变得更好，我们就开心了。

② 黑五到，大利好！Kindle 黑五狂欢购。在活动期间购买任意一款设备，即送 70 元 Kindle 电子书券。Kindle Paperwhite ×故宫文化新年限量款礼盒也参与活动哦，买即送 70 元 Kindle 电子书券！珍藏限量 2 018 套，来自岁月的祝福好礼！

【课堂活动】

活动案例

2019 年农历年初，朋友圈被一则短片《啥是佩奇》刷屏。

啥是佩奇？这个疑问，对于生活在城市里的孩子都不陌生。它是一只粉红色的小猪。可这发问是来自一个生活在大山里的爷爷，只因为孙子电话里的一句话“过年，我就要佩奇”，老爷子就踏上了漫漫问询“啥是佩奇”的征程，最后终于用炉灶吹风筒，做出了史上最硬核的佩奇（图 4-15）。

图 4-15　吹风筒佩奇

明明是一则广告，你却默默擦了泪，掐指算算，你回家的票买了吗？有多久没有好好陪父母坐下吃顿饭了，这是一则广告，却又不仅是广告，它触动的是中国人心中最柔软、最传统的亲情；它传递的是父亲对儿子过年回家的期盼，对孙子的想念，以及被“不回来啊”带来的打击。

这则短片的刷屏，看似意外，实则在情理之中，试问，天下谁不是儿女，谁又不曾做过父母？家庭是人们感情最泛化的寄托，也是最容易引起共鸣的主题，恰逢年关，推出这样的主题，是极易引起轰动效应的。

一位留守山村的老年农民，以及一位以动漫为伴的城市孩童，以佩奇为纽带，他们在情感世界里得以联结。这份朴素而浓烈的情感，也在祖孙三辈人之间得以传承。推而广之，这部短片令无数人热泪盈眶，激活了人们内心深处的记忆和情感。

活动思考

你看过《啥是佩奇》这则短片吗？有怎样的情绪体会？获得了什么启发？

试着从营销和传播的角度分析该案例。

任务四　新媒体优质内容策划技巧

策划优质内容重要的是为了获得更多的流量，让营销工作变得更加轻松。同时，文案的写作看似难度很大，其实都是从一些细致的地方着手的，只要把基础的东西做好，没有什么是不可能的。下面介绍策划优质内容的技巧。

一、优秀文案的基本框架

只要文案有足够的吸引力，产品介绍得足够翔实，这样潜在顾客或者代理就能明白产品的各项信息与功能，但是对于产品优点还是要重点介绍的。一篇优秀文案的基本框架包括哪些内容呢？

1. 标　题

标题只要做到吸引人就可以了，不管用什么方式拟题目，只要成功吸引了潜在顾客的注意力，就是成功的文案标题。

2. 利用好人们的好奇心

在正文中切忌一上来就提产品，因为人们看到产品信息后，第一反应就会认为该文案是一篇广告，对这篇文章的好奇心就降低了，阅读欲也消失了。产品信息应该出现在文案的中间部位或者是后面，当把人们的好奇心带起来后，再提出产品信息，该文案就不会被读者直接拒绝阅读了。

3. 利用好顾客的反馈

如何才能让买家信任卖家呢？那就得利用好顾客的反馈了，因为来自顾客的反馈在让买家信任卖家的过程中会起到很大的作用，可以快速帮助买家做出购买的决定。举一个很简单的例子，淘宝评价就是利用了这点，在淘宝购物时，很多买家都会先看评价。

4. 价值的包装

顾客购买的不是产品本身，而是产品的价值，所以卖家要做的就是告诉买家，产品会给他带来什么好处。卖家通过什么途径来告诉买家呢？卖家可以告诉买家应该如何使用产品、产品是如何诞生的、该款产品的生产工序是什么样子的等，这样可以一步步去放大产品的价值。

5. 内容介绍

通过产品的内容介绍，让客户充分了解产品的好处、特点，包括专家点评、证明文件、价格、付款、分割成多个利益点，然后用客户习惯的语言去描述。

6. 指出利益点

把利益点说出来，客户购买的是产品价值，而不是产品本身，所以必须直观地告诉客户产品的价值有哪些、明确地告诉客户使用该产品能给他带来什么好处、什么时候可以用到该产品、如何使用该产品才能发挥该产品的最大价值。

7. 行动呼吁

行动呼吁越简单越好，越明确越好，能给客户一个立即行动的理由。

二、内容写作的技巧

在新媒体营销的过程中，内容的创作要达到一次分享就可带来数倍价值的目的是很多人的梦想。但要想让粉丝分享你的内容，就要掌握一些必备的写作技巧。

1. 内容故事化

我们在前面不断提到，大部分人都喜欢听故事，所以你的内容若以故事的形式呈现就会更容易吸引大家读下去。而学会讲故事，是新媒体营销内容创作者必备的写作技巧之一。在讲故事之前，首先一定要弄清楚自己想要传达给粉丝什么样的诉求，然后让整个故事都围绕这个诉求来进行，同时一定要弄清楚你的粉丝是谁，进而从粉丝的角度反过来推导自己故事内容的创作。因此，讲故事要时刻考虑以下几点：

① 我的故事能让粉丝了解他们不知道的事情吗？

② 我的故事能为粉丝带来真正的价值和好处吗？

③ 我的故事能引起粉丝的情感共鸣并采取一定的行动吗？

2. 拥有点睛之笔

在移动互联网时代，人们的碎片化时间得到了充分利用，而粉丝的碎片化时间就是新媒体内容营销的重中之重。要想将粉丝的碎片化时间集中到自己的内容创作上，就要将内容做得简洁通俗，而不要废话连篇。例如，像做 PPT 一样精简，找到每一句话的点睛之笔。

与此同时，文案内容还要直击粉丝痛点。因为只有文案的内容抓住了粉丝的痛点，才会引起粉丝的重视。所以撰写文案内容时，一定要找到点睛之笔，这样才能充分调动起客户的敏感神经，并愿意花时间去看你文案的内容。

3. 数据图示化

正如上文所讲，客户利用碎片化时间阅读你的内容，采用的肯定是一种浅阅读形式。浅阅读最大的特点就是缺少耐心，这样一来要想达到好的效果将会很困难。因此，要想让碎片化阅读达到更好的效果，就要用图示化的方法来代替大量的文字和数据，让内容呈现的形式更加直观。

4. 巧妙使用修辞

语言本身就是巧妙而充满魅力的，再加上运用比喻等修辞手法，可以使文章达到意想不到的效果。

5. 充分利用美图

碎片化时间阅读除了将文字和数据尽量图示化之外，还要尽可能多地选用精美的图片。因为好看的图片甚至是短视频更容易吸引粉丝的注意力，也更能满足粉丝的视觉需求。需要注意的是，在图片的选择上一定要多加考虑，否则选错了图片或者图片使用极不恰当，将是非常倒粉丝胃口的一件事，会让粉丝瞬间产生反感，而不愿意再看下去。

6. 体现自己的风格

粉丝通过阅读会对文案内容的整体风格进行把握，从而会为企业设定一个无形的标签和定位，并对不同的内容抱有不同的期待。因此，文案一定要拥有并保持自己的风格，让粉丝提高对你的识别度。当然，人人都喜欢有新鲜感的事物，但创造新鲜感并不等同于不断变换文案的风格，经常变换文案的风格会让粉丝对你的识别度降低，并不是长久之计，因此创造新鲜感是以坚持自己的风格为基础的。我们需要做的是始终如一地将文案内容稳定在一定的水平上，想方设法让自己在内容创作上越来越优秀。

【课堂活动】

假如你是一家企业的新媒体营销负责人，公司主要销售防晒用品，近日拟推出新款防晒外套，利用新媒体文案进行营销推广。

① 试撰写出一篇微信文案，介绍新款防晒外套，为文案拟出至少三个标题。

② 如何写好文案开头，激发粉丝的阅读兴趣？

【思考练习】

① 新媒体文案的写作策略有哪些？

② 如何编写新媒体文案的正文段落？

③ 如何进行微信小程序的营销推广？

项目五

微博营销

学习目标

了解微博活动推广方式。
熟悉微博常见的营销方式。
掌握微博营销的策略。

引导案例

2020年多场演唱会取消，吉利洞察到人们对音乐的渴望，选择了以“有我陪你线上音乐节”的方式推广博越车型，以此和消费者产生共鸣和联结。群星参与线上音乐节，粉丝在线应援投票打call，明星和普通用户唱出自己最喜爱的歌曲为活动扩大声量。超级品牌速递全程投放，助力吉利博越车型销售线索收集。最终话题收获近20亿阅读，活动视频《吉利前贴片》播放近1亿次。博越和音乐产生强绑定（图5-1）。

图5-1　微博线上音乐会

如今“90后”“95后”已经逐渐成为宝爸宝妈，新手育儿有哪些需要注意的事项？美赞臣铂睿联合@微博母婴搭建首届大型季度亲子育儿专场活动——“微博亲子季”，承包 7—9 月暑假夏日，聚集明星、专家、达人共同为品牌发声，将亲子关系、育儿知识、亲子互动与聪明养育结合，将品牌理念及产品卖点深度渗透不同育儿场景；微博官方大账号全程发博助力，UGC 递进持续激发用户参与热情，延续话题热度，实现育儿群体的持续影响，带动品牌声量环比增长 225%，实现百亿阅读量，收获近百倍官微粉丝增长（图 5-2）。

图 5-2　微博视频

Dior 通过 4 场线上秀展直播打造微博高频直播季。微博通过直播前预热，直播时互动热议，直播后回顾持续扩散，将 Dior 品牌故事以社交方式在微博进行了社会化语言的沟通；同时，分阶段精准圈层人群沟通，实现 Dior 秀展直播季热度多点激发，撬动广泛兴趣用户关注。秀展话题总阅读量 15.7 亿，总讨论量 1 131.7 万。Dior 社交声量连续引爆，提升年轻 TA 对品牌的关注和认知，成为近期提及奢侈品、看秀兴趣人群关注的焦点（图 5-3）。

图 5-3　微博直播

任务一　微博文案的创作技巧

微博具有强大的传播力，如何提高微博账号的活跃度使微博互动量最大化呢？微博的活跃度与粉丝增长的速度以及与粉丝的黏性、微博的内容有非常紧密的联系。

一、微博内容策划

1. 建立微博问题素材库

要想做好微博营销，平常要注意观察身边的各种事件、网上的热点事件，阅读和收集各种资料和图片，方便在需要的时候查找。毕竟只凭关键词搜索，有可能在网上无法找到自己以前看过的内容。

微博内容素材库可通过以下三步来建立。

第一步：选择优秀的信息源。

阅读优秀作品时要随手保存，统一存放。建议先阅读再保存，可以先存放在一个统一的临时笔记本中，阅读完再分类。

第二步：对收藏夹进行整理。

整理收藏夹时，可以进行合理归类，并为收藏的作品加上标签，便于搜索。

第三步：进行应用并不断更新。

进行应用时，可以按照分类找到相应的资料，也可以直接使用搜索，对于有些已经没有保存价值的资料，建议及时清理掉。

2. 建立微博时间地图

除了常见的话题地图外，可以按时间地图策划内容，因为节假日是较好的话题。节假日包括法定节假日、国际纪念日、民俗节假日、行业营销季、本地文化节等。每年都可以提前整理时间地图，只要耐心整理，就可以提前规划出微博节假日话题表。这对运营微博，提前准备发布内容会非常有帮助。

3. 合理设计微博发布时间

除了话题内容和时间策划，微博发布时间也会影响微博的阅读打开率。所谓最佳发布时间，是指你期望的人最先看到微博的时间。

① 对于想和高质量粉丝互动的人，最佳发布时间是凌晨一点以后。

② 对于不同地方的朋友，假如希望是国外用户看到，要考虑时差的影响。

③ 对于有地铁的城市，也许很多用户喜欢在地铁高峰期时“刷微博”。

④ 对于不同的人群，如大学生，他们大多习惯晚上“刷微博”。

⑤ 对于和节假日相关的微博内容，选择在节假日即将开始的时候发布效果更好。

⑥ 对于突发性新闻事件，要第一时间抢发，连续跟进更好。

⑦ 对于现场的活动，实时同步播报更好。

⑧ 假如微博内容不是特别有趣，什么时间发都行，但不要过于频繁，避免造成“刷屏”。

微博最佳发布时间其实需要对微博发布效果进行动态观察，不断依据效果进行反馈调整。

4. 注意转发和原创比例

进行内容策划时，要考虑自己微博原创和转发的比例。一般而言，微博都是原创，运营难度大，也不利于建设微博矩阵。但转发太多，缺乏原创也会让用户不想关注。所以适度的原创是必需的。转发微博时要特别注意，微博平台上有一些来源不明、耸人听闻的消息，这些消息比一般消息更吸引人眼球，转发后虽然可能得到更多用户的关注和转发，但是传播谣言的后果很严重。转发时，有以下注意事项：

① 越是惊人的消息，越需要证据。

② 越是貌似真相的消息，越要确认发布者身份。

③ 营销“大 V”发布的消息，建议转发前搜索下消息源。

④ 不转发貌似专业，其实无科学依据的新闻。

⑤ 不转发煽动各种对立情绪的消息。

二、撰写优质微博

什么样的微博才能够带动用户转发以及“涨粉”呢？其实内容的设计非常重要。首先要了解微博平台哪些内容是有“吸粉”特质的，然后再从中选择适合自己输出的形式。下面介绍比较受欢迎的四类微博。

1. 干货类

干货类的内容受欢迎的原因主要有两点。一是实用性。它能够解决用户某一方面的问题，让用户有获得感，从而觉得账号有价值。二是便利性。大多数用户希望节约自己的时间，干货的内容能让用户有及时的获得感。

目前微博平台上的干货内容主要分为三类。

（1）专业内容普及

专业内容普及拥有一定的专业门槛，只有拥有专业背景的人才能写。例如，医学病理、心理咨询这一类的知识由有专业背景的人去写，才更具有权威性（图 5-4）。

（2）实践经验分享

实践经验分享要求分享人拥有一定的实践经验，这样分享人才能写得既实用又可以让用户产生共鸣，一定程度上可以不受专业门槛限制。例如，摄影教程、游戏教程、美食教程、穿搭技巧、美妆教程等一些日常生活类的内容（图 5-5）。

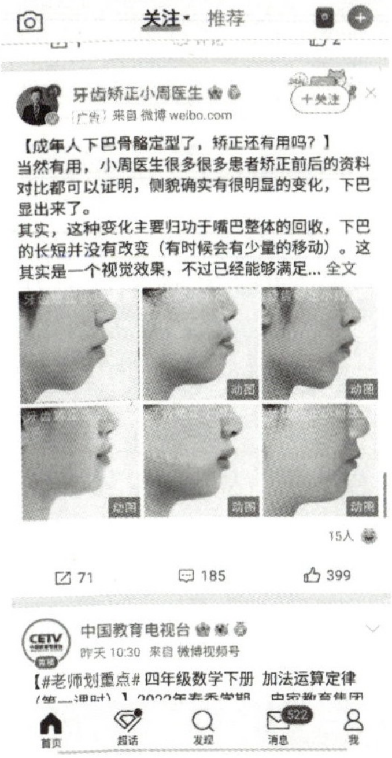

图 5-4 内容普及类

图 5-5 美食教程分享

（3）合集分享

合集分享要求分享人拥有一定的用户基础，以合集内容干货为主，覆盖范围较广，如一些办公软件快捷键合集、英语四六级必备短句、职场人必看书籍等（图 5-6）。

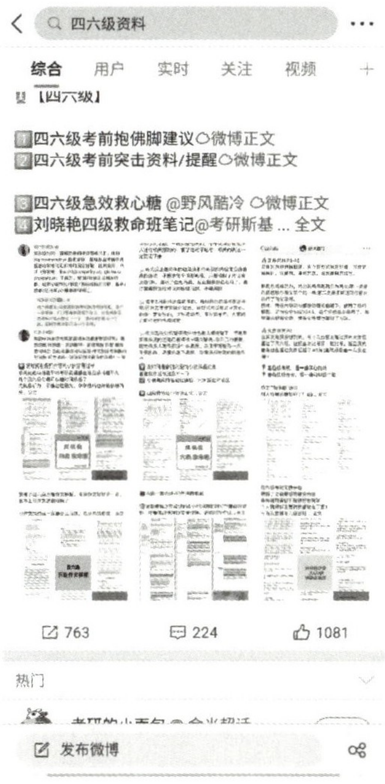

图 5-6 资料合集分享

2. 热点类

很多人每天都在进行微博热点的跟踪，对运营者来说，跟踪热点是一个非常重要的提升阅读量曝光的途径。它有以下几个优点：

一是培养“网感”，活跃思维。通过微博热点内容的跟踪，可以培养在微博生态的“网感”及对热点的敏感度。

二是提升阅读，自然“涨粉”。可以在热点这个大的公域流量中，用好的方式和内容获取精准流量。

三是提升账号质量，提升权重。在微博平台，要获得一些称号，如“知名”“金 V”“签约自媒体”等，可以通过追热点快速达到目标。

如何更好地借势热点呢？需要从及时性、精确性、高热度三个方面入手。

（1）及时性：发现热点并及时跟上

微博热搜的热度顺序：沸>热>新，如图 5-7 所示。

图 5-7 微博热搜热度顺序

（2）精确性：发布的内容符合账号定位

在“蹭热点”之前一定要考虑当前的热点是否和自己的账号定位能够很好地结合。如果“乱蹭”一些和自己账号定位无关的热点话题，将不利于可持续地获得粉丝。如，3 月 21 日，昆明天气晴。13 点 15 分，比原计划推迟了 5 分钟，MU5735 载着 132 名乘客从昆明长水机场起飞，准备飞往广州。飞机上，旅客 123 人，机组成员 9 人。但是在到达广西梧州的时候，航班行程 App 上从失联变成失事……但一些企业或个人品牌把关不到位，竟然把这种悲伤的事情拿来蹭营销热点，毫无底线（图 5-8）。

（3）高热度：输出的内容要引起粉丝的关注

在“蹭热点”的过程中，要设计引起粉丝的关注、转发、互动、点赞动作的内容。好的“蹭热点”内容，会带给粉丝参与和互动的空间。如，新冠肺炎疫情暴发时，人们不得不居家隔离，设置“疫情结束后最想干什么”的热点话题，对此进行投票，粉丝参与度较高（图 5-9）。

图 5-8　内容不符合账号定位

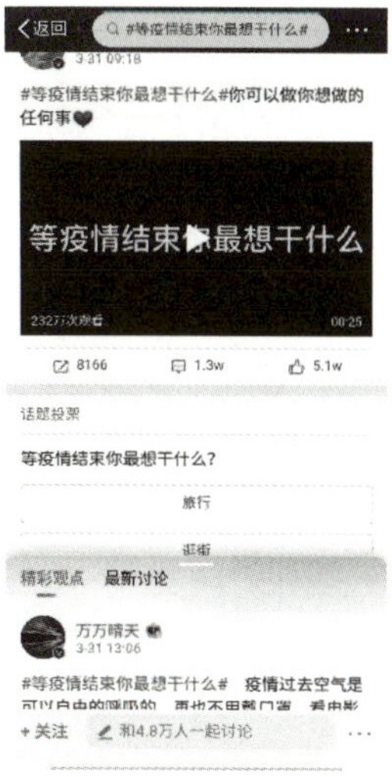

图 5-9　高热度话题

3. 美图类

美的图片总容易让人们产生对美好事物的喜爱，对美好生活的向往。有些非常有才华、有才艺的博主，如书法、画画、手工制作类的博主，都在用美图来吸引受众（图 5-10）。

图 5-10　才艺类博主

4. 推荐类

最后一类是好物推荐类，也是目前微博平台“带货力”非常强的一种形式。目前微博平台上比较常见的有三种推荐方式。

（1）测评推荐

目前非常流行的推荐方式之一就是真人测评。博主通过真人的实测，来向粉丝推荐。这种方式提升了内容的可信度，同时会让粉丝觉得，有人帮自己选好，方便高效。久而久之，粉丝就喜欢跟着测评博主买东西。如，某博主测评 10 块和 100 块的牛奶差距在哪里？通过测评 16 款牛奶后得出 10 款不错的牛奶推荐给粉丝（图 5-11）。

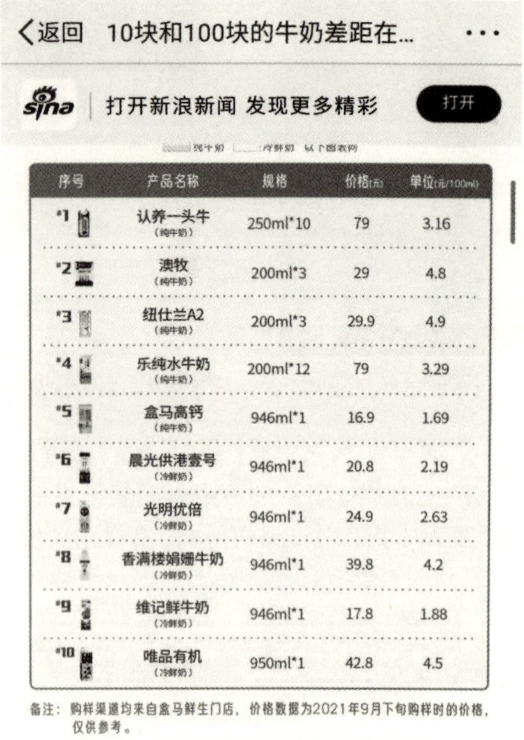

序号	产品名称	规格	价格(元)	单位(元/100ml)
*1	认养一头牛（纯牛奶）	250ml*10	79	3.16
*2	澳牧（纯牛奶）	200ml*3	29	4.8
*3	纽仕兰A2（纯牛奶）	200ml*3	29.9	4.9
*4	乐纯水牛奶（纯牛奶）	200ml*12	79	3.29
*5	盒马高钙（纯牛奶）	946ml*1	16.9	1.69
*6	晨光供港壹号（冷鲜奶）	946ml*1	20.8	2.19
*7	光明优倍（冷鲜奶）	946ml*1	24.9	2.63
*8	香满楼娟姗牛奶（冷鲜奶）	946ml*1	39.8	4.2
*9	维记鲜牛奶（冷鲜奶）	946ml*1	17.8	1.88
*10	唯品有机（冷鲜奶）	950ml*1	42.8	4.5

备注：购样渠道均来自盒马鲜生门店，价格数据为2021年9月下旬购样时的价格，仅供参考。

图 5-11　测评推荐

（2）教程推荐

教程推荐一方面为粉丝提供了教学，另一方面也让粉丝产生了一种和博主买了同款的工具或者产品之后，就能够做出和博主一样的效果的感觉，所以粉丝更愿意去买单（图 5-12）。

（3）晒图推荐

晒图推荐与美图类的内容非常接近，只是在内容的选择上会更具有“带货”的性质。

推荐类的内容在一定程度帮助粉丝节省了时间。同时，因为向往博主的生活，粉丝也越来越愿意买单，越来越多的粉丝需要体验官帮自己筛选好物，如，博主关于美食螺蛳粉的相关图片十分诱人，吸引了大量的粉丝关注与购买（图 5-13）。

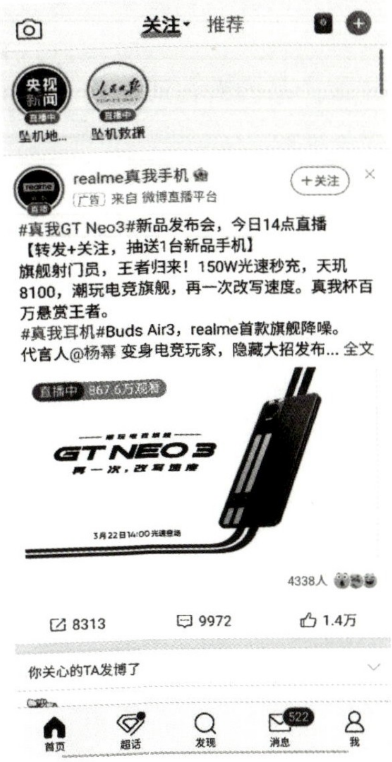

图 5-12 产品推荐类

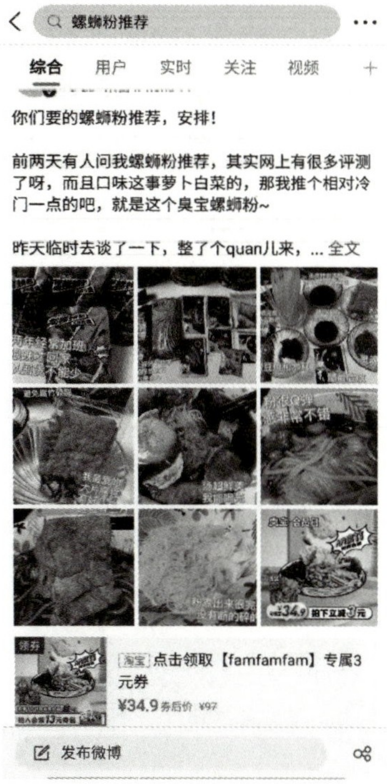

图 5-13 晒图推荐

【课堂活动】

假设你正在经营一家女装专卖店，正值“双十一”网络佳节，你要举办一次优惠活动，请设置你的优惠方式来吸引顾客光临，并用 140 字以内的博文来宣传你的活动。

任务二 微博活动的形式

一、活动推广概述

营销活动是微博营销推广中很重要的一环，它能够在短时间内聚集到大量的关注和人气，还能够增强博主和粉丝之间的互动。活动的类型多样，不同的活动目的也不同，目前微博上最常见的活动目的就是推广产品和增加微博的活跃粉丝。

微博活动看似简单，其实不然。有效果的微博活动在活动前、活动中、活动后都有很多细节要注意，在策划活动时要尽量做到每一张图都要冲击人的眼球，每一个奖品设置都要具有感召力，每一次活动数据的分析都会为下一次活动提供依据，每一次红包发放都是信任的建立，每一次招募粉丝都会形成二次传播。

每次做微博营销活动，都要设定一个清晰的目标，初期都是为了涨粉，当累积了一定的原始粉丝后，就要考虑到粉丝转化。所以，从初期的有奖刺激粉丝转发，到后期产品的推广，最后引流到店铺拍单；或到微信进行管理、维护，再从微信进行转化；又或者引流到其他渠道都是可以的。活动的核心就是挖掘产品的潜在消费者。阅读量、转发量、评论量增长会促进传播效果。

二、活动推广方式

1. 微博活动策划的常规方法和手段

方法一：有奖转发。粉丝们采用“转发＋评论”或“转发＋提醒好友”的方式转发微博就有机会中奖，这是目前常用的活动类型（图 5-14）。

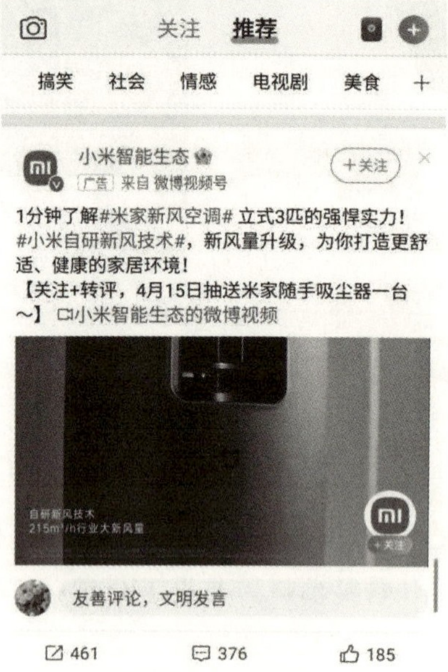

图 5-14 有奖转发

方法二：有奖征集。有奖征集让粉丝们通过解答问题的方式获取中奖机会。常见的有奖征集方式有广告、段子、祝福语、创意点子等（图 5-15）。

图 5-15 有奖征集

方法三：有奖竞猜。在揭晓谜底或答案的粉丝中进行抽奖。猜图、猜文字、猜结果、猜价格等是常见的有奖竞猜方式（图 5-16）。

图 5-16　有奖竞猜

方法四：有奖调查。主要是通过抽奖的方式吸引粉丝回答问题并转发或回复微博，由此收集粉丝的反馈意见。目前该种方式不常见。

2. 微博营销活动操控的四个关键点

（1）规则应该清晰、简单

微博活动的参与度越高，活动效果越明显。活动规则简单明了，才能吸引更多的粉丝参与，最大限度曝光品牌。因此，活动规则介绍文字控制在 100 字以内，并配以活动介绍插图。插图一定要设计得美观、清晰并且图片尺寸合适。

（2）把握并激发粉丝参与欲望

满足粉丝的某项需求，激发他们的需求欲望，粉丝才会踊跃参与活动。因此，在选择微博活动奖品时，奖品要具有新意、吸引力和控制产品成本。

（3）控制并拓展传播渠道

微博活动初期是最关键的，如果没有足够的粉丝参与，很难形成“病毒式”营销效应。可以通过内部和外部渠道两种方式解决。内部渠道即在活动初期除了要求公司的所有员工参与之外，要广邀员工的亲朋好友，这样容易形成马太效应。外部渠道就是要主动去联系那些有影响力的微博账号，可以灵活掌握合作和激励的形式。

（4）沉淀粉丝和后续传播

沉淀优质粉丝及后续传播是文案策划初步阶段要考虑的问题。粉丝间的互动容易形成话题连接，由此扩大传播范围，进而增加品牌的曝光率，促进多次传播。

【课堂活动】

请判断下面哪个企业的产品最适合用微博开展营销？和同学们交流一下看法，如果你是这个产品的品牌总监，你会借助哪些名人的微博来吸引潜在顾客？

1. 火锅店　2. 银行　3. 游乐场　4. 旅馆

5. 剧院　6. 保险公司　7. 出版社　8. 药店

任务三　微博营销的策略

一、增加微博账号粉丝量

1. 快速获得第一批粉丝

一个新注册的微博账号除了前期账号的定位和内容规划运营以外，第一步是快速获得第一批粉丝。因为有了粉丝，通过该账号发布的微博内容才会被人看到，才会产生互动传播，给微博账号带来更多的粉丝。

开通新微博账号后，通过与身边的亲戚、朋友、同学进行微博“互粉”，相互加关注，增加微博互动，是微博运营前期一种不错的“增粉”方式。

除了向身边的亲朋好友“互粉”以外，还可以通过好友推荐的形式来“增粉”。好友推荐的好处有两点：一是有推荐人的信任背书，二是通过推荐语可以看出被推荐人的特点，换句话说，推荐语是写给其他人关注被推荐人的理由。

当然，快速获取粉丝的前提是微博账号持续输出一些有价值的内容，这些内容往往决定着第一批粉丝是否会长期关注该微博账号。

2. 通过关注同类人群“增粉”

在微博平台上，喜欢同一领域，有着相同喜好的人群往往会相互关注。例如，一个微博用户喜欢足球，关注了很多足球类的微博账号并喜欢与之互动，同时也会通过微博发布足球类的内容。此时，被关注的人很可能会反过来关注。一个比较形象的例子就是一个足球队的球迷之间会相互加关注，不仅如此，他们还会组织球迷聚会。

普通人更多地关注同城好友，或者关注对同一个话题感兴趣的人，或是关注有着同样偶像的人，人们往往围绕自己喜欢的“圈子”建立联系。

因此，微博的一个功能是用户可以对关注的人设置分组，分组后可以只查看某组人群的微博。对于特别重要的人，用户也可以设置“特别关注”。

3. 通过已有平台导流“增粉”

微博平台上有很多“大V”，他们刚开始运营微博就吸引了大量粉丝。这些粉丝基本上都是该“大V”在其他社交平台上的粉丝，如微信、豆瓣、博客、贴吧等。以微信为例，可通过在微信推文中植入微博的账户信息、自定义菜单、自动回复等方式进行引流。

4. 通过外部导流“增粉”

“增粉”方式往往不止一种，通过外部平台进行大曝光的导流是一个快速“增粉”的方式。

（1）视频直播

视频直播最大的特点是主播可以与用户现场实时互动。不少平台的网络主播通过直播给自己的微博账号进行“增粉”，主播可在自己的简介中输入自己的微博账号引导粉丝关注，还可在直播中通过活动的形式引导粉丝关注自己的微博账号。

（2）问答平台

2016年，一款问答服务的产品——付费语音问答“分答”火了。同时，不少人借助“分答”自然而然地植入微博账号为微博账号“带粉”。在此之前，知乎、百度知道等问答平台，回答者往往会在简介或答案中植入微博账号，实现引流“增粉”。

（3）媒体网站

随着互联网各行各业细分媒体网站的崛起，越来越多的自媒体人通过撰稿发布的形式在各种媒体上发布文章，同时利用文章内容及账户简介为微博账号“增粉”。以科技类媒体为例，自媒体人可通过在果壳网、虎嗅网等媒体网站上发布文章为自己的微博账号“增粉”。

（4）视频平台

伴随着社交平台一起发展起来的还有视频类平台，通过视频平台也可以为自己的微博账号“增粉”。

（5）博客、出版物、口碑、搜索等其他“增粉”方式

除了以上几种外部导流“增粉”的方式以外，还有很多种形式，如个人博客文章、出版物、粉丝口碑等方式。

5. 通过活动“增粉”

通过微博活动“增粉”的方式屡见不鲜，但如何提高活动的参与度给微博账号带来更多的粉丝就不容易了。人们往往愿意参与低门槛、有趣、有奖品的微博活动。微博活动的类型有很多，如转发抽奖类的活动、发起话题讨论的活动、发起动手制作的活动等。

6. 通过合作“增粉”

微博活动固然可以带来很多粉丝，但微博活动并不是任何一个微博账号发起都可以

产生非常好的效果。当一个微博账号的粉丝数量较少时，即使发起活动也没多少人参与，也带不来多少粉丝。这时，可以选择和微博粉丝数量较多的“大V”合作，借助“大V”发起活动并为自己“增粉”。这种方式能给合作双方都带来好处。

7. 通过原创内容“增粉”

通过微博平台输出原创内容，又可称为“干货”。这种方式属于“内容营销”，需要写出有质量的微博内容。

8. 通过线下活动“增粉”

线下活动是一种非常好的“增粉”方式，如线下分享会、线下活动、公司内训、高校培训等。在这些活动中如果认真准备，给参加活动的成员留下深刻的印象，那么一场交流或者演讲结束，会有许多粉丝主动关注你的微博账号，而且这些粉丝的互动度较高，还会给你带来更多粉丝。

除了通过以上几种方法获得粉丝外，还可以通过以下方式快速获得粉丝。例如，微博账号申请成为VIP“增粉”、个人社交账户标注“增粉”、相互推荐“增粉”、名人转发“增粉”等。

二、提升微博活跃度

微博的活跃度与粉丝的黏性、微博的内容有非常紧密的联系。

1. 通过高效互动增加粉丝黏性

提升粉丝黏性的方法，一是写有吸引力的内容，二是多和粉丝互动。

互动的方式有四种，分别是评论、转发、私信和提醒。

（1）评论

粉丝在微博评论区进行评论，博主会收到提醒。

（2）转发

别人的微博内容在自己的微博账号中出现。如果博主设置了接收全部提醒，将会看到粉丝的转发。

（3）私信

某粉丝发送给博主的私密信息，其他人看不到此类信息。

（4）提醒

在微博中，“@+微博昵称”的形式被称为提醒，例如，使用“@微博小秘书”，对方就会收到你的消息提醒。

高效互动提升粉丝黏性的方法主要有以下五种：

一是及时回复。假如收到粉丝的提醒或者评论，要在第一时间回复，及时回复往往让粉丝感到贴心，仿佛在线和他实时互动，这种感觉会让粉丝增添好感。

有时候一些粉丝会提到微博账号但是不会用提醒@别人，运营者可以定期搜索“自己名字或相关信息”，找出相关微博，主动和这些人互动。

二是及时转发。如果粉丝的评论非常精彩，博主应该主动转发，粉丝看到自己微博被转发会非常高兴。假如博主是“大V”，博主的转发会给粉丝带来几十次乃至上百次提醒，这对粉丝而言是一种难忘的体验。

三是私信交流。有些粉丝给官方微博或“大V”提出的问题，博主并不方便公开回复，可以私信沟通。需要注意的是，不要轻易“晒”出私信，否则粉丝会很尴尬或者被攻击。

四是主动关注。遇到一些志趣相投的粉丝，主动关注是最佳的选择，这也是认识不同的人、获得关注的渠道。

五是粉丝之间互动。除了博主与粉丝之间的互动，还可通过设置一些粉丝与粉丝之间的互动，提升粉丝群体之间的活跃度。

在微博账号发展初期，可以把评论、转发、私信对所有粉丝开放，但渐渐微博账号影响力变大了，提醒太多，就会成为一种负担，这个时候就可以考虑进行“隐私设置”。在新浪微博的“个人账号”界面里的“隐私设置”功能中，评论、转发、私信或者提醒，都有3种设置可供选择。

2. 通过话题提升微博的转发量

这里谈到的“话题”有两种含义。

第一种是热点信息，既然是热点就有话题性、传播性，一般能够引发讨论和转发的微博都是话题。

第二种是微博平台的话题功能，可以把话题关键词用“#”围住，引发更多粉丝注意。

（1）如何通过热点话题提升转发量

例如，某一年父亲节，某微博用户选择了“我爱爸爸”主题，并发布了带有#父亲节#和#我爱爸爸#话题的微博。

这条微博在上午10时半发布，最初传播很慢，三个小时过后才被转发了80次。由于微博“大V”都去参与#父亲节#的话题了，而#我爱爸爸#这个话题发帖量虽然也不小，但是“大V”与名人参与很少，80次转发量在其中已经算是较高的了，冲到了该话题的第三名。在随后的三个小时里这条微博被转发的次数一举破了400次。

（2）如何通过微博话题提升转发量

有的微博话题阅读量不但很高，话题中还隐藏着品牌名称，不会与其他话题“撞车”，能够保证此话题下都是与自己品牌活动相关的帖子。

（3）通过微博内容提高转发量

例如，发送有料、有用的微博内容，讲解干货，引发粉丝下载等。

3. 防止微博账号“掉粉”

微博账号的粉丝数有增加，也会有减少，那如何防止微博账号“掉粉”呢？微博账号粉丝减少往往是包括以下几种原因。

（1）刷屏

当你频发微博，并且微博的内容没什么价值，粉丝往往会选择取消关注。早期新浪微博的“微访谈”功能是只要有提问就会自动同步到微博，那么关注你的人可能在一个小时内，连续看到关于你十几条微博，即使你是名人，且回答很诚恳，粉丝也只认定你在“刷屏”，照样会选择取消关注。

（2）没有稳定的内容

很多微博运营者缺乏足够的原创能力，或者微博内容逐渐靠转发维持，时间长了，粉丝觉得关注这个账号没有什么价值，便会取消关注。

（3）长期发布让粉丝反感的广告

粉丝多了，影响力大了，微博账号就有了广告商业价值，但是如果微博账号长期发布广告，很多粉丝便会取消关注。

（4）和粉丝的立场抵触

粉丝喜欢某个博主，往往是认为其能够代表他的立场，一旦发现该博主的立场和他的预设不符，他会觉得这个博主和他的心理预期不相符合，于是可能反对博主的观点甚至展开言语攻击。

三、巧妙获得“大V”[①]转发

过去说“与君一席谈，胜读十年书”，如今在微博平台上是“发布十月好微博，不如‘大V’转一条”。的确，能得到名人的转发，你的微博被用户看到的概率会大大增加。100个“草根”转发微博的影响力不如一个真正有价值的名人。如何能够提升得到“大V”转发的概率，表5-1所示为“大V”互动的关键维度。

表5-1 “大V”互动的关键维度

<table>
<tr><td rowspan="10">找对人</td><td rowspan="4">平台
基础
信息</td><td>博主昵称</td><td>是否本人</td></tr>
<tr><td rowspan="3">基本信息</td><td>粉丝量级</td></tr>
<tr><td>个人背景</td></tr>
<tr><td>联系方式</td></tr>
<tr><td rowspan="6">账号
运营
习性</td><td rowspan="2">更新频率</td><td>活跃度</td></tr>
<tr><td>活跃时间</td></tr>
<tr><td rowspan="4">互动形式</td><td>点赞</td></tr>
<tr><td>转发</td></tr>
<tr><td>评论</td></tr>
<tr><td>直发</td></tr>
</table>

① 大V，又称网络大V、微博大V，指的是身份获得认证的微博意见领袖。大V主要是一些学者、名人、明星等，由于粉丝数量较多，在微博上具有一定影响力。

续表

找对时间	博主需求情况	日常需求	产品反馈
			“铁粉”互动
		活动需求	新书售卖
			课程大促
			线下活动
			……
找对形式	什么形式更利于传播		
	内容是否符合其账号格调		

1. 找对人：定位人群，增加“大 V”转发量

第一，调研博主的平台基础信息。如果想要得到“大 V”的转发，首先要了解这个“大 V”。通过微博的基础信息展示，可以通过上面的一些关键词搜索，去更进一步地了解这个“大 V”。现在搜索的渠道也非常多，包括公众号、微信文章、百度百科、朋友圈、今日头条等。

第二，观察“大 V”账号的互动习惯。了解“大 V”的基本情况之后，要看他是否有与人互动的习惯。通过更新频率获取到对方的活跃度以及活跃的时间段，在活跃时间段内，更加容易找到他。同时他是否经常与其他微博用户互动，更多使用点赞、转发，还是直发的形式。“大 V”会给什么样的微博内容点赞，转发什么样的微博内容，直发什么样的微博内容，都是需要去观察和分析的。

2. 找对时间：确定时间，提高“大 V”转发率

和“大 V”沟通的关键在于“你能提供的是对方需要的价值”，所以了解“大 V”的需求和在什么时间需求更加紧迫是十分重要的。需求分为两种：日常需求和活动需求。

对于日常需求，可以思考对方近期是不是有产品宣传的需要？例如，做课程的人，有学员的反馈需要；出书的作者，有读者的反馈需要；做训练营的人，需要学员一起打卡等，这些都属于日常需求。另外，“大 V”是不是有“铁粉”需要？通过长期的互动来让“大 V”记住你的 ID 也是一个比较常见的方式。

活动需求其实是在日常需求的基础上，加入一些关键时间点。在活动的关键宣传期，运营者的反馈更容易被回复，到了后期的长尾宣传时，难度就会提升。例如，拍电影的人，有观众的影评反馈需要，特别是在电影的宣传期间；出版图书的人，会有新书售卖、冲榜的需求。

所以想要巧妙地得到“大 V”的转发，不仅要知道“大 V”有什么样的需求，更要了解“大 V”什么时间节点的需求更加紧迫。

3. 找对形式：明确形式，优化“大 V”转发效果

（1）选择更有利于传播的发布形式

使用什么形式输出微博内容，会在“大 V”转发后带来比较好的传播效果，其实是

“大V”选择转发微博非常关键的一个重要因素。目前，在微博平台上，九图的传播效果在大部分情况下会好于视频、长文、长图的传播效果。如果微博被转发后，没有实现大范围的传播，其实是不利于后期和“大V”关系建立的。

（2）选择对的形式，还要考虑账号的格调

每位“大V”专注和擅长的领域不同，在“@大V”的时候还需要考虑产出内容和“大V”账号的格调匹配程度。

（3）给“大V”的话题微博写有质量的评论

例如，“大V”分享了一篇长文章，给“大V”的微博写一个有质量的评论，一般会引发“大V”的转发。

（4）给“大V”发私信

对于关注过你的“大V”，可以通过私信方式提供他感兴趣的微博，邀请他转发。写私信时需注意礼貌，不要勉强“大V”转发，可以先问问他的意见，再提供要转发的内容，也可以直接向“大V”展示微博全文。

【知识链接】

微博的营销价值

微博的营销价值体现在帮助企业和自媒体进行品牌传播、客户关系管理、危机公关、市场调研等。具体如下：

1. 品牌传播功能

品牌传播是微博营销的重要功能。企业官方微博可以传递品牌价值和品牌精神，明星或自媒体则可以通过微博建立“人设”，分享生活和思想，获取关注者的信任。例如：“故宫淘宝”官方微博通过宣传产品等方式，传递其品牌，与关注者实时互动，如图5-17所示。

图5-17 “故宫淘宝”借助微博塑造品牌

2. 客户关系管理功能

微博平台作为社交平台，本身互动性强、易引发评论，因此，企业和自媒体都将微博作为客户关系管理的主要工具。通过微博进行客户管理的方式包括：互动、抽奖送礼物、引导晒单促进销量转化、及时解决投诉等（图 5-18）。

图 5-18 微博互动抽奖

3. 危机公关功能

由于微博的时效性极强，发文时也没有条目限制，因此天然适合作为发声平台帮助企业、明星、自媒体进行危机公关。例如：后厨事件曝光后，一直以服务著称的海底捞被“拉下神坛”。网友通过视频看到海底捞后厨老鼠四窜、卫生堪忧，这件事足以给海底捞带来致命打击。不过，海底捞通过微博，抢抓了危机公关的黄金时机，三小时内就发布微博道歉长文，并给出了详细的整改方案，还通过微博与网友进行 24 小时的实时沟通，最终挽救了品牌危机，赢得了网友的好感。

4. 市场调研功能

微博可以方便地发布投票功能，许多企业、自媒体会利用该功能进行市场调研，了解消费者对新产品的态度，获取他们对新媒体内容制作的喜好，从而以用户思维生产出更优质的产品或作品。

【课堂活动】

在微博上注册一个短视频账号。

① 制作一条短视频或一张图片进行上传，内容不限，题材不限。

② 将做好的视频或图片上传至微博，通过各种方式将其推荐出去，发动身边的亲朋好友进行转发+点赞。

任务四　微博营销和运营实战

一、微博常见的营销方式

在微博营销中，最常见的方式有明星营销、借势营销和话题营销。

1. 明星营销

明星营销指利用明星巨大的流量和影响力帮助企业推广产品、转发话题活动，通过明星的粉丝群传播帮助企业开展营销。企业在明星营销中要特别注意选择与品牌价值、品牌精神相契合的明星，而且明星粉丝群最好与产品的核心用户高度重合。例如：周冬雨在微博推广 UGG 毛拖，获得了大量粉丝的支持和关注，如图 5-19 所示。

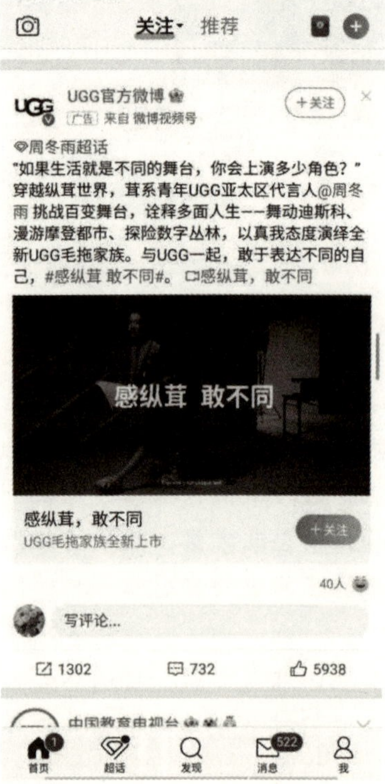

图 5-19　周冬雨在微博推广产品

2. 借势营销

借势营销俗称“蹭热点”，指借全网聚焦讨论的热点话题或热点事件，巧妙地将产品、活动等蕴含其中，达到增强品牌或个人曝光度的目的。借势营销是微博上最常用的营销技巧，它使用灵活、成本低、效果好，无论是企业还是自媒体，都可以使用。

3. 话题营销

话题营销指通过策划引发网友关注和讨论的话题，达到品牌宣传、活动推广、产品销售等目的。微博话题营销的操作要点包括：话题设置要新颖，要易引发讨论。话题要与品牌或自媒体人有关联性，不涉及敏感话题。例如：亚马逊在发布新款 Kindle 阅读器青春版时，在淘宝打出了“用 Kindle 盖泡面更香”的广告，官方认证“真香泡面盖”。随后微博话题#Kindle 官方盖章泡面盖子#被引爆，阅读量破 2 亿，讨论量高达 3.7 万。

二、微博的营销优势

相比其他新媒体平台，微博在营销上的优势如下：

1. 发布门槛低

在微博平台，只需进行简单注册即可开通账号，发布各类内容的门槛很低。不同于微信公众号的发文条目限制，微博对每天发布内容的数量没有限制；不同于抖音开通直播等权限的要求，微博只需要简单的身份验证即可开启直播功能。

2. 发布内容形式多样

相对于抖音更支持短视频内容，微信公众号更支持图文内容，微博支持发布的内容形式更为多样。短文字、长文章、图片、短视频、长视频、直播、投票、提问等多种形式的内容及其组合均可在微博上发布，企业或自媒体可以结合具体的营销目的灵活使用，达到最优的营销效果。

3. 信息传播速度快

相对于微信公众号和朋友圈封闭式的信息传递，微博像一个开放的广场，信息传播速度更快。通常在某一信息源出现后，更容易引发病毒式传播，在短时间内让信息以指数级扩散，对于企业和个人进行品牌推广和活动宣传有着天然的优势。

4. 互动性强

相对于微信公众号的留言功能开通需要一定权限，微博的评论、转发功能使其账号的实时互动性更强。另外，微博通过超话等社区运营，更容易将有共同兴趣的人集合在一起，就某一话题进行广泛讨论和互动。

实战 1：创建微博 zhang’haozhang’hao

点击下载并安装微博。

点击进入微博，如图 5-20 所示。

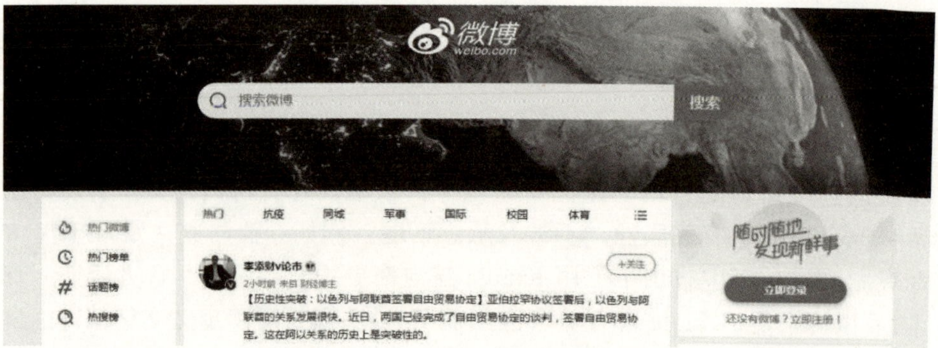

图 5-20　进入微博首页

点击登录，进入登录界面，新用户点击立即注册，如图 5–21 所示。按要求填写资料，可以用邮箱注册，也可以用手机号注册。

图 5-21　微博注册页面

进入微博个人主页，如图 5–22 所示，点击右上侧的“设置”按钮，选择“账号设置”。

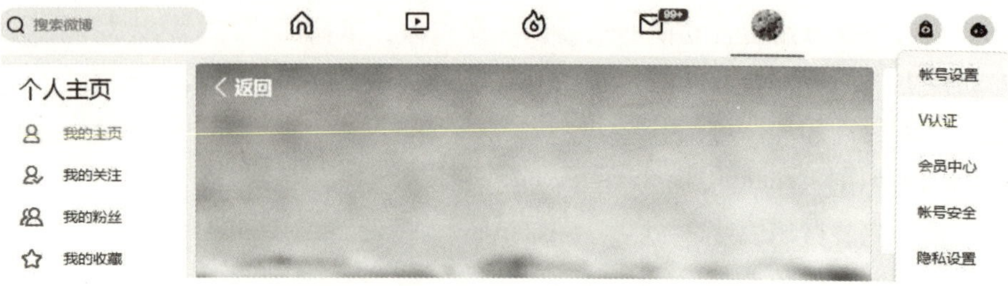

图 5-22　进入“个人主页”页面

进入“设置”界面，修改昵称为“zhang’haozhang’hao”，如图 5-23 所示，点击“保存”按钮，即可完成微博的创建。

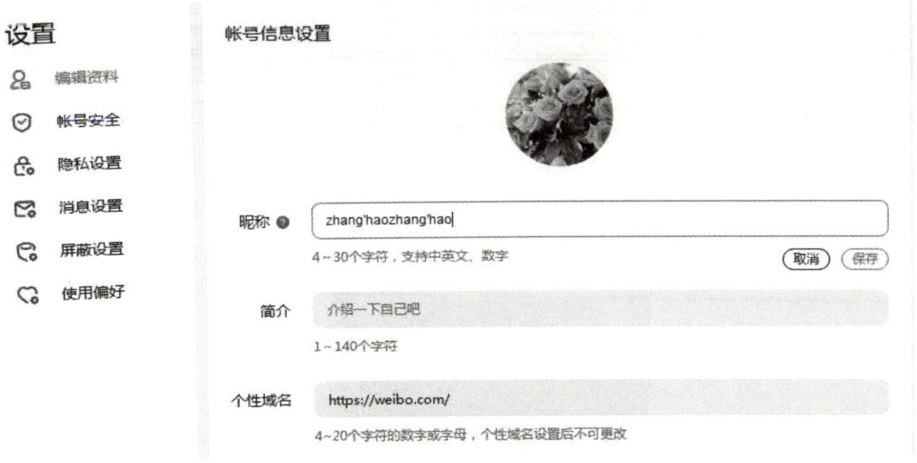

图 5-23　修改微博昵称

实战 2：利用创客贴制作微博海报

打开手机中的创客贴 App，进入首页，如图 5-24 所示。

图 5-24　创客贴 App 首页

点击“自定义尺寸”然后进行自定义设计尺寸，如图 5–25 所示。

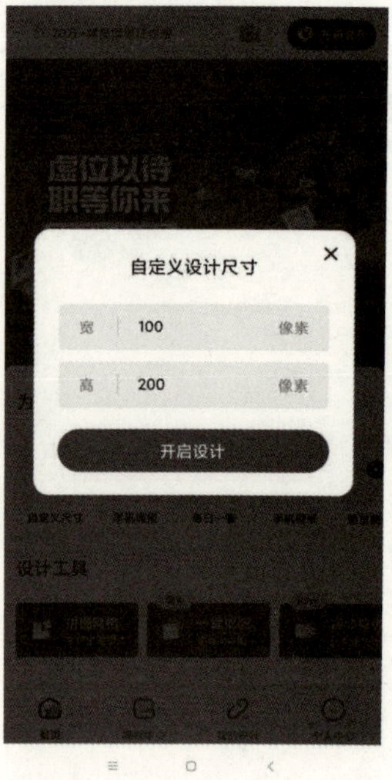

图 5-25　“自定义设计尺寸”页面

然后进入编辑页面，如图 5–26 所示，在页面下方点击“模板”，在搜索框输入“微博海报”字样，如图 5–27 所示。

图 5-26　编辑页面

图 5-27　“模板”页面

任意挑选一个模板，点击使用，进行修改编辑，添加文字，如图 5-28 所示，然后点击保存即可。

图 5-28 添加文字

【课堂活动】

① 观察一个你经常浏览的企业官方微博，分析一下它的页面及功能设计有何特色。
② 教师邀请学生现场打开微博 App，并分析一个企业微博页面的布局。
③ 学生结合自己使用微博的体验，与同学分享印象最深的微博广告。

【思考练习】

① 微博活动推广方式有哪些？
② 如何快速增加微博账号粉丝量？
③ 简述微博常见的营销方式。

项目六

微信营销

学习目标

了解微信营销的作用。
熟悉微信小程序接入流程。
掌握微信公众号策划与创建方法。
掌握微信小程序的营销推广方法。

引导案例

古语云“民以食为天”，作为典型的零售业代表，餐饮业一直以来都占据着人们消费的大头。数据显示，中国的餐饮市场产值高达四万亿。如此庞大的市场就如一个天然的“磁场”，吸引着小程序。

当一些餐饮“守旧派”还在坚持传统的餐饮经营方式，很多先知先觉的餐饮老板，已经开始利用移动互联网技术开启餐饮经营模式的变革。各餐饮店推出了点餐外卖小程序，开始把用户引到线上“圈养”起来（图 6-1）。

图 6-1　微信点餐小程序

商家可以利用会员卡、优惠卡、打折卡等餐饮小程序中的卡券功能与微信小程序连接在一起，让顾客便捷购物；同时利用好餐饮小程序中“附近的店”的功能，实现线上和线下的衔接，从而进一步扩大品牌推广和宣传（图 6-2）。

图 6-2　小程序卡券功能

小程序点餐和预约拼团功能是进行营销引流的常见方式，线下实体店由此能通过朋友圈、微信群转发来进行粉丝裂变式营销，实现引流（图 6-3）。

图 6-3　预约拼团功能

任务一　微信朋友圈营销技巧

一、微信营销原则与模式

1. 微信营销原则

（1）注重用户价值

为用户提供价值是一切营销的基础，这一点在微信公众号营销中体现得更为明显，因为每一位阅读者都有可能是你的朋友。大部分阅读者只关注与自身息息相关的微信内容，因此在内容创作时要关注该点。

（2）内容简单

现在的大多数读者，无论在哪一个平台上阅读，体现的都是一种碎片化阅读。所以在手机阅读模式下要尽量简单化，为用户提供更关键的信息。

（3）注重灵活性

微信公众号的内容除了与企业相关的信息和营销推广，还可以推出涉及旅游、饮食等方面的文章，内容更灵活，满足用户多样化需求。

（4）具有可信度

内容的可信度是微信营销的基础。

（5）资源共享

在微信内容生态系统中，用户是核心，有了用户，价值才能最大化。只有用户之间积极互动交流和分享，微信内容才能得到更快的传播和关注。一个好的微信内容体系，应该具有生态化的思想和策略，这样才能不断发展壮大。

2. 微信营销模式

（1）微信营销操作中的几种传统模式

模式一：建立微信营销矩阵。

企业可以申请一个公众平台服务号，派专人进行维护。从信息发布，到提供服务和有价值的信息，都离不开微信营销矩阵。布局合理的微信营销矩阵可使客户的黏性进一步增强。

模式二：注重体验和服务。

自营销学诞生以来，就存在两种观点，一个是顾客导向，另一个是竞争导向。竞争导向认为，客户永远无法满足，只要比竞争对手好一点就够了。在移动互联时代，如果按照这种逻辑思考，iPhone 就不会诞生。如果只要比诺基亚好一点就可以了，就只能生产出更多和诺基亚很像的手机。但 iPhone 颠覆了手机行业，提升了客户的体验和价值。体验就是要超出顾客的期望才能获得更多的认可和收益。

模式三：内容为王。

一方面，商家需要提供高质量的品牌和产品，包括包装、形象等，这是基础。另一方面，宣传文案内容要跟企业的产品紧密相连，同时要有趣、好玩。比如大众的甲壳虫汽车，以“它很丑，但它能带你到想去的地方”为宣传语，用丑来形容甲壳虫汽车的外形，看似自嘲却也彰显了其可爱之处。

模式四：建立连接。

微信的目标是连接一切，即要实现人与人、人与物和物与物之间的连接。

（2）微信营销操作中的几种新型模式

① 微信小程序营销：微信小程序一直以“轻应用、多场景”著称，当下腾讯倍加重视小程序的开发，在微商城设立小程序是商家营销推广的主要方式。

② 拼团营销：微信营销通过阶梯团、大团、小团、抽奖团等形式，让已成交的用户自主自愿地转发活动链接凑单拼团，以获得不同程度低价购买商品的资格。老客户带新客户参团购买，在促进老客户二次消费的同时，迅速获得更多新客户成功下单，可以说是通过聚合流量营销促进了变现。

③ 微砍价：微砍价是指用户通过互动分享邀请朋友通过点击虚拟按钮帮忙砍价，以此低价或免费购得商品。用户可以在与朋友互动的过程中，实现低价购物。商家在这个过程中，让更多的用户关注公众号，在增加品牌曝光、达到宣传目的的同时，实现对微商城的有效引流。

④ 微秒杀：微秒杀是当下商家最常用和流行的微信营销模式，在微商城中通过低价短时间营造用户紧迫感，促使用户快速下单。通过微秒杀，商家可在短时间内实现较大的引流效果，为后续的促销做好铺垫。同时，商家能迅速了解用户需求和得到产品反馈，有利于店铺优化。

⑤ 直播营销：在微商城中接入直播功能，通过视频、语音等方式直播卖货，实现商家和客户不同空间的面对面沟通交流。直播营销能让客户多感官、更全面真实地了解产品和服务，提升售前咨询效率。

这几种新型微信营销模式的独特之处还有待商家们进一步去了解，商家有必要深入研究微信营销的本质，掌握营销的技巧，让微信营销发挥更大的价值。

【知识链接】

微信营销策略

在当下的营销活动中，制定营销策略对企业的生存发展具有重要的作用。微信公众号运营者要想提高企业的竞争力，更好地满足消费者的需求，做好微信公众号营销策略是非常必要的。

1. 互动营销

要想留住粉丝就要及时互动。当一个粉丝在微信公众号中提出问题，正确的做法是第一时间解决粉丝的所有问题。随着不断沟通，这一群粉丝就会成为企业的铁杆粉丝。

要想与粉丝进行有效互动，就要拓展现有的互动渠道，不能把互动交流仅限于微信公众号平台，而是要通过 QQ、邮件、论坛等不同形式，甚至利用线下面对面互动交流的渠道，如粉丝见面会、线下体验店活动等，产生交叉配合的效果，与粉丝建立更为紧密的联系。

2. 活动营销

企业活动营销是很重要的一环，一是可以刺激用户，借机实现销售转化；二是可以通过活动与用户高频次互动，加深用户对品牌的认知和了解，提高对品牌的忠诚度。常见的活动营销如下。

（1）优惠券活动

优惠券活动是一种互动营销的方式，商家通过让利行为，吸引消费者更多关注产品，提高用户购物体验感。图 6-4 所示为优惠券活动。

图 6-4　优惠券活动

（2）刮刮卡活动

刮刮卡活动是吸引会员最直接的方法之一，深受用户喜爱。企业可以通过刮刮卡送好礼的方式吸引会员消费。企业可以设置用户参与刮刮卡活动需要消耗一定的积分，而获得积分的方法就是与企业的官方微信互动，使会员持续关注企业的官方微信，保持微信互动。这样就与积分系统、会员系统结合起来，从而使企业能够实时掌握会员的动态信息，更加了解会员。

（3）幸运大转盘抽奖活动

幸运大转盘模块可提供转盘抽奖服务。商家通过设置活动时间，预计参加抽奖人数、相应奖项和触发关键词，由用户在线参与抽奖。

（4）砸金蛋活动

砸金蛋活动被广泛应用于周年庆典、商家促销、电视娱乐等场合，它的趣味、悬念能迅速活跃现场气氛。同样，也可以将砸金蛋活动应用到微信平台上，用于开展线上营销。

（5）欢乐答题

融品牌于知识，变销售为乐趣。欢乐答题是以答题比赛的方式，给用户带来乐趣的一种营销性活动。系统根据答题的正确率和答题速度自动计算积分，商家根据积分情况进行评奖。

（6）会员卡活动

企业通过在微信平台内植入会员卡，可帮助企业建立新一代的移动会员管理系统。在微信平台内植入会员卡不仅可以清晰记录用户的消费行为并进行数据分析，还可以进行消费者画像分析对用户群体精准定位。图 6-5 所示为会员卡活动。

图 6-5　会员卡活动

3. 赠送礼品营销

企业要通过赠送礼品来刺激用户的关注、互动，甚至鼓励用户分享企业微信来实现免费的人脉营销。所以，企业可以根据激励的目标来赠送不同的礼品。

4. 节假日营销

节假日期间的营销，是一个很好的商机，会比平常的交易量高出许多。在圣诞节、春节、情人节等节日里，大量消费者群体会购买礼物送人，这时候适时推出购物送礼等活动，就可以进一步刺激用户的购买欲望，增进商家与用户之间的感情。

二、微信营销的作用及朋友圈服务定位

微信营销对于企业和个人到底能起到什么作用呢？通常认为微信营销具有以下作用：

① 获得海量用户关注。

② 推送实用信息及广告。

③ 锁定精准目标用户。

④ 在线完成产品销售。

⑤ 维护老客户。

⑥ 塑造企业良好品牌及口碑。

⑦ 有效应对危机公关。

微信朋友圈是传播和营销的渠道。朋友圈品牌广告的相关推送就是传播的一种，但是这种方式适合大企业、大品牌或中小企业。朋友圈营销，在朋友圈不反感的基础上，取得朋友圈粉丝的认可和信任后，逐步开展营销推广活动。将自己打造成某一领域的行家更容易取得朋友的信任。假如你是经营农产品的，应该将自己的朋友圈打造成健康饮食专家的形象，之后再分享产品，就容易获得朋友的认可。

三、微信朋友圈营销技巧概述

目前微信朋友圈涉及海外代购、地方特产、护肤品、服装等多种买卖交易。有些人在微信朋友圈营销，获取了极大的收益，也交到了更多的朋友。在微信朋友圈营销需要哪些技巧呢？

1. 个人昵称

个人昵称设置得好，不仅可以吸引大家的目光，还能为微信带来更加广泛的关注机会。个人昵称设置的四个原则如下：

① 新奇：个人昵称要足够新奇，才能吸引广大粉丝的关注。

② 关注：关注就是个人昵称要涉及大众关注的话题。

③ 夸张：个人昵称设置要相对夸张一些，可以选择当前的网络常用语。这样不仅能吸引粉丝，还能拉近与粉丝之间的距离。

④ 配合：个人昵称与头像要相互匹配，这样才不会显得突兀生硬。

2. 建立关系的技巧

① 可以主动点赞或评论别人的微信朋友圈动态，适时回复一些有意思、容易让人注意的话。

② 每天筛选 20 个微信朋友圈动态，用心阅读并回复相应的话题。

③ 要让别人关注自己，首先一定要让别人觉得自己有存在感，可以在微信朋友圈多发一些互动性的动态，多问问微信好友问题，发一些跟微信好友有关的话题。

④ 在讨论中挖掘微信好友的需求，并主动为大家提供解决方法的参考内容。

3. 内容编辑的技巧

① 多发与企业“核心产品”有关的话题。微信朋友圈营销的重中之重就是“品牌产品的塑造”。产品营销的基础是品牌专业展示，所以应每天发一条“专业知识”。同时要尽量把内容做成“连续性”的，以吸引粉丝的持续关注。

② 分享客户现场体验的评价。

③ 偶尔分享与自己生活有关的话题，如吃、喝、玩、乐等。

④ 要懂得加入一点惊喜，适当的时候可以要求转发。

⑤ 分享内容要做到“图文并茂”，且图片必须符合文字的内容。

⑥ 链接分享必须加上自己的引导式总结内容。

⑦ 精简内容，控制字数。如果微信朋友圈动态字数太多，不利于内容展示。

⑧ 适合使用一些表情来配合文字，能更容易吸引客户的注意。

4. 分享推送的技巧

虽然微信朋友圈没有转发功能，但是依然可以复制分享，引导用户分享产品并给予优惠，这是一种很好的传播方法。

① 分享话题最好的时间是 20:00—24:00，这个时间段一般能抓住微信好友最多的碎片化时间。

② 分享链接最好的时间是 24:00 之后，这样第二天微信朋友圈绝大部分的内容都是你的。

③ 用户案例与故事一定要即时分享，这样才能够在第一时间借力客户形成营销裂变。

④ 注意朋友圈动态发布条数，不建议进行动态刷屏，每天发布的条数可以控制在 5 条左右。用户在看微信朋友圈时，不容易忽视这些微信动态，由此吸引用户关注产品信息。

【课堂活动】

你在朋友圈分享过广告信息吗？请说说分享的场景，以及诱发你分享的原因是什么？

任务二 微信公众号营销技巧

一、微信公众号营销概述

微信公众号目前拥有四个类型，分别是服务号、订阅号、小程序和企业微信。这四类公众号在功能上有明显区别，如表 6-1 所示。

表 6-1 微信公众号的类型及其功能

公众号类型	功能特点	备注
服务号	给企业和其他组织提供强大的业务服务与用户管理功能，可直接显示在消息列表中	每个月可推送 4 次图文消息
订阅号	为媒体和个人提供一种新的信息传播方式，显示位置在“订阅号消息”中	每天可推送 1 次图文消息（政府、媒体不限次数）
小程序	基于微信平台运行的各种应用程序	
企业微信	用于企业办公管理的工具	

那么企业是如何利用微信公众号来营销的呢？

1. 微信公众号定位

做微信公众号，首先要有清晰的定位，定位是一个企业微信公众号建设和发展的核心。然后根据定位确立品牌形象、目标人群。以小米为例，小米微信公众号定位就很清晰。在了解小米手机最新的产品和服务后，我们可以总结出怎样才能做好微信公众号的定位。

（1）确立定位

确立定位就是确立目标市场，就是确立战略取向。而企业的微信公众号如何定位，最主要的就是解决一个核心问题：要利用微信公众号做什么？当回答了这个问题，就对微信公众号作了定位。

（2）服务客户

千万别把企业微信公众号仅仅当成营销工具，更重要的是把它作为一个服务用户的工具，让用户主动体验方便快捷的服务。结合企业服务，营造良好的沟通氛围。

（3）地域精准

由于用户具有较为明显的地域属性，准确定位地域能更好地服务该区域的消费者，减少不必要的支出。

（4）用户归类

微信公众平台有明确的分组，商家可以将感兴趣的用户分类，再及时推送信息，帮助且激发用户的购买欲望。

2. 微信公众号名字的起法

微信公众号名字能体现出微信公众号的价值、服务、内容、范围、行业等信息，让感兴趣的人快速关注。微信公众号取名的常见方法如下：

（1）直呼其名法

直呼其名法就是直接以企业名称或者服务、产品名称作为微信公众号的名称。比如，广发银行、雅戈尔、七匹狼。因此，想要关注微信公众号的客户通常会直接搜索微信公众号的名字。

（2）功能实用法

功能实用法就是将微信公众号的用途和服务展现出来，大部分客户通常都会根据自己的需求进行搜索，因此寻找商家可能是奔着商家产品功能这一点出发的。比如，美食工坊，用途就是提供美食的；网络营销助手，用途就是提供网络营销资讯的。

（3）形象取名法

形象取名法就是将企业形象化或者将服务产品形象化的一种取名法，把具体的事物或者抽象的事物形象化，比如篮球公园，是篮球体育资讯下的一个栏目。也可以采用比喻、拟人等手法。

（4）垂直行业领域取名法

垂直行业领域取名法就是用行业名加用途。如微法律、豆瓣同城、百度电影等。

（5）提问式取名法

提问式取名法就是以提问的方式取名，引起消费者关注。比如，今晚看啥公众号、什么能赚钱公众号、帮助用户发现你喜欢的片子、给用户推荐理财产品和省钱方式。

（6）另类取名法

另类取名法一般都是奔着新鲜、好玩、有趣去的，只要是这类名字，你都可以考虑。例如，冷笑话精选。

（7）百科取名法

百度百科众所周知，所以不少微信公众号取名时总会跟它有着千丝万缕的联系。比如，时尚生活小百科等。

（8）其他取名法

其他取名法一般从生活、地域等一些比较熟悉的事物着手，也可以参考百度指数、微博热搜等，看看人们对某些事件或者问题的关注度等。

3. 做好微信公众号的内容

要想做好微信公众号营销，就应该多重视微信公众号的内容，真正地从用户的角度思考问题，满足用户某一方面的需求，这样的公众号内容才能赢得用户关注，建立起信任关系。

（1）首先需要确立主题

个人账号可以选择自己感兴趣或者擅长的主体，这样写出来的内容才能激起消费者的兴趣和情感共鸣。对于企业来说，如果是一个汽车企业，可以做一个汽车之家的微信公众号；如果是一个旅游企业，可以做一个旅游类的微信公众号。

（2）精选内容

内容为王，有价值的内容才能吸引并留住客户。图 6-6 所示为美食工坊微信公众号的内容展示。

（3）用什么发送方式

微信公众号支持以文字、图片、语音、视频和图文的方式发送消息。发送文字会让人感觉亲切，有对话的氛围；发送图文体验好，给人以视觉冲击。目前主流的发送方式是图文模式。例如，图 6-7 所示为“唯品会”发送的促销商品的图文信息。

（4）发布时间

发布时间主要根据不同的用户群和不同的内容来定，原则是尽量选择在粉丝空闲的时候发布，让粉丝尽可能多地关注产品。

图 6-6　美食工坊微信公众号的内容价值

图 6-7　促销商品的图文信息

4. 文章标题的设立

俗话说“题好一半文”，好的标题是微信公众号传播的重要前提。一个好的标题具有超强的吸引力，可以充分引起读者的注意。只有先引起读者的注意，读者才会进行深入阅读。那么，如何才能写好微信公众号文章的标题呢？

（1）直接说出好处

标题应该包括读者最想得到、最为关心的利益。标题直接明了，消费者接收到的信息就比较准确，容易达到简单、易懂、有说服力的目的。例如，“全场优惠价 7 折”“母亲节，转发微信免费赠送礼品”。

（2）最大的利益

你的产品可以带给潜在读者很多好处和利益，你需要从众多好处和利益当中，选出最能打动潜在读者的做标题。例如，“10 天让您的牙齿变白的方法”“30 天减肥 15 千克不为人知的方法”。

（3）标题必须可信

标题可信，真实性强，容易与消费者建立信任关系。不符合实际的、不可信的标题，使得产品信誉极易丢失。例如，这些标题就会引起读者的不信任感，是典型的标题党：“老板今天过生日，全场所有商品 5 折。”“新店开张前 100 位，免费送 iPhone13。”

（4）使用“怎样”或“如何”设立标题

使用“怎样”或“如何”设立标题，直接承诺带给读者的利益，暗示你已经知道了答案，并且教给读者怎么做。例如，“怎样做才能真正抓住买家的心理？”“网店经营怎样实现品牌时尚化？”“中小企业怎样让微信流量爆起来？”“如何做好员工内部培训？”

（5）为读者讲故事

讲故事最容易引起读者的情绪共鸣，使读者对产品产生亲近之感。所以，以讲故事的形式来拟定标题，无形中拉近了你和读者的距离。如：“‘90后’夫妻年入100万元的创业故事。”“一位贫穷的单亲妈妈，如何把自己的女儿培养成北京大学的高才生？”“揭秘20岁美女收入过千万的秘密！”

（6）引起粉丝共鸣

与粉丝扯上关系，让粉丝感同身受，觉得这篇文章就是自己的缩影、就是写给自己的，这样的标题才能真正俘获粉丝的心。例如，“我还年轻，让我再穷一会儿……”“你有没有玩命儿爱过一个姑娘”。

（7）问挑衅性的问题

直接问挑衅性的问题，可以快速激发读者的好奇心，迫使读者产生想找到问题答案的欲望。例如，“你知道6个常见的销售错误吗？它们是让你的销售走向死亡的原因”“专家说的都是对的吗”。

（8）让读者在标题中找到他期待的内容

采用分享秘密的方式取标题，分享给读者所期待的结果。秘密代表独一无二，容易激起我们天然的好奇心理。例如，“教你20个长寿的秘诀，让你长命百岁”“免费报告，向你分享更多快速挣钱的秘密”。

（9）标题必须和内容相符

为了吸引读者的注意力和好奇心而故意使标题和内容不一致来提高点击率，极易使读者产生被恶意欺骗的感觉。真心对待每一个读者，会受到更多真心的读者。

（10）数字型标题

用具体或特定数字来突出内容，以达到意想不到的效果。例如，“男人不能忍受的10件事”“奥运冠军值得我们学习的6大品质”。

（11）提问式标题

提问式标题如果具有相关性和吸引力，恰好读者也想知道答案，读者就会点击阅读。此外，问题会引发读者的思考，增加读者与产品、品牌的互动。例如，“中国人在偷偷搜什么”“如何拿小钱办大事”。

（12）秘籍攻略型标题

对人有用的方法、秘籍、攻略可以吸引人的注意力。例如，“说服别人的最好办法”“避免祸从口出的秘籍”。

5. 微信公众号运营的秘诀

为了帮助更多人理解企业微信公众号怎么有效运营，下面介绍微信公众号运营的秘诀。

（1）以用户的需求为出发点

要结合企业的实际情况，研究用户的喜好，做到取悦于用户。例如，做化妆品的企业，可以准备一些护肤技巧、化妆技巧等类型的文章，这样不仅能够让粉丝有兴趣，还能够很巧妙地把企业信息嵌入进去。

（2）用二维码做好线下推广

未来二维码会和企业 Logo 一样，成为一个企业的身份标签。所以，如何在线下利用二维码做好微信公众号的推广，是必须重视的。例如，在产品包装、户外广告、报刊、小礼品等眼睛能够看得见的地方都附有企业二维码，这样才算是比较成功的线下推广。

（3）内容为王的微信时代

对于平时推送的内容，要进行深度策划，逐字逐句推敲，修饰文案和美工等细节。注意，千万不要发一些粗制滥造的内容给用户。

（4）“阅读原文”巧利用

“阅读原文”是给企业网站引流的非常重要的工具，通过这个链接可以让用户了解到企业网站更多的资讯和信息。微信“阅读原文”窗口已经成为企业网站的重要流量入口。图 6-8 所示为文章底部的“阅读原文”链接。

图 6-8 文章底部的“阅读原文”链接

（5）二次开发很重要

随着技术的发展，微信公众号的功能局限性不断被突破。腾讯开放了微信的 API 接口，实现功能的二次开发。这样就能避免微信账号因过于模板化，不能展现自己企业的特色了。

（6）善用微信中的“数据统计”

平台自带的数据分析工具可以让商家查看信息送达率、阅读状况、分享状况等情况。当然，仅靠这些数据是不够的，还要根据实际运营中的销售情况分析转化率、成交率等，进行全盘考虑，这样才是比较翔实的数据分析。

二、微信公众号营销内容设计

微信公众号营销内容设计原则如下：

1. 美观的封面

“人靠衣装马靠鞍。”读者的第一印象对阅读量的多少有直接影响。所以，美观的封面是吸引读者的必备要素。

2. 吸引人的文章标题

标题是对文章的总结，包含了文章的重要信息。一个好的标题，容易受到读者的追捧，推广作用明显。

3. 突出重点内容

微信公众号应将自身的功能和服务的核心特点展现出来，用简单通俗的语言来概括最有价值的内容，突出独有的特点。

4. 巧妙的推广方式

除了发布个人信息之外，还可以添加一些推广信息。我们可以在文章的开头或者结尾添加一些二维码或相关问题提示用户需要关注的信息，或者在文章内容中添加原文链接，引导消费者前往原文浏览。这是目前常用的两种推广方式。相对于其他平台来说，微信公众号内容的编辑规范要求可能较高，但是这样可以让用户关注核心内容，不受其他无用信息的干扰。

三、微信公众号策划与创建

目前，创建和运营微信公众号的主体主要有传统媒体、政府机构、企事业单位以及自媒体机构或个人。本书以企业官方微信公众号和自媒体微信公众号为例，讲解微信公众号的策划过程与方法。

1. 企业官方微信公众号的策划

下文以“华为手机”微信公众号为例，分析企业官方微信公众号策划时应重点确定的内容。策划一个企业的官方微信公众号，需要依照以下流程逐次展开，如图 6-9 所示。

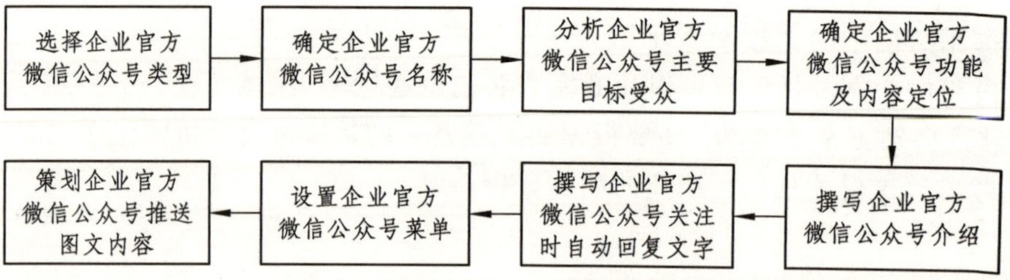

图 6-9　策划企业官方微信公众号流程

（1）选择企业官方微信公众号类型

微信公众号有四个类型。“华为手机”选择的是服务号，这也是企业创建官方微信公众号的首选。一方面，服务号可以给企业提供强大的业务服务与用户管理功能；另一方面，服务号可以直接显示在消息列表中，方便企业与订阅用户之间的信息传播。

（2）确定企业官方微信公众号名称

企业的官方微信公众号，一般与企业名称、品牌名称和产品紧密相关。华为手机的公众号名称就是“华为手机”，简单、直接、明白，便于识别和记忆，如图 6-10 所示。

图 6-10　华为手机的公众号名称

（3）分析企业官方微信公众号主要目标受众

企业官方微信公众号的目标受众，主要是该企业的客户或意向客户。此外，还有一些对该企业感兴趣的社会公众。“华为手机”公众号的主要目标受众，应当是已购买华为手机的消费者，以及那些对华为手机有一定购买意向的准客户。

（4）确定企业官方微信公众号功能及内容定位

企业官方微信公众号的功能，与企业的官方网站比较相似，主要包括企业介绍、企业动态、产品介绍、产品购买、售后服务、商务合作等内容。由于华为创建了多个微信公众号，因此每个公众号都有各自不同的定位和分工。从“华为手机”这个公众号的菜单项和推送图文信息的统计内容可以看出，其主要功能定位是产品介绍、产品购买、售后服务和营销活动发布。

（5）撰写企业官方微信公众号介绍

企业官方微信公众号介绍一栏需要用简短的话语把公众号介绍清楚，通常需要讲清楚创建者是谁，创建目的是什么，能够为微信用户带来什么价值。“华为手机”的公众号介绍简洁易懂：华为手机官方账号，更好地服务华为手机用户。

（6）撰写企业官方微信公众号关注时自动回复文字

当新用户第一次关注企业官方微信公众号时，通常会收到公众号发送的一段欢迎文字，这段话就是公众号管理员设置的“被关注回复”。这个自动回复所发挥的作用，通常是表示欢迎、感谢等，也会把公众号将会带给用户的利益和价值强调一遍，有时也会把企业特别想传达给目标受众的促销信息附在其中。首次关注“华为手机”公众号，收到的自动回复文字如图 6-11 所示。

（7）设置企业官方微信公众号菜单

企业官方微信公众号的菜单显示位置在公众号界面的下方，最多可以设置 3 个一级菜单，每个一级菜单最多可设置 5 个二级菜单。每个菜单既可以指向某个图片、音频、视频或图文信息，也可以跳转到某个指定的网页或微信小程序。“华为手机”公众号“产品中心”的一级菜单和二级菜单对应的内容如图 6-12 所示。

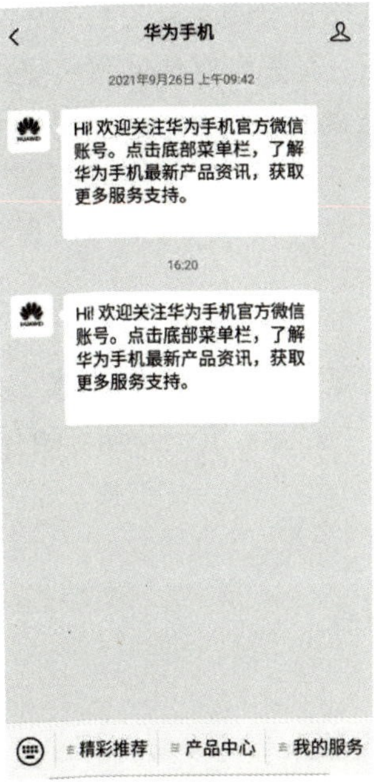

图 6-11 “华为手机”公众号的关注时自动回复文字

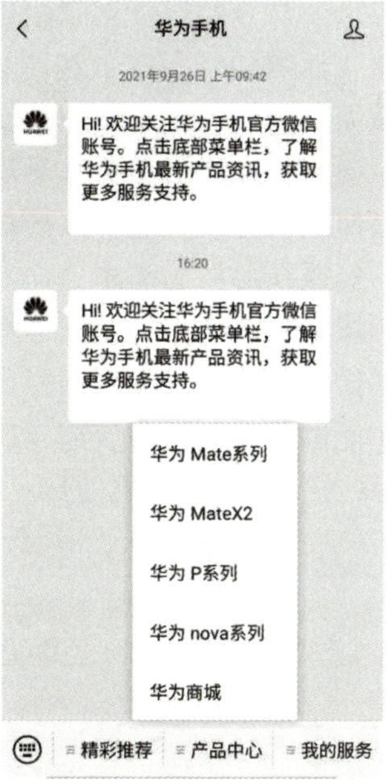

图 6-12 “华为手机”公众号菜单设置

（8）策划企业官方微信公众号推送图文内容

根据对“华为手机”公众号的历史推送图文进行统计归纳发现，其文章主要围绕产品推介、互动活动、官方消息和产品使用技巧四个方面撰写，这些内容符合目标受众的需求，能够很好地实现企业的营销目的。

2. 自媒体微信公众号的策划

企业官方微信公众号事实上也是一种自媒体，不过与通常所说的自媒体差别较大，两者的主要区别在于运营目标不同。企业官方微信公众号带有明显的企业烙印，代表某个特定的企业对外传播信息，而普通的自媒体是由个人或机构创建的、以服务某类网民群体为宗旨的公民媒体，其通过优质内容吸引用户的关注，然后通过一些手段把这些关注“变现”。

策划自媒体微信公众号的流程与策划企业官方微信公众号的流程类似，具体如下：

（1）选择自媒体微信公众号类型

自媒体微信公众号也有订阅号与服务号两种类型，大部分自媒体微信公众号都会选择注册订阅号，这是因为订阅号每天都可以推送1次图文信息，而服务号每个月只能推送4次。

（2）确定自媒体微信公众号名称

自媒体微信公众号的命名没有固定的逻辑，通常要求简单好记，与公众号的用户定位或内容定位有一定关联。有些则追求个性新奇，如“视觉志”“国家人文历史”“美食工坊”等。

（3）分析自媒体微信公众号目标受众

在公众号的具体策划阶段，就需要深入思考目标受众究竟是哪类人群，目标受众越具体，将来公众号的运营就越精确，内容创作和推广也会更加具有针对性。有些自媒体的目标受众涵盖较广，如“视觉志”“新闻哥”等。有些自媒体的目标受众简单明确，指向性很强，如“美食工坊”的受众主要是热爱美食的人群等。

（4）确定自媒体微信公众号功能与内容定位

自媒体微信公众号通常以传播知识、价值为核心，所以其功能与内容定位往往聚焦于围绕目标受众的核心需求，向其提供有价值的信息。

（5）撰写自媒体微信公众号介绍

自媒体微信公众号介绍一栏也需要用简短的话语把公众号介绍清楚，这句话类似于广告语，能够简明扼要地筑起自媒体的品牌形象。“美食工坊”公众号的介绍如图6-13所示：“跟着我，有你好吃的！”

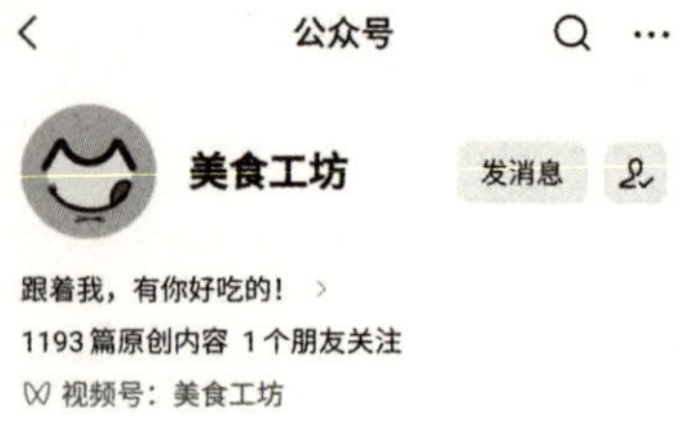

图6-13 “美食工坊”公众号的介绍

（6）撰写自媒体微信公众号关注时自动回复文字

当新用户第一次关注自媒体微信公众号时，通常会收到公众号发送的一段欢迎文字，这个自动回复所发挥的作用与企业官方微信公众号基本相同，有时也会发送一些推荐内容的链接或互动调研链接。

（7）设置自媒体微信公众号菜单

自媒体微信公众号的菜单设置一般有两个原则：一是迎合目标受众的需要，把他们最想看的内容放入一级菜单或二级菜单中，为其带来阅读上的方便，常见的有历史消息、重要专辑等；二是把自媒体运营者特别想传播的内容放到菜单里，使受众能一目了然，常见的有联系方式、商城入口等。

（8）策划自媒体微信公众号推送图文内容

自媒体微信公众号的运营核心，就是围绕公众号的定位和目标受众的需求，持续创作并推送高质量的图文信息，为目标受众带来价值和服务，使公众号订阅用户保持持续关注，并不断获取新用户的关注。

3. 微信公众号创建指南

（1）创建流程

完成微信公众号的策划工作之后，就需要准备申请创建公众号的资料，并按照平台流程注册。

① 申请资料准备。个人申请需要准备创建人身份证（年满 18 周岁），一个可正常使用的、由创建人本人身份证办理的手机号，以及绑定银行卡的创建人个人微信。

企业、政府、媒体或其他机构注册者需要提供营业执照注册号、组织机构代码和统一信用代码等信息，并且需要运营者的手机号和绑定银行卡的个人微信。

② 按照流程注册。访问微信公众平台官网（https://mp.weixin.qq.com），在右上角点击“立即注册”，按照流程提示进行注册操作。主要流程如图 6-14 所示。

图 6-14 微信公众号注册流程

（2）基本设置

访问微信公众平台，输入正确的账号和密码，用管理员的微信扫描二维码之后授权登录。

①进入账号后台之后，首先把鼠标移到右上角的“账号名称”上，在弹出菜单中单击“账号详情”。然后，可以为公众号设置头像，下载二维码并扫码关注公众号，设置微信号。需要注意的是，个人账号不需要认证。

②浏览公众号后台界面左侧的菜单栏，逐项了解各菜单内容，重点设置被关注时自动回复的内容。

③在“设置”→“人员设置”中，可以把微信运营团队中的其他人设置成运营者，运营者的微信也可以授权登录公众号后台。

④点击“管理”→“用户管理”，查看本公众号的订阅用户列表。

⑤点击“管理”→“素材管理”，了解如何创建一篇图文信息。

【课堂活动】

① 请你推荐几个微信公众号，并简要介绍其吸引人的主要原因。

② 简要说明微信给你的生活带来哪些方面的改变。

任务三　微信小程序营销技巧

一、微信小程序接入流程

1. 注　册

在微信公众平台注册小程序，完成注册后可以同步进行信息完善和开发。

2. 小程序信息完善

填写小程序基本信息，包括名称、头像、介绍及服务范围等。

3. 开发小程序

完成小程序开发者绑定、开发信息配置后，开发者可下载开发者工具、参考开发文档进行小程序的开发和调试。

4. 提交审核和发布

完成小程序开发后，提交代码至微信团队审核，审核通过后即可发布（公测期间不能发布）。

二、微信小程序营销推广

如果说微信公众平台是内容生态的代表，那么小程序则是服务生态的代表，不仅要把人连接起来，而且还要将内容、服务和用户连接起来（图 6-15）。

图 6-15 小程序营销推广

1. 关键词推广及搜索广告

小程序自定义关键词的功能和它的搜索权重以及比例有很大的关系，对于已经正式发布的小程序而言，可以使用自定义关键词功能。（目前其自定义关键词功能只能设置 10 个，但是可以调整，支持每月修改三次，每次审核时间为 7 天。）

关键词的设置需要与小程序本身的业务相关，必须是小程序所提供的服务，或者是小程序提供服务的品牌。审核通过后，小程序的自定义关键词可以与小程序服务的质量、用户体验、用户使用情况、关键词等相关性的因素联合在一起，就构成了搜索排名规则。一般来说，搜索排名规则有四个原则：

① 小程序的上线时间越早，优势越大，曝光率越多，占比为 5%。

② 描述中完成的匹配度和关键词次数越多，排名越靠前，匹配度越精准，因此一种是流量很大，转化率可能不高；一种是流量不高，但是转化率可能很高，它的占比为 10%。

③ 标题中的关键词出现一次，且整体标题字数越短，排名越靠前，它的占比为 35%。

④ 微信小程序的用户使用越多，排名越靠前，它的占比为 50%。

2. 分享小程序，提高阅读概率（实现粉丝裂变）

如“简书”等 App 产品将分享到微信的页面做成小程序落地页，用户打开分享页面就可以进入小程序，起到新用户推广的作用。这是基于 App 本身流量池的微信裂变，也是微信提供了 App 与小程序的交互功能属性（图 6-16）。

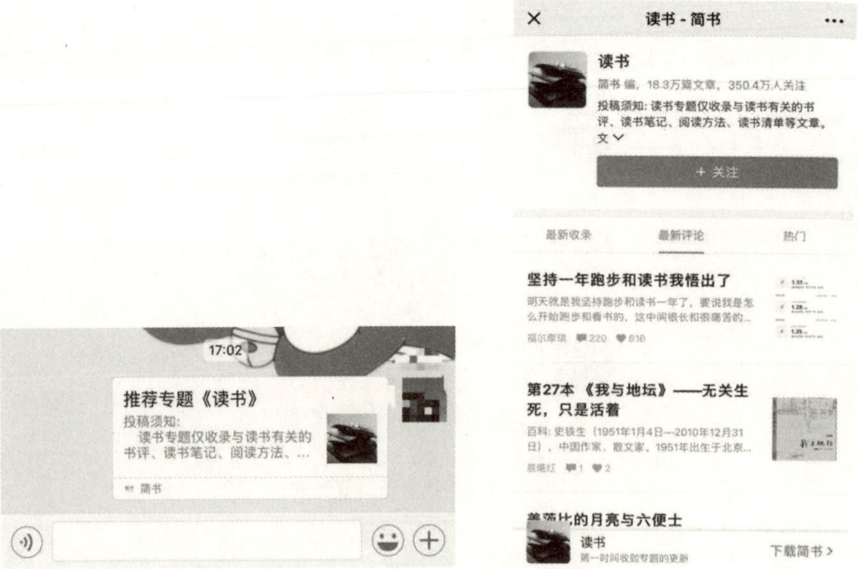

图 6-16 “简书”App 推广

3. 拼　团

用小程序来承载拼团、秒杀、砍价等优惠活动，激发消费者低价消费的积极性，实现快速裂变，这可在短时间内积累出庞大的用户。

4. 通过附近的小程序推广

微信小程序自带地理位置，打开微信，在下方的“发现”，找到“小程序”，再选择“附近的小程序”，用户点击之后即可看到附近的小程序（图 6-17）。

图 6-17 通过附近小程序推广

【课堂活动】

① 企业的官方网站和官方微信公众号有很多类似的功能，它们之间有哪些不同之处？

② 选择两个不同行业的企业，浏览其官方网站和官方微信公众号，比较两者的不同，并与同学进行讨论。

任务四　微信营销和运营实战

实战 1：利用易企秀制作公司介绍，并在微信朋友圈转发集赞

打开手机中的易企秀 App，出现登录页面，如图 6-18 所示。登录完成后进入易企秀 App 的首页，如图 6-19 所示。

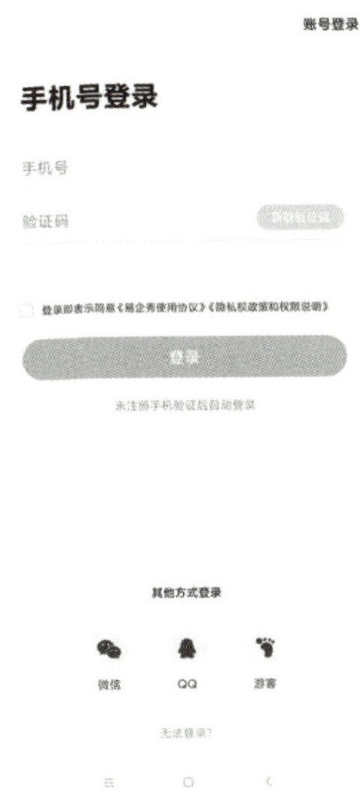

图 6-18　登录界面

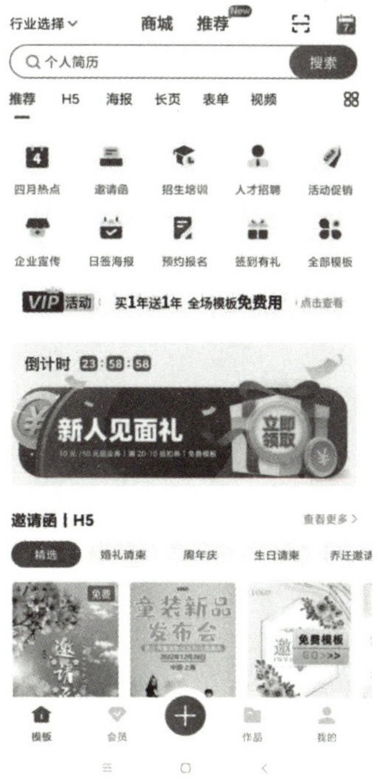

图 6-19　（易企秀 App）首页

在首页找到“企业宣传”并点击进入，可以看到有很多模板可供挑选，点击筛选可以选择免费的模板，如图 6-20 所示。

图 6-20　企业宣传

挑选一个喜欢的模板打开点击使用，进行编辑操作，如图 6-21 所示，将标题改为“某某公司介绍”，如图 6-22 所示。

图 6-21　编辑操作页面

图 6-22　“某某公司介绍”

然后切换下一张，利用同样的方法进行文字修改、图片更换等操作步骤，如图 6-23 所示。

图 6-23　编辑操作页面

其余图片都按以上步骤操作，把其余内容全部编辑修改完成后点击预览，然后点击分享，如图 6-24 所示；再点击分享到朋友圈，如图 6-25 所示。

图 6-24 点击“分享”

图 6-25　点击“朋友圈”

编辑文字，点击发表，如图 6-26 所示，发表后的点赞效果如图 6-27 所示。

图 6-26　点击“发表”

图 6-27　点赞效果

实战 2：用手机剪映制作产品宣传短片，并通过微信群转发推广

打开手机里面的剪映 App 进入主页，如图 6-28 所示。

点击“开始创作”，选择产品——六堡茶照片，点击添加，如图 6-29 所示。

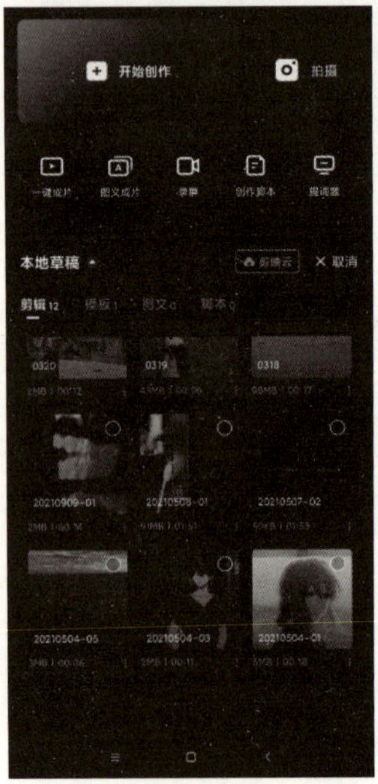

图 6-28　（剪映 App）首页

图 6-29　选择图片

添加完成后进入剪辑页面，点击下方的“添加音频”，如图 6-30 所示。在“添加音乐”歌单的推荐音乐里挑选一首歌曲进行下载使用，如图 6-31 所示。

图 6-30　点击“添加音频”

图 6-31　添加音乐

添加完成后把多余的音频进行裁剪，如图 6-32 所示，裁剪完成效果如图 6-33 所示。

图 6-32　裁　剪

图 6-33　裁剪完成

接下来给视频封面添加文字标题，点击“文字”按钮，如图 6-34 所示。

点击“新建文本”，如图 6-35 所示。输入标题“六堡茶”再添加字体样式，设置文字颜色和大小，让其变得更加美观，如图 6-36 所示。

图 6-34　点击“文字”

图 6-35　点击“新建文本”

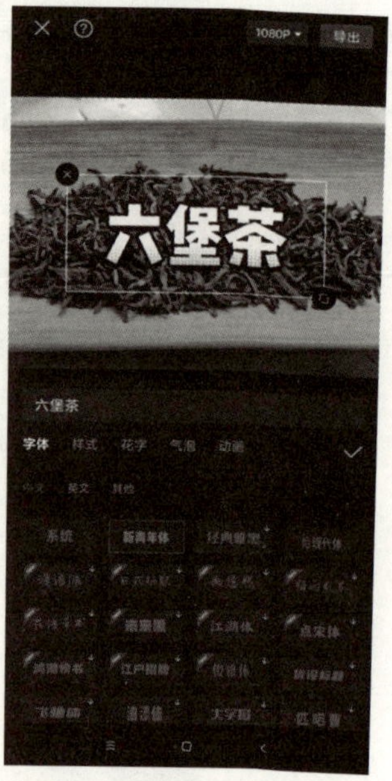

如图 6-36　标题“六堡茶”

操作完成后点击导出即可，如图 6-37 所示，然后打开微信找到群聊进行转发推广，如图 6-38 所示。

图 6-37　导出完成

图 6-38　微信群转发推广

【课堂活动】

作为一个微信用户，看到公众号软文、微信广告、朋友圈、微信群等营销后，你会产生什么样的感受？你会购买这些商品吗？围绕上述问题展开深入思考，并与同学进行讨论。

【思考练习】

① 微信朋友圈的营销技巧有哪些？

② 简述微信公众号营销内容设计原则。

③ 如何进行微信小程序的营销推广？

项目七

今日头条营销

学习目标

了解今日头条营销方法。
熟悉今日头条运营技巧。
掌握今日头条广告营销策略。

引导案例

精准技能帮扶是国家大力实施的一项政策措施，在这样的大背景下，许多来自偏远山区的民间巧手、能手争相在各大新媒体平台上走红，“巧妇 9 妹”就是这样一个从今日头条走红的网红。

“巧妇 9 妹”是广西灵山县人，本名甘有琴，在家排行老 9，所以叫 9 妹。“巧妇 9 妹”的走红，离不开她对自己头条号的认真经营。在互联网上走红之前，“巧妇 9 妹”只是一名普通的农村青年，初中没毕业就到城市里打工。2014 年，她从城里回到了广西老家，干农活、照顾家里人成为她生活的主旋律，但与其他人不同的是，“巧妇 9 妹”的厨艺十分了得，除了农家菜，她总会鼓捣些别人没听过的新菜品。当然，这一特殊技艺并没有被埋没。9 妹的侄子张阳城是广播电视专业出身，他觉得 9 妹是个极好的素材，于是，2017 年 5 月 19 日，“巧妇 9 妹”在今日头条投放了自己的第一期视频。9 妹凭借富有亲和力和感染力的笑容，以及接地气的居家常识，在短短一年时间内就俘获了 200 万粉丝。

成为今日头条上的头部大号后，9 妹并没有停止努力，她总想着利用自己在网络平台上的知名度为乡亲们做些什么。想到自己在视频里发布做饭、干农活的视频时，总有人留言关注画面里出现的新鲜水果。于是，9 妹便开始利用平台售卖自己家里和同村人种植的水果。自此开始，一发不可收拾。“巧妇 9 妹”每月电商销售额能达到 150 万元，最高时突破了 200 万元。

在平台的扶持下，人们可以从今日头条点进“巧妇9妹”的主页，进入“店铺”栏后购买9妹家优质的水果。9妹曾发布一条售卖沃柑的微头条，一天便从头条小店里卖出去7000多斤。在9妹的帮助下，村民们的收入提高了不少，每个月大约有30%的电商收入到他们手中。

任务一 今日头条营销方法

今日头条是一款基于数据挖掘技术的个性化推荐引擎产品，它为用户推荐与用户生活紧密相关的话题。信息涵盖领域包括热点、娱乐、科技、影视、游戏、汽车、财经等。基于这个理念，今日头条一经问世便收到用户的广泛好评。今日头条能通过智能推荐引擎精准找到用户，无须求关注、求订阅也能拥有海量用户，因而受到了广大营销人员的喜爱。

一、开通自营广告营销

自营广告是头条号所特有的一种开放、自由的推广方式。由头条号作者自主上传推广素材，在内容页面中进行展示。自营广告会展示在今日头条 App 相关文章的下方。对于经营今日头条的自媒体人员来说，靠流量挣钱的时代已经过去。自营广告如今已经成为自媒体营收的一大来源。

已加入创作者计划，且今日头条和西瓜视频粉丝总数满 1000 的作者，可在手机端头条号选择“今日头条 App”→“我的”→“创作中心”→“创作权益”，或者在电脑端头条号后台选择“成长指南”→“创作权益”→“自营广告”中的“申请开通”。

登录电脑端头条号后台，可以单击左侧“数据”→“收益数据”→“自营广告”设置自营广告。在此页面中设置类型、预览上传的图片、落地页链接、选择行业、资质证明等。自营广告对行业、素材都有相关限制，因此自营广告是需要审核的，自营广告的审核需要 1~3 个工作日。

完成自营广告设置后，登录电脑端头条号后台完成文章编辑，在发文设置区选择“投放自营广告”。

二、文章创作收益

今日头条对于在头条发布文章的自媒体的广告点击提成，根据文章的点击量来决定。广告收入则要根据发布文章的质量决定。

投放广告赚收益是头条号作者将广告位委托给头条号平台代为运营的一种广告形式。已开通文章创作收益的创作者，在今日头条 App 和头条号后台发布文章时选择投放广告赚收益，即有机会获得文章创作收益。由头条号平台对用户和广告内容进行智能匹配，实现精准推广。广告会展示在今日头条 App 中投放了广告的文章下方，视频的广告一般会展示在视频开始或结尾的地方。平台为了平衡用户体验，并不是每次刷新都会有广告出现。

三、视频创作收益

视频创作收益是许多短视频平台的收益来源，不同平台的收益也不完全相同。因为只有平台提供收益，才能吸引更多新的自媒体创作者加入，才有可能吸引更多的用户，而平台用户数量的增加又反过来为平台带来丰厚的广告收益。

自媒体时代，创作者可以通过上传自己的视频来达到分享流量营销的效果。加入创作者计划后，默认开通视频创作收益，发布横版视频并声明原创，产生播放量后，将按照平台规则计算创作收益。平台收益计算规则不是一成不变的，往往和平台的流量密切相关。一般情况下，视频创作收益是根据视频的播放量、原创度、视频的内容质量、粉丝播放量、点赞评论数量、视频观看时长等因素来综合评估的。不同的创作内容，所吸引的受众群体也不一样，带来的广告收益也会存在一定的差异。

四、问答创作收益

今日头条的问答社区专注分享知识、经验、观念。在这里所有人都能找到答案、参与讨论，回答问题还可以赚取收益。通常情况下，问答创作收益跟创作者的回答质量、阅读量、阅读时长等因素有关，所以并不是发布了问答后就能有收益。

自 2020 年 1 月 13 日起，粉丝量（含西瓜视频粉丝）≥100 且账号类型为非国家机构和其他组织的创作者，可前往今日头条 App“我的”→“创作中心”→“创作权益”，单击“问答创作收益”卡片内的“申请开通”，即可开通对应的权益。

开通问答创作收益权限的创作者，可通过今日头条 App 和电脑端头条号后台发布回答来获得问答创作收益。可单击今日头条 App 首页，选择“写问答”。图 7-1 所示为选择“写问答”。然后挑选自己感兴趣的问题，成功发布原创的回答，即有机会获得问答创作收益。图 7-2 所示为选择问题回答。

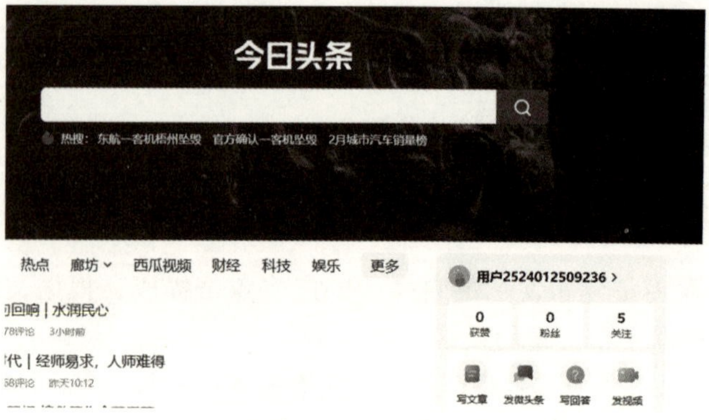

图 7-1 选择“写问答”

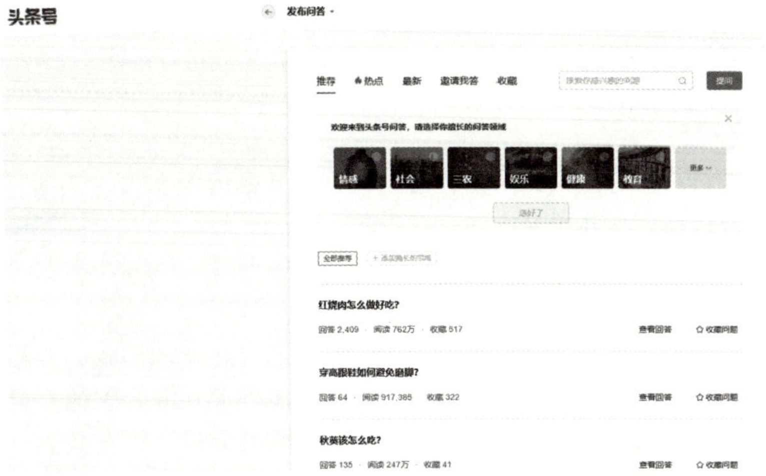

图 7-2　选择问题回答

五、微头条创作收益

微头条是今日头条中一种基于社交媒体的内容发布方式，用户可以通过微头条发布文字、图片、视频等内容，并通过用户转发、评论等方式来获得更多的粉丝。通常来说，如果创作者开通了微头条创作收益，且发布的作品不是转发抽奖类的微头条，那么就有机会获得一笔相应的创作收益。收益是多个因素评定后的综合结果，新版收益将会展示千次阅读单价。千次阅读单价受“用户阅读时长系数”“内容价值系数”“粉丝阅读占比”等因素的综合影响，并非一成不变的。其中，内容价值系数用于衡量内容商业价值的高低，系数越高，内容商业价值较站内整体水平越高。

已注册头条号的用户，当收益金额≥0.01 元时，可通过电脑端头条号后台“数据”→“收益数据”→“创作收益”，查看收益数据。

微头条的主要变现方式如下：

1. 平台补贴

粉丝大于 1000 的创作者即可开通平台补贴，发微头条有阅读量可获得收益。阅读量越高，内容越优质，收益也就越高。所以创作者一方面要保证内容质量，另一方面要努力增加粉丝。

2. 头条带货

在今日头条开通商品卡，这时候用户就可以在微头条发文的时候插入商品，用户购买商品以后就可以获得佣金收入，别小看这个佣金收入，粉丝量和内容质量决定了购买量，若两者都高，则佣金收入不少。

3. 城市达人

定位自己所在的城市，进入城市达人界面，点击发帖，分享同城新鲜事，就有可能获得达人奖励，单条5元。成为城市达人，不仅可以获得现金奖励，还可以获得官方培训、达人工作服和加V通道。

4. 参与创作活动

进入头条号后台，参与感兴趣的创作活动，创作并带话题发布微头条，即可参与活动奖励，一般奖金较高，达几千元。

5. 付费专栏

付费专栏是今日头条平台为创作者打造的一种新的内容变现形式，专栏作者可以发布付费图文、视频任意一种形式（也可以同一个专栏多种形式混合）的专栏内容，自行标定价格，用户按需付费购买后，专栏作者即可获得收益分成。粉丝数满一万后，作者可以申请付费专栏，申请后需要审核，审核通过方可开通权益。

6. 广告收入

一旦有知名度以后，就会有商家找上门来，那时候就可以沟通广告事宜及广告具体展示的内容和形式。

【课堂活动】

打开今日头条App，围绕小程序、头条广告、头条小店等营销手段，寻找相关案例。作为一名今日头条的用户，看到这些营销内容后，你会产生什么样的感受？你会去购买这些商品吗？

任务二　今日头条运营技巧

一、头条号策划

本书以企业头条号为主要对象，讲解其账号的策划过程与方法。以小米公司的头条号为例，企业官方头条号在创建时需要注意以下七大内容：

1. 账号类型

头条号支持6种不同类型的主体注册账号。显然，小米公司需要选择“企业”为主体进行申请注册、认证，保证信息发布的权威性。

2. 头条号名称

企业的头条号名称，一般与企业名称、品牌名称和产品紧密相关。小米的官方头条号名称就是“小米公司”，简单、直接、明白，便于识别和记忆。

3. 头条号目标用户

企业官方头条号的目标用户主要是该企业的客户或意向客户，此外还有一些对该企业感兴趣的社会公众。小米的主要目标用户应当是购买小米手机或产品的消费者，以及那些对小米手机感兴趣的社会公众。

4. 功能及内容定位

企业官方头条号的功能主要包括发布企业动态、进行产品介绍、引导产品购买、开展售后服务等，常常通过文章、视频、直播、问答等多元化模块进行宣传介绍。

5. 头条号介绍

头条号介绍需要用简短的话语把该账号介绍清楚，通常需要讲清楚头条号的定位、创建目的，以及能够为用户带来什么价值。

小米公司的头条号简介为“小米官方信息发布账号”。

小米游戏的头条号简介为“小米游戏官方头条号，最新游戏资讯、活动都在这里”。

6. 菜单设置

为提高头条号的服务能力、方便用户快速获取更多内容，头条号推出了自定义菜单功能。账号设置自定义菜单后，用户可通过头条号主页底部的菜单项，跳转至对应的网页。账号设置的自定义菜单，需经过审核才能生效。

头条号菜单通常是围绕目标用户的需求而设置的：每个头条号最多可设置 3 个一级菜单；每个一级菜单下最多可创建 5 个二级菜单；菜单名称不得多于 4 个汉字或 8 个字符。

7. 推送丰富的资讯内容

小米公司的头条号发布内容主要围绕产品推介、互动活动、官方消息和产品使用技巧四个方面撰写，这些内容符合目标用户的需求，也能够很好地实现企业的营销目的，如图 7-3 所示。

图 7-3　“小米公司”头条号的营销文章

二、头条号内容推荐

要想将头条号运营好，账号管理者要明确今日头条平台的运行规则、推荐机制，只有这样才能在合规合法的前提下展示自我特色。在今日头条平台，一篇文章发表后会经历如下环节（图 7-4），下面重点介绍前四个环节：

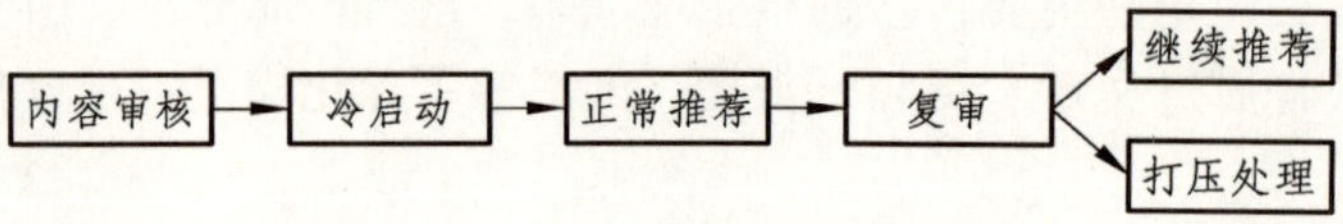

图 7-4　今日头条平台文章推荐流程

1. 内容审核

编辑审核的第一关就是内容审核，今日头条的算法里包含一个审核被拦截的内容库，当出现匹配的内容时，审核就不通过。标题不规范、正文内容违规都可能是不过审的原因。

2. 冷启动

“冷启动”是一个推荐上的概念。通过将文章推荐给一部分用户，观察他们是否点击、分享、点赞，算法模型继而判断哪些人群会喜欢这篇文章，哪些人群绝对不喜欢。文章后续能否获得高的阅读量，就靠这篇文章创作的实力了。

3. 正常推荐

进入推荐环节的文章，会因为推荐机制产生不同的效果。文章内容质量及用户行为都会影响文章的推荐情况。

4. 复　审

在文章被推荐展示的过程中，如果推荐量很大或出现负评较多等情况，会被送入复审。在复审中，如果发现存在“标题党”“封面党”、内容低俗、虚假等问题，系统就会停止对这一篇文章的推荐，严重违规内容将会受到处罚。

三、头条号运营技巧

1. 今日头条用户画像

要想使头条号运营得成功，头条号的文章、微头条等信息发布要合乎用户的“胃口”。

运营者要了解用户的基本情况。从年龄、时间分布来看，在头条号用户中，19～35岁的人群占比近70%，他们是信息接收的主力军；用户阅读时间段的高峰集中在12:00和21:00。其中，19～24岁的用户主要是大学生，25～35岁的用户则多是职场执行层，他们阅读资讯的集中时间都是在工作日的休息时段。

2. 适合头条号发布的文章类型

用户在休息时间需要有娱乐来填充，他们希望看到的是娱乐性较强的资讯，今日头条在一定程度上满足了用户这部分的需求。

（1）娱乐类资讯

今日头条发布了《移动资讯行业细分报告》①，从报告中可以看出，对娱乐感兴趣的用户占全平台总量的68.29%，占比排名第一。其中，视频类内容整体阅读量最高，阅读量增速最快。相较于视频类内容，图文类内容受欢迎程度稍弱。娱乐类资讯受热点影响很大，特别是明星的热点事件报道容易带动相应数据提升，因此与热点结合非常重要。

（2）社会类资讯

67.29%的今日头条用户对社会类资讯感兴趣。用户主要通过图文阅读社会类资讯，但个人自媒体发布新闻资讯不占优势，主要原因是自媒体发布社会类内容很难通过系统审核，大部分内容由主流传统媒体提供。

（3）搞笑类内容

46.56%的今日头条用户对搞笑类内容感兴趣。这类内容的主要呈现形式是视频，如果以图文方式呈现，宜短小精悍。

（4）其他内容

对时政类、情感类、健身类、汽车类内容感兴趣的用户约占总量的20%。从数据分析可以看出，今日头条用户喜欢的内容多是消耗时间的内容，而对于知识类干货等不是那么感兴趣。

3. 高阅读量文章的特点

（1）与知名人物或公司有关

高阅读量的文章大多与知名人物或公司有关，通过与明星、话题企业关联可提高阅读量。比如小米创始人雷军的头条号，如图7-5所示。

（2）表达作者的观点和感情

高阅读量文章内容中往往可以传递作者的观点和感情。比如情感导师涂磊的头条号，如图7-6所示。

---

①《今日头条：2016年上半年移动咨询行业细分报告（附下载）》，http://sohu.com/a/112225337-263856。

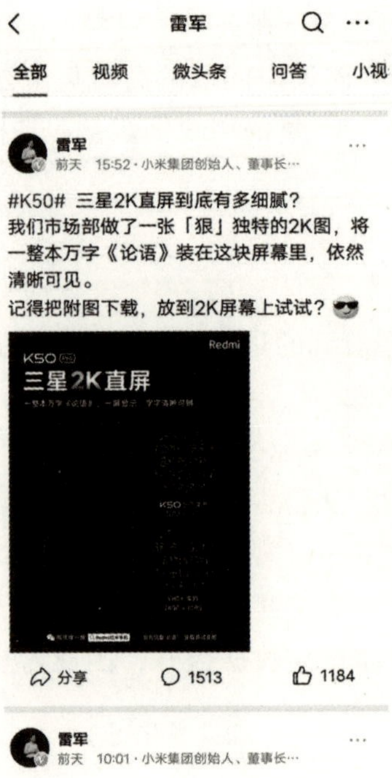

图 7-5　与知名人物有关的文章

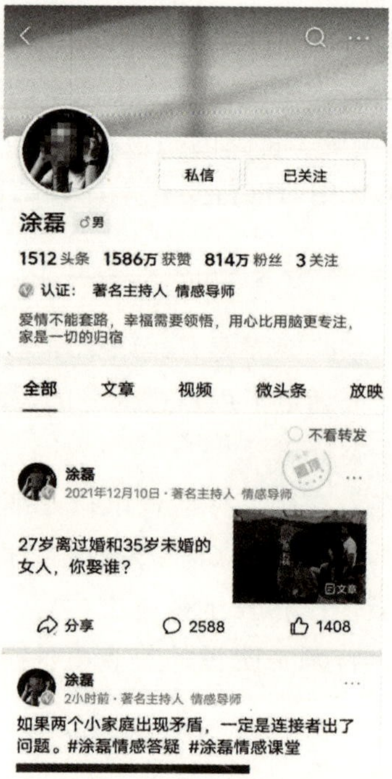

图 7-6　表达观点类文章

（3）引发好奇

高阅读量文章的标题往往会利用人们的好奇心引发点击和转发。比如“黄健翔：关于国足几乎没有理性讨论”这个标题就容易引发人们的好奇心，如图 7-7 所示。

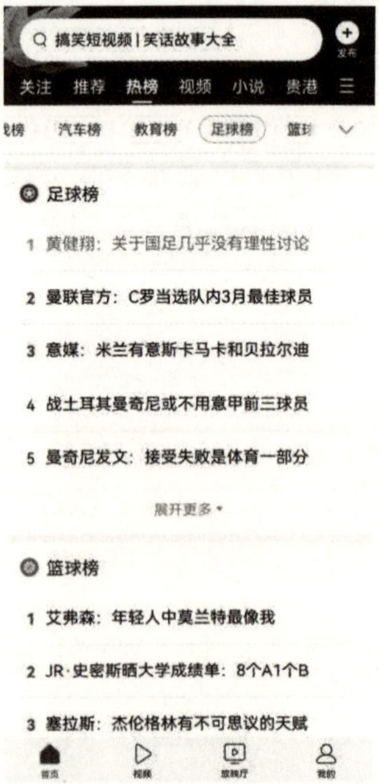

图 7-7　引发好奇类文章

【课堂活动】

今日头条如何在竞争激烈的互联网世界中打开自己的一片天地？“头条系”旗下的产品众多，你认为它未来会开发什么样的新产品？围绕上述问题展开深入思考，并与同学进行讨论。

任务三　今日头条广告营销

一、今日头条开屏广告营销

今日头条拥有庞大的用户规模，基于它自身强大的人工智能算法推荐，可以将广告信息精确地推送给相关度高的用户。

开屏广告应用一般会在开启时加载，有固定的展示时间，一般静态 3 秒、动态 4 秒、视频 5 秒，展示完毕后自动关闭并进入应用主页面，按 CPM 展示计费。开屏广告可以让广告主的品牌信息在第一时间展现给用户，特别适用于品牌企业新品上市、促销活动、重大事件等广告需求。图 7-8 所示为开屏广告。

展示位置：主要包括头条开屏、头条视频开屏等。

1. 开屏广告的特点

（1）位置优越，覆盖更多独立用户

目前开屏广告是 App 启动的唯一入口，在每一个用户启动应用时便会强制性地打开展现的广告形式，优点很显著，能够提高用户对知名品牌的记忆力，在短期内迅速提高品牌的知名度，提高广告宣传的公信力。

图 7-8　开屏广告

（2）整屏展示，视觉冲击效果好

开屏广告作为用户接收信息的首发站，充分占据了时间、空间的优势。整屏展示广告的形式，极具视觉冲击力，有不可比拟的传达效果，能瞬间吸引用户的注意力，这样一方面能增加用户的点击率，另一方面也能充分曝光、展示品牌信息。

（3）营销效果显著，不影响用户体验

广告界面可点击跳转，为用户了解企业品牌和产品活动提供一个便捷的入口。广告展示时间为 3 ~ 5 秒，不影响 App 进程，并未额外增加用户的等待时间，用户体验好。

（4）智能推荐，针对性强

客户端的使用人群本身具有一定的分类属性，可面向相对应标签的用户进行精准投放，广告可根据自身受众和媒体用户来进行选择性定向投放，让每一个用户所见到的广告宣传都是他感兴趣的。

2. 开屏广告投放技巧

虽然今日头条开屏广告的投放效果好，但是如果对广告内容不加修饰，想要在众多广告中获得亿万用户的青睐，也是很难的。所以，平台需要掌握今日头条开屏广告的投放技巧。

（1）不断优化广告图文

开屏广告做得好能产生让用户眼前一亮的效果，所以平台需要通过不断优化广告图文，将图片色彩搭配得当，给用户留下深刻的印象。

（2）用热点引起共鸣，优化投放时间

可以结合当下的时代热点，引起用户的共鸣及兴趣，吸引用户往下看。同时，结合自身的产品特点进行用户类别划分，根据年龄群体选择适合该年龄群体的投放时间。

（3）以短视频的形式展现出来

据统计，有趣味、感性的短视频容易触动用户的内心深处，更容易让用户接受。

二、今日头条信息流广告营销

信息流广告是指一种依据社交群体属性对用户喜好和特点进行智能推广的广告形式，其主要的展现形式是穿插在信息之中。展现形式多样化，以头条信息流样式为例，包括短视频、图文、文章推送、全景图、轮播、搜索彩蛋等。图 7-9 所示为今日头条信息流广告。

1. 今日头条信息流广告特点

（1）曝光机会多，覆盖广

今日头条、抖音、抖音火山版、西瓜视频四大流量平台，可实现广告位循环。

（2）多维度定向，精准投放

通过时间、地域、性别、年龄、手机型号、App 行为、兴趣关键词等 30 多个维度定向，精准锁定目标客户。

图 7-9 今日头条信息流广告

（3）原生广告

让广告成为一条有用的资讯，以内容咨询的方式传递品牌信息，不会引起用户的反感。

（4）灵活可控

可根据不同业务、不同客户群体，选择合适的平台、合适的展现形式以及合适的计费模式，并根据前次推广效果进行优化设定，灵活可控。

（5）推广专业，内容助力转化

今日头条信息流广告推广精准，能提供与目标人群兴趣高度贴合的内容，支持强转化，强曝光，全程追踪不同用户的潜在需求，包括应用推广、电商产品推广、抖音号推广等。

2. 广告投放技巧

（1）找到精准的受众群体

今日头条对用户进行了非常精准的定位分类，因此在今日头条投放广告时可以基于用户的兴趣标签找到合适的精准用户。用户只有关注到你的产品，才能进行感性消费。因此，信息流广告想要获得高转化率的投放效果，前提是必须做好用户需求分析。

分析目标人群，可以从以下几点考虑：

① 我的产品（服务）能解决用户的哪些痛点？

② 用户通过什么渠道关注到我的产品（服务）？

③ 用户关注到我的产品（服务）的重点内容是什么？

④ 我的产品（服务）适合在什么场景应用？

⑤ 我的产品（服务）适用的对象具备什么特质？

（2）场景切入越自然越好

今日头条是一个个性化的资讯分发平台，用户是主动阅读内容，而不是被动接受内容，切入场景越自然越能提高用户的沉浸感。

（3）资源组合

利用名人等资源和个性化资源进行组合，能够快速吸引大量目标人群的注意力。

（4）做好内容策略

不管是文案、素材还是最后的表现形式，都需要紧扣品牌形象，传达品牌价值观。推广信息真实，外层创意与落地页内容统一，就能降低用户从点击到访问的流失，用户留存率越高，越有利于实现高转化。

（5）发掘用户“痛点”，抓取用户注意

信息流广告是广告找人，是寻找潜在用户群体，因此激发潜在用户需求是抓取用户的关键因素。今日头条采用有效的方式寻找用户“痛点”，将推广内容与用户“痛点”相关联，更能吸引用户的注意力，如女性爱美、小孩爱玩。

三、今日头条详情页广告营销

今日头条详情页广告可以让品牌获取更多流量支持，最大范围触达兴趣用户，形成滚雪球式的自发酵传播，有效增加内容传播的广度和时长，加深用户对广告内容的印象。

今日头条详情页广告是在资讯详情页中出现的广告，位于资讯全文结尾的下方，相比开屏广告和信息流广告，它的展现方式更友好，用户接纳程度更高，所以在广告主产品推广的过程中，详情页广告的作用也非常大。

广告展现形式有三种：一句简单的文字介绍；一张图 + 一个标题 + 一句简单的介绍；放置一张图片 banner。

【课堂活动】

活动案例

云南白药创制于 1902 年，既是中国驰名商标，又是国家创新型企业，还是享誉中外的中华老字号品牌，有数亿人使用过云南白药公司的产品。该公司生产的云南白药创可贴、云南白药气雾剂、云南白药膏等产品继续占据中国市场同类产品销量前列。

云南白药在今日头条进行了一场春季创意传播，实现了品牌的快速提升。阳春三月，云南白药气血康在今日头条平台上投放了开屏广告导流电商，并通过多元化的内容组合营销，精准触达目标受众用户，实现超过 5800 万次的品牌强曝光。与此同时，本次品牌传播行为也带来了正面的社会性讨论，引发了公众对职场人群健康问题的高度关注。

本次营销传播中，云南白药联合今日头条创新性地组合了征文、达人团、专题、大数据报告等内容营销产品，打出了一套强劲的传播套拳，有效地触达了目标用户群体，实现了品牌的全方位曝光，是品牌深入受众人群的创新尝试，为行业在今日头条的投放树立了优秀的标杆案例。

新媒体营销已经成为营销的主流方式，以今日头条为代表的新媒体平台崛起，也点燃了内容电商时代和“粉丝经济”时代的烈火。随着今日头条的火爆，以及开放的内容创作与分发平台——“头条号”的推出，只要写好文章就可以通过平台获得推荐，用户也能够更容易地看到自己喜欢看的内容，不仅方便了自媒体运营者获取收益，也提高了用户体验。

活动思考

① 今日头条用户为什么呈现高黏性?

② 今日头条营销推广怎么做?

任务四　今日头条营销和运营实战

一、头条号创建

1. 头条号的分类

不同的身份主体申请的头条号类型是不同的。目前，头条号支持 6 种不同类型的主体注册账号，包括个人、企业、群媒体、新闻媒体、国家机构和其他组织。一个身份证最多可以注册 1 个个人头条号，一个营业执照最多可以注册 2 个机构主体的头条号，已注册过个人头条号的身份证支持注册机构头条号。这 6 种不同主体类型的头条号说明如表 7-1 所示。

表 7-1　头条号主体类型说明

主体类型	具体角色
个人	适合垂直领域专家、达人、爱好者、其他自然人注册和申请，主要为个人以及非公司形式（无营业执照，组织机构代码证等资质）的小团队
企业	适合企业、公司、分支机构、企业相关品牌、产品与服务等，如华为、小米等
群媒体	适合以公司形式专注于内容生产的创作团体（包括出版社），如 36 氪、果壳网、Mtime 时光网等
新闻媒体	正规新闻媒体、报纸、杂志、广播电视等相关单位能够申请入驻，如时尚芭莎、人民日报、大河报等
国家机构	正规国家机构能够申请入驻，如共青团中央、河南省教育厅等
其他组织	各类公共场馆、公益机构、学校、公立医院、社团、民间组织等机构团体能够申请入驻，如浙江大学、清华大学、南京博物院等，但是不支持民营医院注册

2. 头条号的权限

不同的头条号所拥有的权限也有所不同，具体权限如表 7-2 所示。

表 7-2 不同头条号的权限设置

类型	个人	群媒体	新闻机构	国家机构	企业	其他组织
微信内容源同步功能	√	√	√	√		√
RSS 内容源同步功能	×	√	√	√	√	×
头条广告	√需申请	√需申请	√需申请	×	√需申请	×
自营广告	√需申请	√需申请	√需申请	√需申请	√需申请	√需申请
原创功能	√需申请	√需申请	√需申请	×	√	×
千人万元	√需申请	×	×	×	×	×

3. 申请头条号需要准备的资料

目前，个人头条号只需要提交账号头像、账号名称、账号介绍并进行作者认证即可完成注册申请，其他主体申请头条号需要准备的资料如表 7-3 所示。

表 7-3 申请头条号需要准备的资料

企业	群媒体	新闻媒体	国家机构	其他组织
账号头像	账号头像	账号头像	账号头像	账号头像
账号名称	账号名称	账号名称	账号名称	账号名称
账号介绍	账号介绍	账号介绍	账号介绍	账号介绍
运营者身份证姓名	运营者身份证姓名	运营者身份证姓名	运营者身份证姓名	运营者身份证姓名
运营者身份证号码	运营者身份证号码	运营者身份证号码	运营者身份证号码	运营者身份证号码
运营者完成实名认证	运营者完成实名认证	运营者完成实名认证	运营者完成实名认证	运营者完成实名认证
联系邮箱	联系邮箱	联系邮箱	联系邮箱	联系邮箱
企业名称	组织名称	组织名称	机构名称	组织名称
账号申请确认书	账号申请确认书	账号申请确认书	入驻申请信息表	账号申请确认书
营业执照/组织机构代码证	营业执照/组织机构代码证	营业执照/组织机构代码证		营业执照/组织机构代码证

二、头条号创建流程

1. 电脑端注册

（1）登录注册页面

登录电脑端头条号后台，点击“立即注册”，如图 7-10 所示。

图 7-10　头条号注册页面

（2）注册

使用输入手机号的方式进行账号注册。

（3）选择账号类型

选择账号类型（“个人”或“机构”），填写并提交申请资料。

（4）关联创作能力证明（选填）

如果创作者有其他平台的创作背景，在此可以进行关联创作能力证明。

（5）身份验证

个人账号需在今日头条 App 上进行作者认证，头条号审核通过后即为认证成功。

2. 手机端注册

（1）进入注册页面

在今日头条 App 搜索头条号，进入头条号官网页面。

（2）填写对应资料

头条用户账号注册成功后，点击“头条认证”，如图 7-11 所示，即可进入头条号申请页面，填写对应资料。

图 7-11　头条认证界面

（3）实名认证

提交资料后，点击“开始实名认证”，进行实名认证。在“作者认证”页面提交身份证正、反面照片，如图 7-12 所示，进行脸部识别，完成实名认证。

图 7-12　实名认证

【课堂活动】

打开今日头条 App，查找你所关注的企业头条号或者企业商城。你是通过什么途径关注该头条号的？你自己或者身边的朋友有没有使用企业商城进行购物的体验？感觉如何？围绕上述问题展开深入思考，并与同学进行讨论。

【思考练习】

① 简述今日头条的营销方法。
② 头条号的运营技巧有哪些？
③ 如何进行今日头条广告营销？

项目八

抖音短视频营销

学习目标

熟悉短视频的特点与影响力。

了解抖音变现的模式。

掌握抖音推广引流的技巧。

掌握制作高水准抖音短视频的方法。

引导案例

在移动互联网时代，信息越来越碎片化，用户注意力严重被分散的形势下，如何将这些区域特色有效传达出去变得更具挑战性。

在福州，由龙岩市永定区组织主办的“爱在一起”永定土楼首届抖音挑战赛，通过创新的营销模式，传播城市美好生活正能量，有效提升了永定土楼的品牌影响力，在积极传承当地传统文化的同时，也为旅游行业的品牌营销注入了新的力量。创意挑战赛最终共收集到超过 1.2 万件的视频作品，实际点击量达到 123.34 万次（图 8-1）。

图 8-1　抖音宣传

如何借助备受瞩目的上海合作组织峰会在青岛举行的时机，提升青岛的城市影响力？在青岛市网络办的指导下，通过今日头条、西瓜视频、抖音短视频、头条指数等产品，结合手绘风景长图、短视频等多种创意方式展现青岛百态，助力城市传播。最终“遇见青岛”专题总展示量高达 3896 万 +；微话题阅读量超 368 万，单日最高点击率达 12.37%。

任务一　抖音短视频制作方法

一、短视频的特点

网络短视频是一种互联网内容传播方式，一般是在互联网新媒体上传播的时长在一分钟以内的视频传播内容，随着手机移动终端的普及和网络的不断提速，短平快的大流量传播内容逐渐获得各大网络媒体平台、粉丝的青睐。

在碎片化时代，短视频成为互联网和新媒体的热门产品，成为信息传递的主要方式之一。短视频不仅改变了人们的生活节奏，也改变了社会的政治、经济、文化，改变了人们的生活方式和获取信息的方式。那么，短视频的特点有哪些？

如今的短视频是建立在碎片化的基础上而出现的，传播主体通过抢占用户的碎片化时间来获取流量，而用户只需要动一动手指来点击查看十几秒的视频内容。使用过短视频的用户可以发现，很多人一看就很难停下来，短视频类 App 也因此从各大社交软件中抢占了大量用户。

1. 短视频受众面广

短视频用户不受性别、年龄、职业、文化水平的制约，每个人都可以使用。因此，短视频内容趋向平民化，只要记录生活中的琐碎片段，观众就能产生一种代入感，容易感同身受，因而愿意观看并传播。

2. 短视频传播速度快

进入 5G 时代，图片和视频更清晰、内容更多样化、信息传播速度更快。

3. 短视频更具创新点

目前短视频平台都同步推出视频剪辑功能，操作简单方便，尤其是滤镜、特效等，深受年轻人的青睐，用户能创造出更多优质的内容。

4. 短视频文化传播能力强

作为一种网络文化，网络短视频媒体必须以法律为准绳，以社会主义核心价值观为指导，发展积极向上的网络文化，建立网络短视频的相关法律规则，确保用户在法律允许的范围内展示自我、传播文化。

二、抖音短视频制作

打开手机中的抖音 App（图 8-2），点击底部的“+”按钮，进入拍摄界面，点击下方的红色圆形按钮，开始拍摄（图 8-3）。

图 8-2　抖音 App

图 8-3　点击底部“+”按钮

拍摄完成后，点击红色确定按钮确认并进入视频编辑界面（图 8-4）。

在视频编辑界面中，可以根据需要对刚才拍摄的视频进行添加特效或者滤镜等操作，完成后点击“选择音乐”按钮进入选择音乐界面。

在选择音乐界面中，根据自己的喜好和需要选择合适的音乐。选择好音乐后，就要对音乐进行编辑，首先点击“剪刀”形状按钮，拖动声谱，剪辑声音，如图 8-5 所示。

图 8-4　视频编辑界面

图 8-5　音乐编辑界面

调整合适后，点击右下角红底的“对号”按钮，然后点击“下一步”进入发布界面，如图 8-6 所示。

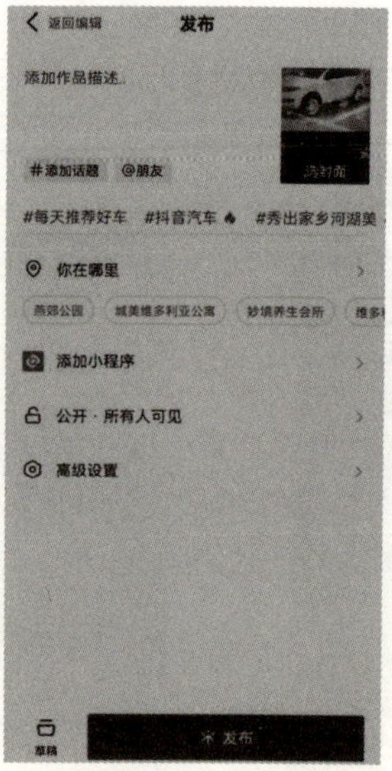

图 8-6　进入发布界面

在发布界面中，完成好标题、话题等操作后，点击“发布”就可以了。

【课堂活动】

一个受大家喜爱的短视频应该包含什么内容？
学生甲：有趣、有用、有品位、有情怀。
学生乙：短小精悍的故事内容，独特的创作风格和表现手法。
学生丙：贴近生活、激起共鸣。
你觉得还有什么需要补充呢？

任务二　抖音变现模式

抖音作为商业平台，商业变现是其根本属性。抖音要维持运营，必然要寻求商业变现。下面介绍目前比较流行的短视频变现方式：电商卖货、广告、直播卖货、获得粉丝打赏、开通抖音小店等。

一、电商卖货模式

用户在抖音上花费的碎片和整块时间都可以转化为强大的购买力。用户在观看抖音的过程中呈现出最放松的状态，在这种无意识的状态下，最容易产生购买欲望。

电商卖货模式是利用抖音短视频内容营销引流跳转到淘宝、天猫店铺。思路是利用抖音的火爆，给产品预热，打造网络爆款，直接将抖音的潜在客户引导到自己的电商店铺的下单页面。现在很多抖音号的短视频底端出现黄色购物车按钮，如图 8-7 所示。将商品加入购物车后，系统会弹出图 8-8 所示的对话框，单击“提交订单”，就可直接购买商品，这是变现率比较高的一种抖音卖货方式。

图 8-7 黄色购物车按钮

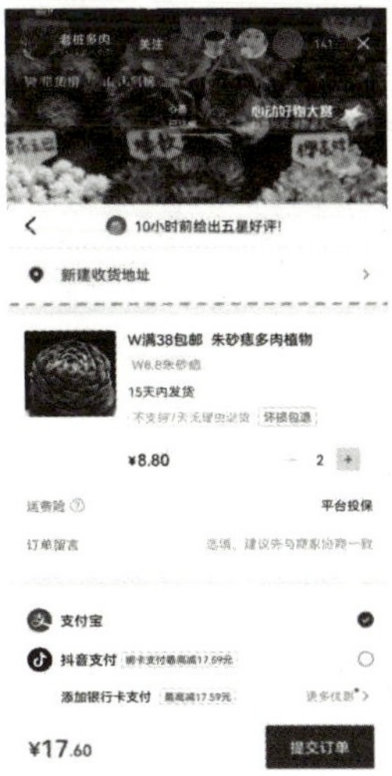

图 8-8 点击“立即购买”

二、广告模式

广告是短视频变现的常用方法，也是一种比较高效的变现模式。随着短视频的发展，广告也越来越多地从传统硬广告发展到有创意地植入广告。抖音短视频以音乐为切入点，搭配表演等内容的创意表达形式，为用户创造了丰富多样的玩法，进行广告植入时，用内容带动人气，并在抖音社区与众多用户互动，广告转化率高。

抖音通过精选优质视频，采用下滑即推荐新视频的展现方式，让用户可以持续在抖音 App 内观看视频。在用户下滑观看推荐的新视频时，不定期地插入“视频广告”，如图 8-9 所示。用户如果对该广告有兴趣，可以点击该广告视频去做进一步的了解。

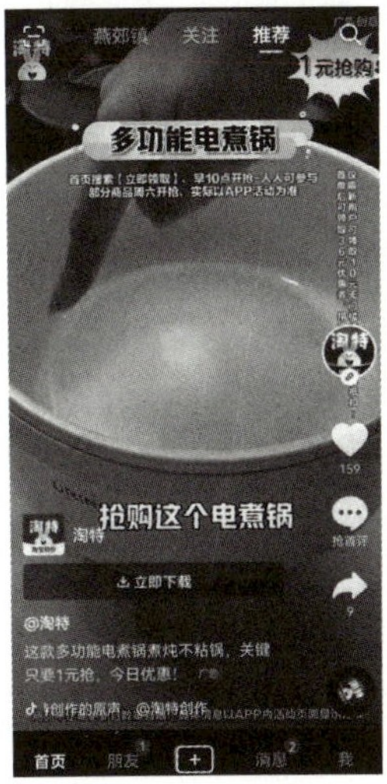

图 8-9 抖音视频广告

三、直播卖货

直播卖货是未来的一个重要趋势，不可否认，直播是2020年最火的营销方式之一，2021年很多广告主都将本来要做品牌营销的预算拿出来做直播。直播能快速提高销量，让投入产出比更加清晰。

商家通过直播向用户推荐商品，无论是单品推荐，还是内容型商品推荐，都能让用户对商品有更直接的认识。相较于平面广告、信息流广告、图文推荐等，这样的购物体验更温暖。并且通过直播，更容易快速地聚粉、沉淀和互动，便于进行二次营销。

四、获得粉丝打赏

和其他直播平台一样，抖音直播也可以通过粉丝充值购买礼物打赏来变现。只要直播的内容足以吸引并打动粉丝，那么这些粉丝将通过直播平台上所设定的虚拟礼物进行打赏。

直播平台的主播，打赏来源于粉丝赠送的虚拟礼物，如鲜花、金币、跑车、飞机等，不同的虚拟礼物所对应的虚拟货币也是不同的，而这些虚拟礼物就是主播的直接收入。图8-10所示为粉丝打赏。

在直播前，主播可以通过问卷或话题调查，了解粉丝喜欢什么内容，然后针对买家的兴趣设定直播内容。能戳中粉丝痛点的直播，很容易吸引用户的关注和好评，从而获得更多打赏。

在直播过程中，主播要注意保持与粉丝的互动。尤其是一些老粉丝，更应该多回应，让粉丝感受到主播的重视，从而更愿意给主播打赏。

图8-10　粉丝打赏界面

五、开通抖音小店

抖音小店是抖音为主播提供的电商变现工具，帮助主播拓宽内容变现渠道。抖音小店相当于抖音自己的淘宝。

抖音小店开通后，可以在你的头条号、抖音、火山个人主页展示你的专属的店铺页面，商品可通过微头条、视频、文章等多种方式进行展示曝光。粉丝可以在今日头条、西瓜视频、抖音火山版、抖音 App 内进行内容获取、商品购买，购买用户可以直接转化成为粉丝，帮助你形成完整的流量闭环，获得更高的成交量与收入。

开通抖音小店的具体操作步骤如下。

进入抖音“我”页面，单击右上角的▤按钮。进入“设置”页面，单击“创作者服务中心”，如图 8-11 所示。

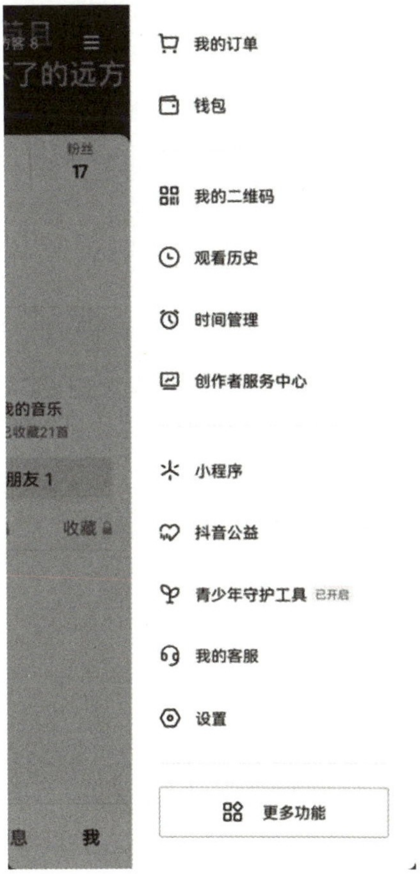

图 8-11　创作者服务中心

选择“全部分类”，进入功能列表页面。单击“开通小店”，进入如图 8-12 所示页面。

进入“开通小店”页面，单击“立即入驻”按钮。进入“选择认证类型”页面，如图 8-13 所示，选择“个体工商户”。

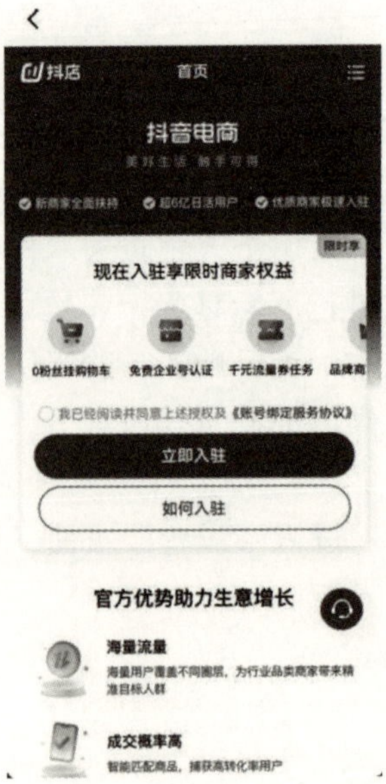

图 8-12　开通小店

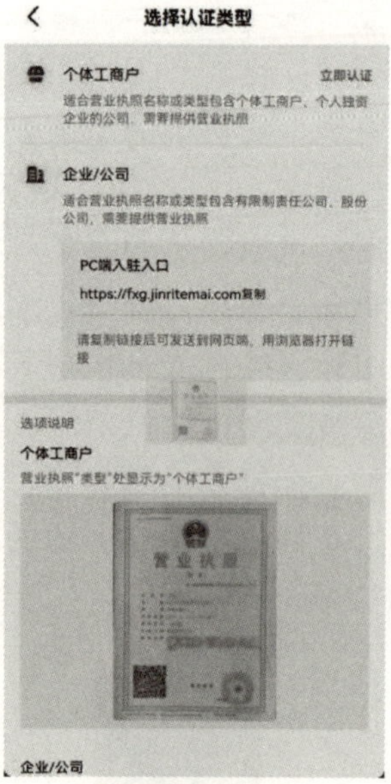

图 8-13　“选择认证类型”页面

填写完主体信息后，单击“下一步”按钮，填写店铺信息，然后单击“提交”按钮，提交完信息后，提示开通成功。

【课堂活动】

在抖音注册一个短视频账号。

① 制作一条内容精良的短视频进行上传，视频内容不限，题材不限。

② 将做好的视频上传至抖音，通过各种方式将视频推荐出去，发动身边的亲朋好友进行点赞。

③ 观察一天时间内的抖音数据变化，并进行数据统计。

任务三　抖音推广引流的技巧

抖音短视频越来越火，发展势不可挡，越来越多的企业和商家进入抖音短视频这个风口。可是没有流量、不懂吸粉，这让很多抖音运营者只能看着别人获取红利，而自己却一筹莫展。

一、互动评论

抖音是一个人的舞台，评论则是所有人的舞台，一条精彩的评论，可以弥补视频中不足的部分。抖音评论也是增加粉丝的重要因素，评论区的段子手，可谓人才辈出，有些评论点赞量比视频本身还高，比视频本身的内容还精彩。

抖音点赞代表了用户喜欢这个短视频，所以用户才会点赞这个短视频。抖音点赞的好处有很多，只有你的抖音短视频点赞数量高，才能吸引更多的用户点赞或者转发。

相对于点赞来说，让用户进行评论是比较难的。如何提高用户评论的数量呢？

第一，在抖音短视频的结尾或者标题里抛出一个问题性的句子，以祈使句、疑问句表达，更容易引起用户评论，即更容易激发用户表达欲望。

第二，巧妙地制造冲突，有争议的时候，就会有评论了。

第三，注意评论语气，学会灵活变通。在评论中的语气要与自己在视频中的语气一致，避免给粉丝造成混淆。

第四，优先回复重点评论。当面对大量评论时，首先回复有负面情绪的用户、提出建议的用户及互动频繁的用户等，然后回复其他的评论，尽量做到有咨询必回复。

二、抖音标题

抖音标题会影响短视频的播放量。用户可以通过标题知道视频表达的主题是什么，好的抖音标题会吸引用户观看。

标题有没有吸引力，能不能吸引用户的注意力至关重要，能让人眼前一亮的文案标题是提高点击量的重要因素。标题取的好，观看视频的用户才会多，获得的点击量才会高，也容易获得平台的推荐。那么，如何才能拟一个可以带来高点击量的抖音标题呢？

1. 找准痛点，提炼合适的关键词

标题必须切中用户的需求点，而且是用户最强烈的需求痛点。平时要收集用户经常遇到的问题，把这些问题列出来，多与目标用户沟通，深挖他们的痛点，然后提炼出能概括当前问题的最佳关键词，如现代人工作压力大，长期面对电脑，皮肤粗糙、暗淡、无光泽，针对这一痛点问题，医师提出改善面色蜡黄暗沉的方法供大家参考（图 8-14）。

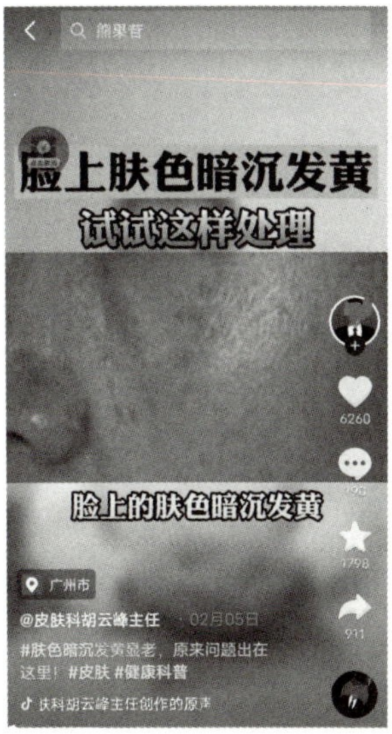

图 8-14　抓痛点问题

2. 展示好处给用户

痛点找到后，告诉用户这个痛点会带来什么坏处，这个痛点有什么应对措施，创作者可以从不同的角度去写，当然一定要以“利”诱人，在标题中就应直接指明利益点。如大部分人很难处理鱼刺，看到这个抖音标题“最简单的取鱼刺”，人们就会点击进入，学习处理鱼刺的方法（图 8-15）。

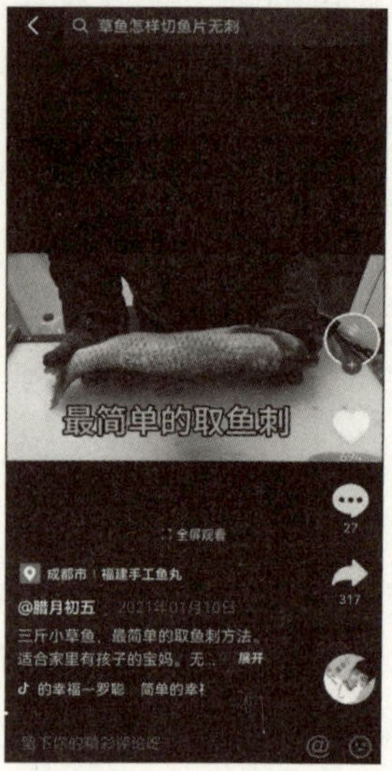

图 8-15　展示好处给用户

3. 激发用户好奇心

激发用户好奇心也是吸引用户点击视频的一种手段。好奇心是人类与生俱来的，当好奇心受到激发，用户在好奇心的驱使下，就会不由自主地点开视频，增加短视频的播放量。这时，需要记住不能在标题中展示答案，答案应放在视频中。

如图 8-16 所示的视频，其标题是“全世界最赚钱生意居然是卖菜”，看到这个抖音标题，用户在脑海里就会产生“什么生意最赚钱？为什么是卖菜最赚钱？”等类似的问题。带着好奇心和内心的疑问，用户自然而然就会点开短视频。

4. 注意控制字数

标题要简单明了、引人注目，能够让用户快速抓住重点。标题字数不建议过多，标点符号、空格等都是占位的。在设置标题字数时，抖音一般要求控制在 55 个字之内。

三、官方推广

抖音主播想要提高知名度和曝光率，想要让自己的抖音短视频获得更大力度的推广，还需要参加抖音平台的一些挑战活动。在抖音平台中，可以关注“抖音小助手”，因为“抖音小助手”会在平台上定期推送最火热的挑战赛。图 8-17 所示为抖音小助手。

图 8-16　激发用户好奇心

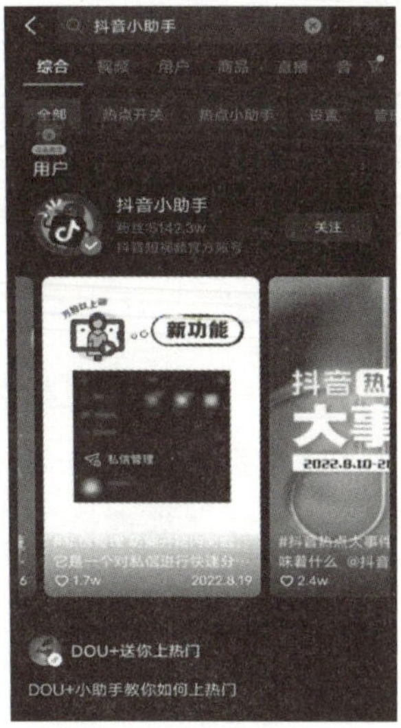

图 8-17 抖音小助手

这些挑战赛通常情况下都有几千万人乃至几亿人观看和参与。因此，抓住热度高的挑战赛，适当发布优质视频，参与挑战，你就有可能获得点击率，赢得曝光。要通过数据分析、定位理论等方式找到最合适的挑战赛，然后制作视频上传，这样推广的精准度会更高。

想要更好地推广自己的抖音，可直接在抖音中发起挑战赛。如果你的挑战赛参加人数足够多，那么直接曝光的就是你的抖音号，这会带来不可估量的粉丝和流量。

下面是发起抖音挑战赛的流程：

① 打开抖音 App，单击右上角的“查找”图标，在顶部的搜索框中输入“热点小助手”，如图 8-18 所示，点击进入。

② 点击右下角的“管理”按钮，打开“热点关联功能”，如图 8-19 所示。

图 8-18 输入“热点小助手”

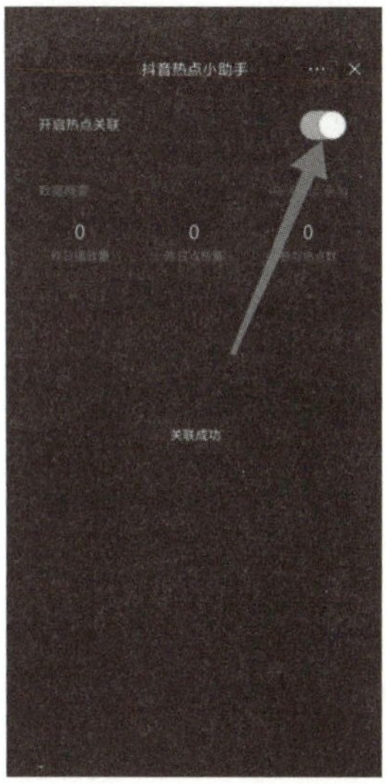

图 8-19　开启“热点关联”

③ 进入“抖音热榜”界面，点击“挑战”按钮，选择需要挑战的视频，编辑好自制视频，点击“投稿”，选择视频发布。

④ 在标题处带上关联热点榜单上的热点话题，单击底部的“发布”按钮，即可发起挑战赛。

【知识链接】

短视频选题的五个维度

很多人在拍摄短视频之前总是找不到选题思路，其实只要找到选题的五个维度，并根据这五个维度拓展思路即可。选题的五个维度分别为人物、工具和设备、精神食粮、方式方法和环境。

1. 人物

人物主要涉及以下信息：拍摄的主角是什么样的人？他/她的基本属性是什么？

短视频创作者可以把人物按照年龄或身份进行划分，如果目标用户群体是年轻女性，那么短视频的内容就要触发年轻女性的共鸣，短视频中的主角最好也是一名年轻女性。

短视频创作者还可以按照职业或场景对人物进行划分，如大学生、职场人士、创业者等；或者按照兴趣对人物进行划分，如旅行、健身、唱歌等。短视频创作者把人物按照不同的维度划分后，要根据人物属性来确定合适的选题。

2. 工具和设备

确定好人物维度后，短视频创作者要根据确定的人物角色选择合适的工具和设备，例如，职场人士在平时工作中常用到的工具和设备有办公软件、职场类 App、计算机等；喜欢健身的人一般会用到跑步机、运动手环、体脂秤、瑜伽垫等；爱好旅游的人一般会用到旅游攻略、太阳镜、泳衣、行李箱、防晒用品等。

3. 精神食粮

精神食粮主要包括书籍、电影、音乐、讲座、展览、微课、学习培训等。短视频创作者要分析目标用户喜欢什么书籍、电影或音乐，会参加什么培训，分析透彻之后才能了解其需求，从而有针对性地制作出符合其需求的短视频。

4. 方式方法

方式方法是指与短视频中的主角、目标用户身份相关的方法，如瘦身方法、育儿方法、职场技能提升方法、时间管理方法、旅游旺季如何规避拥堵的方法、提升阅读效率的方法等。例如，如果短视频中的主角是一位职场女性，她在工作时会运用哪些方式和方法来提升工作效率；在办公室里与同事交流时，她会怎么沟通；与客户洽谈时，她会怎样占据有利地位等。

5. 环境

由于短视频的剧情不同，环境也会相应地发生变化。环境可以分为拍摄时间和拍摄地点，短视频创作者按照人物设定就可以联想到具体的活动环境。当把寻找选题的五个维度都梳理完以后，就可以制作选题树了。选题树的层级越多，拍摄的思路就越丰富。制作并拓展选题树并非一朝一夕的工作，随着时间的推移，选题树中扩展出来的选题内容会越来越多。有了这么多的选题，当遇到相关节假日或热点事件时，短视频创作者就可以快速而有效地选择和制作出相应的短视频。

【课堂活动】

请回忆你所观看过的印象最深刻的短视频是什么？你觉得做得好的地方有哪些？哪些地方还有不足？

任务四　抖音短视频营销和运营实战

短视频平台通过激励运营内容生产者，形成丰富的短视频内容，吸引用户持续地使用。然后平台通过整合其中的媒体和流量资源，向广告主售卖变现。这样的商业模式使得短视频平台跳出了向用户收费的逻辑，而转向广告主，以流量换金钱，在能够维持用户忠诚度的同时增加了平台方和内容方的收入，实现良性发展。

短视频平台的商业生态，形成了一个三角形的稳定模式，短视频平台的商业生态如图 8-20 所示。无论是平台方还是内容方，都能在其中实现自己的商业价值，实现持续发展。在这样的商业生态中，广告主、平台方、内容方三方相互依赖，又相互促进，不会有任何一方强势到主宰话语权。失去了平台的内容方可能难以持续发展，失去了内容的平台方会不再具有吸引力，而这两者都是广告主所倚重的。这与长视频平台被内容版权方“牵着走”的态势、依靠会员制收费和贴片广告实现盈利的商业逻辑不同。从用户的角度来看，短视频平台的使用成本是相对低的，甚至能够在平台方的补贴之中获取一定的收入，从而形成了极高的用户忠诚度，为平台的持续发展奠定了基础。

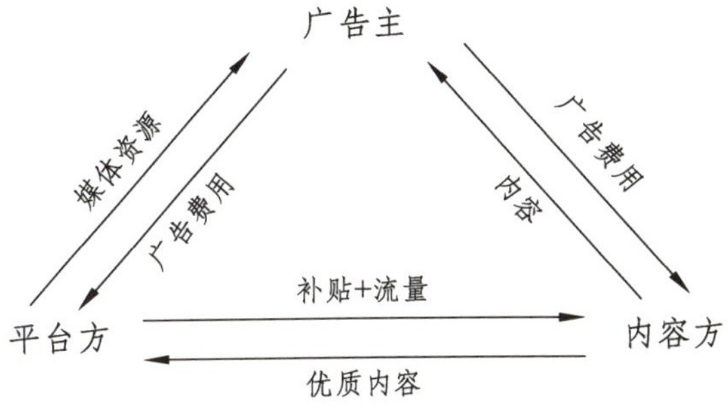

图 8-20　短视频平台的商业生态

抖音作为目前热门的短视频 App，是短视频从业者激烈竞争的重要赛道。创作者要想成功运营抖音短视频，首先要完善账号信息，学会合理使用抖音的拍摄和编辑功能，但更重要的是孵化 IP，提升变现能力，这是长久经营的关键。

一、短视频营销模式

随着移动时代短视频内容的数量及品质进一步提升，关于短视频营销的玩法和模式也不断被探索和创新，从广告主尝试短视频营销的卷入程度来看，短视频营销可以分为六种模式：硬广投放、内容植入、内容定制、网红活动、账号运营和整合营销。

1. 硬广投放

在短视频媒体平台上，投放传统硬广，如短视频信息流等。

2. 内容植入

内容植入是短视频最早出现的营销形式，也是目前最常用的短视频营销形式之一，包括节目冠名、品牌/产品露出、口播、植入等，表现形式丰富。相比影视、综艺等长视频沉浸式的内容消费习惯，短视频内容时长更短，内容浓度更高，更加关注在瞬间抓住用户注意力，并且迅速完成内容传达。因此，与传统内容植入追求显著度和契合度的平衡不同，短视频在内容植入上具有天然的优势，用户本身对短视频内容中广告的感知就更显著，同时由于轻量级的消费习惯，对广告的包容度和接受度也更大，所以短视频是内容植入非常好的载体，品牌方一方面可以更加大胆地通过多频次等方式进一步强化广告显著度，另一方面可以通过趣味化、段子化的方式扩大消费者对品牌和产品的好感度和长效记忆。

3. 内容定制

短视频内容定制不同于传统广告片制作。传统广告片通常作为硬广投放于各类视频媒体，属于单向传播，重点在于传达品牌信息和广告诉求。而短视频内容定制通常作为内容原生广告于全网分发，包括短视频平台、社交媒体等，属于互动传播，更加注重内容的完整性和品牌信息的原生性。因此，广告主在选择内容定制的方式进行短视频营销时，需重点考虑三个要素，即内容情节和故事性、话题热度、渠道兼容性。内容定制需要考虑的三个要素如图 8-21 所示。

内容情节和故事性：短视频定制营销内容，相比传统广告片，更加注重内容的故事和情节，首先应是一个消费的内容，其次才是一个广告

话题热度：定制营销内容要获得好的传播效果，除了被更多人看到外，还需要更多人的讨论，可采用话题热度增加社交互动

渠道兼容性：短视频营销的优势是互动传播和二次传播，因此在内容定制的过程中，需要更多考虑内容在各个渠道的兼容性

图 8-21　内容定制需要考虑的三个要素

4. 网红活动

网红活动适用于 U 系短视频平台，其营销价值主要体现在网红或 KOL（全称为 Key Opinion Leader，即关键意见领袖，是营销学上的概念，意为拥有更多、更准确的产品信息，且为相关群体所接受或信任，并对该群体的购买行为有较大影响力的人）的影响力和 UGC 内容的互动性上，一方面通过 KOL 或网红触达其背后的粉丝群体，另一方面通过互动元素的加入激发用户的深度参与。短视频网红活动的营销模式流程通常分为四个步骤：① 确认营销目标；② 选择合作网红；③ 策划活动方案；④ 推广活动信息，激励用户参与。如图 8-22 所示。

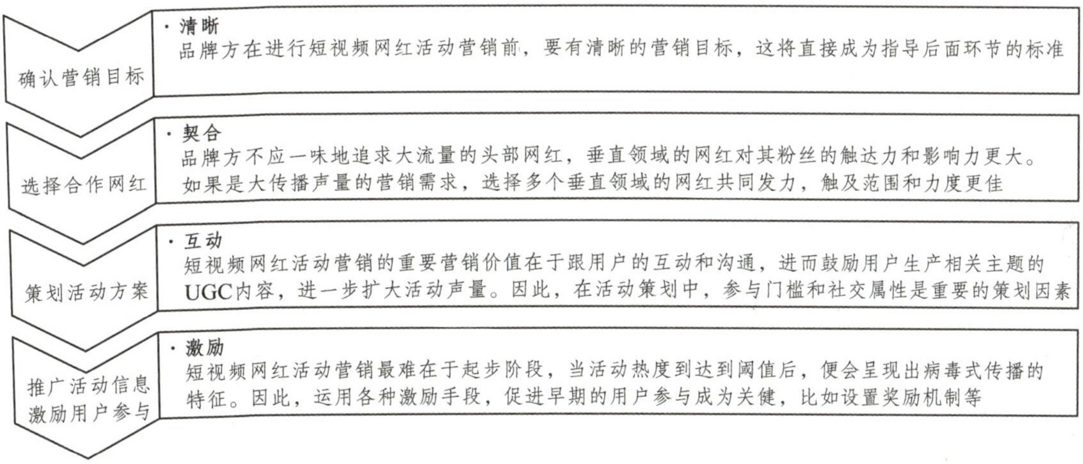

图 8-22　网红活动营销模式流程示意图

其中，选择合作网红环节对整个营销活动的影响最大，因此，选择合适的网红合作尤为重要，除了网红自身的粉丝数量和影响力外，网红领域和品牌调性的一致性、网红风格与活动内容的契合度、网红主要入驻的平台等都是需要重点考量的因素。

5. 账号运营

在社交媒体上建立官方账号，进行持续性的社会化传播已经成为品牌方日常与消费者保持长效沟通的普遍营销方式，而随着短视频日益成为主流的用户内容消费习惯，短视频媒体平台也成为品牌方青睐的社交媒体阵地，业界更是有了“双微一抖”的说法。相比于微博、微信而言，短视频媒体平台的内容属性和运营模式也略有不同。一方面，微博、微信等社交媒体可实现文字、图片、视频多种内容属性的结合，而短视频媒体平台更加强调如何用短视频的形式把品牌信息展示到极致；另一方面，短视频媒体平台在互动方式上也存在不同，用户除了单方面接受品牌信息并通过点赞、评论、转发等方式表达偏好之外，还可以自己制作相关内容与品牌方保持互动。

短视频营销账号运营流程如图 8-23 所示。

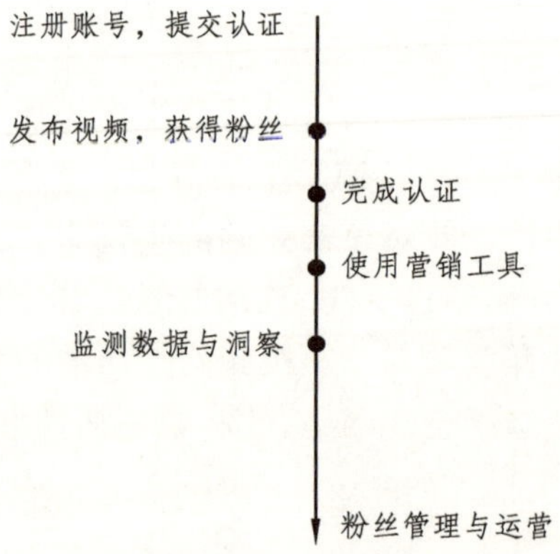

图 8-23　短视频营销账号运营流程

6. 整合营销

整合营销是老生常谈的营销概念，也是所有新兴营销方式最终汇入的一个洼地。只有通过对短视频的营销价值和方法论进行深刻的理解，才能够在营销矩阵中更大地发挥短视频营销的作用和价值。

目前，营销方式正从传统的 AIDMA 模型（Attention 关注、Interest 兴趣、Desire 欲望、Memory 记忆、Action 行动）逐渐向含有网络特质的 AISAS（Attention 关注、Interest 兴趣、Search 搜索、Action 行动、Share 分享）模型转变。

AISAS 模型是由电通公司针对互联网与无线应用时代消费者生活形态的变化，而提出的一种全新的消费者行为分析模型。它强调各个环节的切入，紧扣用户体验。基于网络时代市场特征而重构 AISAS 模型，将消费者在注意商品并产生兴趣之后的信息搜集（Search），以及产生购买行动之后的信息分享（Share），作为两个重要环节来考量，这两个环节都离不开消费者对互联网（包括无线互联网）的应用。该模型指出了互联网时代下搜索和分享的重要性，而不是一味地向用户进行单向的理念灌输，充分体现了互联网对于人们生活方式和消费行为的影响与改变。

结合 AISAS 营销模型，品牌方在构建营销矩阵中需要完全触及关注、兴趣、搜索、行动和分享各个环节，而短视频营销在每个环节均有优势凸显，其中鉴于短视频兼具内容传播的覆盖度和社交爆发力两个维度的优势，因此放在关注和分享环节可以最大化发挥短视频营销的价值。整合营销 AISAS 在短视频营销中的应用如表 8-1 所示。

表 8-1　整合营销 AISAS 在短视频营销中的应用

AISAS 模型的各个环节	短视频营销价值
关注	短视频易于传播、分发，覆盖范围广
兴趣	短视频媒体平台互动形式丰富有趣，但相比线下活动等仍有差距
搜索	用户检索和识别难度大
行动	短视频可以承接电商商品入口链接
分享	短视频媒体平台具有较强的社交属性，以及用户自发生产相关内容的特征

二、完善抖音账号信息

抖音短视频运营的核心是内容，但账号的设置也是一个不可忽视的要素。抖音账号的设置包括账号名称、头像、账号简介、主页背景图等，它们会在很大程度上影响账号的形象和短视频的播放量。

1. 设定账号名称

一个具有高识别性的账号名称可以为用户提示短视频内容所具有的价值，降低推广成本。短视频创作团队在设定账号名称时可以进行头脑风暴，并从中择优筛选。设定抖音账号名称时，可以采用以下思路。

（1）简洁

抖音的账号名称要力求简洁，避免出现生僻的字词和发音，文字的拼写尽量不要过于复杂，这样有利于用户记忆，进而为以后的品牌植入和推广铺平道路。例如，“一条”在抖音上主打专访和人物类的短视频，以每天一条短视频的节奏发布作品，其账号名称简洁，特别容易记忆，如图 8-24 所示。

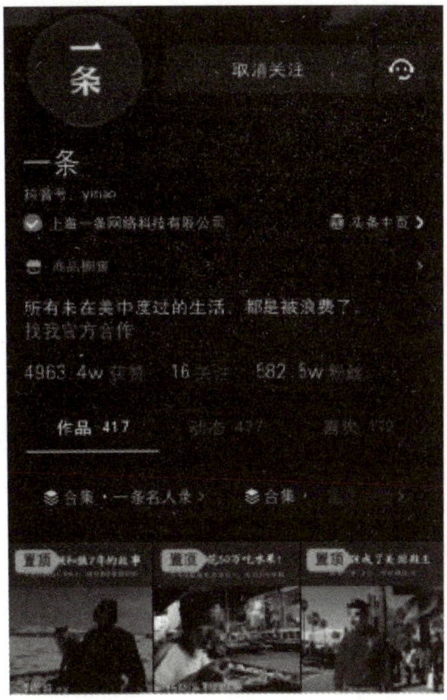

图 8-24　“一条”账号界面

（2）以谐音命名

目前抖音账号的数量十分庞大，竞争也特别激烈，短视频创作团队要想在海量的短视频账号中脱颖而出，给用户留下深刻的印象，就要为自己的账号设定一个创意十足、能够引发用户联想的名字，而以谐音命名是较常见的创意命名方式。

（3）以数字命名

以数字命名不仅可以吸引用户的注意，还可以强调数字所传递的概念。例如，某知名创意搞笑类抖音账号中含有“六点半”这一表示时间的汉字数字，意思是该账号固定于每天下午六点半更新作品，这让喜欢其作品的用户会在固定的时间等候观看，形成了强大的用户黏性。

（4）引入关键词

在账号名称中引入关键词，有助于抖音算法推荐，将账号内容推送给关键词对应的目标用户群体。在账号名称中引入的关键词可以是地域，也可以是领域。例如，某抖音账号中含有“美食”这一关键词，很明确地向用户传递了该账号主打美食领域的信息。

2. 设置吸睛头像

头像是用户辨识账号的主要标准，往往决定着用户对账号的第一印象。头像是一种视觉语言，选择一个吸睛的头像对于抖音账号运营来说至关重要。在设置头像时，要符合两个原则，一是符合账号的定位，二是图像要清晰、美观。设置吸睛头像的方法主要有以下几种。

（1）使用真人头像

真人头像能够让用户直观地看到人物的形象，拉近其与用户的心理距离，还有助于个人 IP 的打造。

（2）用图文 Logo 做头像

用图文 Logo 做头像能够让用户十分清楚地了解短视频的内容方向，深化其对品牌的认知。图 8-25 所示为某短视频账号的头像，以图文形式直观地明确了内容方向，同时也强化了自己的品牌形象。

图 8-25 用图文 Logo 做头像

（3）使用动画角色做头像

使用短视频中的动画角色做头像，能够强化角色形象，打造动画人物 IP。例如，某短视频账号使用主人公“一禅”这一人物形象做头像，如图 8-26 所示。又如，某短视频账号使用一个有植物属性的宠物熊形象做头像，这个宠物熊给人一种体贴、暖心的感觉，治愈了很多人的负面情绪，如图 8-27 所示。

图 8-26 一禅

图 8-27 宠物熊

（4）使用账号名称做头像

使用账号名称做头像时，要把头像的背景设置为纯色，与账号名称的文字颜色对比鲜明，突出文字，强化账号的 IP。

（5）使用卡通形象

使用卡通形象做头像与使用动画角色做头像很类似，区别在于卡通形象能够突显短视频内容的风格，如搞怪、俏皮等。这种卡通形象一般是特别制作的，如图 8-28 所示。

图 8-28 使用卡通形象

3. 设置账号简介

账号简介是用户决定是否关注账号的关键因素之一，也可以被当成文案。下面简单介绍一些账号简介的设置方法。

（1）介绍自己

设置账号简介的目的是以言简意赅的语言介绍自己，让用户清楚地了解自己。因此，一般先介绍账号的领域，如“用心认真唱歌，承蒙各位厚爱”“多年 Office 实战经验，每天分享 Office 应用小技巧”等；也可以先介绍账号主体的身份，如“知识百科类视频自媒体”“一个集美貌与才华于一身的女子”等，这是企业、商家或自媒体人经常使用的方法。有时，为了促使更多的用户关注，创作者也会在账号简介中加上引导关注的话语，如“喜欢记得点赞关注”。

还有一些企业、商家或自媒体人在介绍自己时会采用别具一格的方法，如“支付宝”抖音号的账号简介就非常有特色。因为支付宝早已入驻微博、公众号、知乎等平台，并且各个平台的官方账号运营都很成功，尤其是微博和微信公众号，以拟人化和风趣、幽默、搞怪的运营定位吸引了一大波用户关注。在入驻抖音之后，支付宝用“就是你们熟悉的那个支付宝”介绍自己，显得自信而风趣，也说明支付宝在抖音平台会延续以往的运营定位。

（2）表明感悟、观点和态度

设置账号简介时，可以表明自身的感悟、观点和态度，从而充分展示自己的个性，让用户更加了解自己。例如，“一条”的账号简介是“所有未在美中度过的生活，都是被浪费了”；又如，某趣味知识类短视频的账号简介是“稀奇古怪，饶富趣味，身边的‘真相帝’，生活的杂学家”。

（3）留下联系方式

如果创作者想引流用户，经营自己的私域流量，或者开通商业合作的渠道，就可以在账号简介中留下自己的联系方式，如微信账号、微博账号、手机号等。不过，在留下微信账号、微博账号等联系方式时，最好不要出现“微博”“微信”等词语，而是用谐音词或字母代替，如“WX”“V 心”“围脖”“weibo”“V 博”等。

4. 设置主页背景图

要想获得稳定的流量，建立稳固的专属流量领地，创作者除了要专注于打磨短视频内容外，还要注重抖音账号的细节，其中主页背景图是一个不容忽视的关键点。主页背景图可以说是抖音账号的“门面”，它是除了头像以外最能直接展示账号风采的部分，因此设置具有特色的主页背景图有利于账号积累用户，提升转化率。抖音账号的主页背景图为固定尺寸为 1125 像素 × 633 像素，上半部分的尺寸为 1125 像素 × 395 像素，是用户点击首页直接看到的部分。这一部分的中间部分是主页背景图的重点区域，尺寸为 633 像素 × 633 像素，需要放置最吸引人的内容，而且在用户下拉主页时会自动放大图片的中间细节。由于主页背景图的下半部分会被抖音自动压缩，文字或引导性的内容最好也放在图片的上半部分，让用户第一眼就能看到。图 8-29 所示为主页背景图的重点内容位置图示。

图 8-29　主页背景图的重点内容位置图示

在设置主页背景图时，一定要把主体内容放在核心位置上，这样才能抓住用户的注意力。

实战：制作抖音产品宣传短视频：广西特产介绍

1. 选择拍摄对象

广西的特色水果——芒果，芒果约占广西水果总量的 21%，热带水果产量的 20%。

2. 短视频的拍摄任务流程

在“抖音”App 的视频拍摄页面，利用“拍照”“拍摄”等方法进行拍摄。打开手机中的抖音 App，点击底部的“+”按钮，进入拍摄界面，点击下方的红色圆形按钮，开始拍摄（图 8-30）。同时还可以利用页面上的功能和按钮进行拍摄设置。

拍摄完成后，点击红色确定按钮确认，进入视频编辑界面。在视频编辑界面中，可以根据需要对刚才拍摄的视频进行添加特效或者滤镜等的操作，在选择音乐界面中选择合适的音乐。接着对音乐进行编辑，首先点击“剪刀”形状按钮，如图 8-31 所示，拖动声谱。

图 8-30 点击底部“+”按钮

图 8-31 音乐编辑界面

调整合适后，点击右下角红底的“对号”按钮，然后点击“下一步”（图 8-32）进入发布界面。在发布界面中，插入标题“中国好吃的芒果在广西”，完成好标题、话题等操作后（图 8-33），点击“发布”就可以了。

图 8-32　点击“下一步”

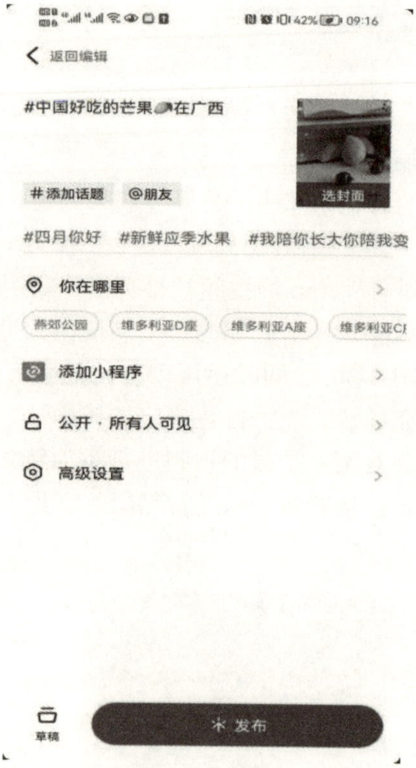

图 8-33　插入标题内容

【课堂活动】

活动案例

长安逸动极致的新车发布，以提升知名度为目标，特邀请自带百万粉丝流量的知名博主——专注于艺术科普的漫画家一起参与品牌造势，借助节目《你好，艺术!》，通过另一艺术的角度解读长安逸动的设计创作理念。

品牌宣传策略：

与头部 IP 的深度定制合作，选取自带高品质流量的艺术科普类网红漫画家。

结合产品定位卖点，找寻用户引爆点，两者完美结合，进而影响用户决策。

运用程序化广告投放，精准定位目标用户，实时优化，力求实现最佳传播效果。

活动思考

分组讨论：长安第二代逸动极致创意是如何呈现优质内容与品牌的无缝融合的。

【思考练习】

① 试分析抖音变现的模式。

② 如何进行抖音的推广引流？

项目九

直播营销

学习目标

熟悉抖音直播盈利模式。

了解直播营销的策略组合模式。

掌握抖音直播带货技巧。

掌握抖音直播运营与推广技巧。

引导案例

生活在大理的“云南小花”是名“95后”，同时，她成了一名人气颇旺的抖音达人，每天都有几十万人围观她直播老家特产。看着小花削菠萝、削鸡蛋、削西瓜、削榴莲。2019年3月30日，“云南小花”一条“给草莓削皮”的视频，收获了26.4万的点赞。很多喜欢小花的粉丝表示，她的视频有趣、接地气。在视频中，她总是穿着少数民族的衣服，洋溢着爽朗的笑容，分享云南纯天然的美食。视频中她会就地取材做竹筒饭、葡萄酒、玫瑰花饼，采摘葡萄、生吃板栗，还分享怎么剥石榴、人参果。

“云南小花”在抖音拥有300多万粉丝，在快手拥有157万粉丝，全网超过500万粉丝，是云南电商扶贫带头人。“云南小花”在过去一年探访了36个村镇，通过短视频和直播帮助20多个贫困家庭卖出了滞销土特产，给不少农民带来了实实在在的利益，真正帮助农民做到了脱贫致富。

这些视频流传开来，会吸引更多的人踊跃录制、发布更多的视频。如此一来，抖音也变得越来越热闹，发布的短视频也越来越有品质。

任务一　抖音直播带货技巧

从直播进入大众视野开始，各种直播平台和App层出不穷。那么直播到底有哪些技巧呢？我们现在以抖音为例来分析一下。

一、直播过程的把握

1. 把握礼物赠送时机

给主播打赏过礼物的人都知道，在打赏过后主播都会说一句“谢谢×××的礼物”，这时候打赏的观众就会觉得脸上“倍儿有面”，有的平台观众打赏后还会有特殊的特效，可以获得其他人的“膜拜”，有的人很享受这种打赏后的快感，进而不断打赏主播。对为自己提供知识、娱乐消遣的主播，观众予以合理范围内的金钱鼓励，是维系直播文化良性运转的必要前提。简单来说，就是主播通过直播提供价值，获取收益，而粉丝提供一定的资金，获取价值。那么主播怎样才能把握好赠送礼物的时机，引起更多粉丝的关注呢？

（1）学会感恩

从某种层面上来讲，粉丝花钱送礼物给主播，就是主播收入的来源。也就是说，主播的收入都是粉丝用一个又一个礼物累积起来的，所以主播一定要对粉丝怀有感恩之心。

（2）学会尊重粉丝

粉丝愿意花钱送礼物给主播，就是对主播付出的肯定，也是对主播最大的支持。当粉丝给主播刷礼物的时候，主播在表达感谢的同时，一定要记得叫出粉丝的名字，这是对粉丝的一种尊重。

（3）少点“套路”，多点真诚

主播不要总想着“坑”粉丝，要让粉丝心甘情愿地给你送礼物。

（4）懂得礼轻情意重

中国是个讲人情的社会，主播千万不要因为礼物太小、不贵重而不与粉丝互动。礼物大小不重要，重要的是粉丝认可你、喜欢你，才会送你礼物。所以，礼物是不分大小的。不要让粉丝觉得他刷出来的小礼物不是钱，不值得你尊重。

2. 主播与粉丝交流应该把握好度

主播与粉丝交流应该怎样把握好度？

（1）把握好新老粉丝的度

老粉丝是长期的支持者，日常可以通过QQ群、微信群等场外手段维护与老粉丝的关系，并通过一些促销活动、拉新活动等，让他们帮忙拉新粉丝。新粉丝是潜在的支持者，他们对直播的风格尚未清晰了解，因此主播在直播的过程中，要给予足够的重视。如果在直播的过程中，不时地提及老粉丝并与其互动，也能让新粉丝感受到直播间的受欢迎程度和良好的氛围，从而对该直播间产生好感，提高粉丝黏性。在这个过程中，与新老粉丝的交流，都要把握好一个度。

（2）要把握好交流语言的度

每个主播都有不同的粉丝群体，主播要根据直播间的定位和主播人设定位等确定语言的风格。如果主要走可爱路线，就不要言语粗鲁；如果主要走幽默搞笑路线，就切忌过于正经死板。

3. 主播的互动技巧

（1）表情动作丰富，带动气氛

要善于调动现场气氛，还要尽可能地增加与粉丝间的交流，提高每个人的参与感。除了多笑，也要考虑更多丰富的表情和动作。也可以增加一些小手势和表情，这些细节不仅能让粉丝们感受到你作为主播的积极与热情，还容易对你产生好感，从而更有意愿消费或打赏。

（2）多谈自己的生活感受和经历

多谈一些自己的生活小事，容易拉近粉丝与你的心理距离。比如，最近去哪里逛街和旅游，最近又看上哪款包包和裙子等。

（3）要有自己独特的直播风格

直播方式要不断推陈出新。要有自己的直播风格，多与粉丝互动，打成一片。要充分展示语言魅力，文明的聊天能够吸引素质高的粉丝，给粉丝带来不一样的感受。不论怎样变换直播方式，最终目的都是要吸引粉丝的关注。

（4）选择合适的直播时间

很多主播觉得晚上 7 点到 11 点是黄金时间，都抢着在这个黄金时间开直播。其实黄金时间的确上网的人会比较多，但是大主播更多，新手主播很难与那些大主播竞争，这时候应该学会合理地错峰直播。

4. 快速提高直播人气

现在抖音涨粉方法有很多，最快的方式就是开通直播涨粉。一般直播间的人气主要来自粉丝和小时榜列表。

（1）粉丝

粉丝是直播间人气的最主要来源，粉丝的积累是一个漫长的过程。当主播开启直播以后，只要关注主播的粉丝都会收到直播通知，他们可以直接通过这条通知进入主播的直播间。

（2）小时榜列表

除了粉丝会来到直播间，还会有游客从小时榜列表中进入直播间，小时榜列表一般会出现在顶部列表之上。假如小时榜排名靠前，那就相当于有一个广告位推荐，无形之中就会有观众进入主播的直播间。

二、主播个人 IP 的打造

短视频的崛起带来了直播行业新一轮的爆发，各种商业化机构被吸引到直播领域。这也意味着主播职业的竞争越来越激烈，主播形成自己的 IP 是如今网红经济发展趋势下首要的选择，只有形成自己的 IP，主播才不会被瞬息万变的互联网市场淘汰。

提到“OMG，买它！”或者“口红一哥”的标签，你会想起谁？

没错，就是李佳琦。为什么我们会想起他，因为这就是他的个人 IP，看到关键词瞬间就能联想到他这个人。源于成功的 IP 打造，短时间内，李佳琦直播间精准吸纳了大量粉丝，产品售罄时间以秒计，李佳琦收获了无数知名美妆品牌的青睐。

从他身上不难看出，在当今网红辈出的大流量时代，谁拥有了 IP 谁就获得了巨大的流量池。正因为如此，打造个人 IP 已经成为直播行业内的共识。

1. 打造主播个人 IP 的必要性

一个成功的 IP 可以增强主播的辨识度，深化观众对主播的认知以及信任感。当主播被贴上标签，并与标签融为一体时，主播便拥有了属于自己的 IP。打造主播个人 IP 的必要性主要体现在以下三个方面：

（1）流量红利期消失，获客成本变高

在当前互联网环境中，各大平台的流量红利期正在逐渐消失，平台参与者的获客成本也越来越贵，而打造个人 IP 是低成本且高效的引流手段之一。

（2）观众接受并习惯为内容付费

现在已经进入为知识付费的消费时代，越来越多的人开始接受并习惯为高质量的内容付费，因此打造个人 IP 更容易获得成交和变现。

（3）促进“直播 + 电商”的进化

传统电商是以卖货为主，而“直播 + 电商”模式是通过对直播内容、主播人格魅力的营销来吸引观众，提高商品转化率。观众只有在情感和价值观上对主播形成认同并建立信任后，主播才能通过推荐商品来实现变现，而主播个人 IP 化有利于让变现渠道变得更加顺畅。

2. 打造主播个人 IP 的维度

对于直播主播来说，要想打造个人 IP，可以从以下几个维度出发。

（1）直播内容和价值观

直播内容和价值观是打造成功个人 IP 的核心。优质的直播内容是吸引观众，将普通观众变为忠诚观众的关键因素。内容价值是不变的王道，主播能够为观众提供多大价值的内容，就能吸引多少观众。而价值观是要融入直播内容中，它是直播的灵魂。直播内容的打磨和价值观的构建并不是一蹴而就的，它需要主播慢慢地钻研。

（2）风格化的话术

形成颇具个人特色的直播话术有利于为主播赢得更多的机会。提高直播话术的方法就是多听、多练、多总结，通过了解其他主播直播话术的逻辑，分析其切入话题的方式，以及说话的动作、语气、节奏甚至眼神等，从中汲取经验。

（3）自我人设的塑造

人设即人物设定，原本是形容动漫、小说、漫画等二次元作品中对虚拟角色的外貌特征、性格特点的塑造，如今多用来形容名人向公众塑造的积极向上的正面、讨喜的形象。直播要想树立良好的个人 IP，就一定要有清晰的人设辨识度。主播可以从以下几个角度来塑造自我人设：

① 分析自身优势：主播可以从自身硬件优势和软件优势两个方面来分析。硬件优势指在一定时间内难以改变的条件，比如身高、外貌、性格等；软件优势则指通过后天努力可以获得的优势，比如才艺、专业技能等。

② 分析人设的合规度：人设的合规度是指主播不能触犯法律法规，不能做有违法律、道德的事情。

③ 分析人设的辨识度：主播在塑造自我人设时，要对其他同类主播的人设进行分析，分析他们的人设有什么特点，从对比中寻找自身人设的优势，从而提升自身人设的辨识度。

④ 预估人设的变现能力：主播人设是否具备变现能力，可以通过带货能力、商务价值潜力等方面来预估。主播可以以观众的视角找到自身的长处和短板，并寻找合适的方式扬长避短，从而塑造出个人的风格。

【课堂活动】

针对下列产品，你将会在直播里如何展示，以表现其优势？

① 透气轻薄的防晒衣。

② 新上市的辣椒酱。

③ 清脆透亮的翡翠手镯。

任务二　抖音直播盈利模式

无论是自带流量的影视明星，还是普通的草根一族，只要善于利用直播，就可以获得巨大的曝光量，获得更多的关注，乃至实现更大的商业价值。抖音直播是如何盈利的？盈利的模式有哪些？

一、抖音小店卖货

抖音小店是抖音为主播提供的电商变现工具，帮助主播拓宽内容变现渠道。

抖音的目标是将精准流量沉淀在自有产品之下，让更多用户开通抖音小店，并将抖音视频流量引入抖音小店之中，从而产生交易，获取收益。这是抖音小店最重要的意义，观众可以在抖音内部完成交易，降低跳失率。

二、直播带货

直播带货是目前直播渠道中最火也是变现较快的方式，主播一款一款地介绍在售产品，粉丝可以在评论区留言，告诉主播要买哪款。这种模式的竞争力来源于正在直播的商品，依靠直播中的商品引起粉丝互动。直播带货的优势，包括环境、氛围的刺激，最重要的是直播渠道中的价格优势。

三、为企业、品牌做宣传

视频直播已经是大势所趋，不仅可以高效卖货，还能够帮助企业提高品牌价值。在传播形式日益多元化的今天，越来越多的品牌、企业发现了抖音的营销宣传价值。视频直播独特的模式，让许多品牌形象变得立体化，品牌借助平台增加传播的互动性、趣味性，也使其影响力更大，比电视广告更能打动消费者。品牌、企业因为销售渠道众多，做直播主要是以宣传为主，作用在于提高知名度，所以一般是以曝光度、点击率等为主要考核目标，对销售额不做硬性要求（图 9-1）。

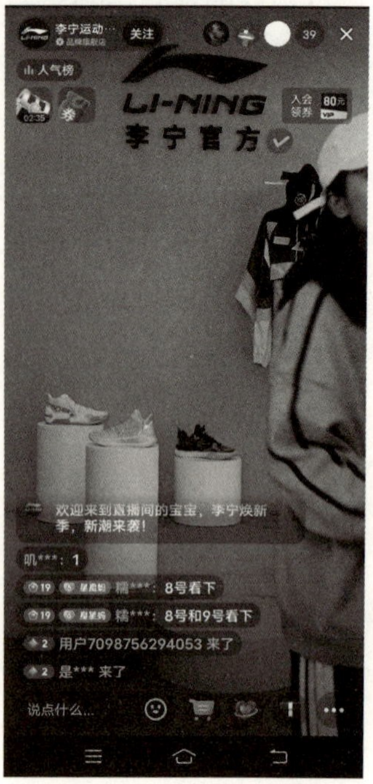

图 9-1　品牌直播宣传

【课堂活动】

你是通过什么途径得知直播信息的？直播的过程中有什么样的环节和内容设置？如果让你设计一个直播内容，你觉得有哪些点是最重要的？

任务三　抖音直播运营和推广技巧

一、直播间的背景布置

在直播平台上，每个主播都有自己的直播间，他们在这里和粉丝互动交流。对于粉丝来说，进入主播直播间第一眼看到的是直播间的整体效果，直播间的背景布置变得尤为重要。

下面介绍直播间背景布置的技巧。

1. 符合主播风格

直播间背景是衬托主播气质以及风格的重要部分，因此直播间的背景布置原则上一定要与主播本身的气质相符合。主播是什么样的风格，直播间就布置成什么样的风格。

2. 背景干净简洁

直播间背景要干净简洁，不要花哨凌乱，一个乱糟糟的房间会让粉丝对主播的好感瞬间消失。背景色系也不宜过多，多色系虽然艳丽，但是容易分散观众注意力。干净、明亮的墙纸是打造完美直播间的必备品，一张好看的墙纸可以瞬间让直播间高大上起来，彻底让直播间摆脱单调的品位。

3. 构　图

主播在直播时，远近要适中。整个人不要离镜头太近，否则会让观众有压抑感，但也不能离镜头太远，否则会让观众有距离感。

4. 装饰点缀

直播间细节处理很重要，如果直播间很大，为了避免直播间显得过于空旷，可以适当添加一些装饰背景，如添置一些绿植或者是当地有特色的物件，又精美又好看，也可以在背景中的置物架上放一些体现主播风格品位的书籍、相框等。

二、直播间的灯光布置

好的直播间灯光布置，可以增加人物整体的立体感，起到突出侧面轮廓的作用。下面介绍直播间灯光布置的技巧。

1. 尽量使用散光源

如果直播间光线太强，可以用白布适当遮挡，尽量避免光线直射。前置的补光灯和辅灯尽量选择可以调节光源的灯，自己调节光源强度，更能呈现比较好的灯光状态。

2. 主　灯

主灯是直播间的主要光源，起着主要照明的作用。要使主播脸部受光匀称，灯光不要太暗。灯体稍大些更好，更有利于增强空间的光感。

主灯为冷光，辅灯为暖光，两组补光整体效果为暖光。暖光会让主播看上去更加自然，暖暖的感觉也会让人觉得更加舒服。主灯为冷光，辅灯为冷光，两组补光的整体效果为冷光。冷光会让主播看上去更加白皙，前面补光稍微增加一点暖色，能给皮肤增加一点红晕。

3. 补光灯

补光灯也非常重要。需要注意的是，除非补光灯可以调节亮度，否则不要把补光灯正对着主播的脸。补光灯要照射到主播正对面的墙上，然后结合使用反光板，反光板漫反射的暖光更软化、更柔和，能美白皮肤，使主播的脸看起来更舒服。

4. 辅助背景灯

背景灯分为冷色调和暖色调，可以使直播间的光线均匀舒适，让观众很好地融入一个空间氛围。

三、设置高点击率的直播封面

直播封面就像直播间的门面，门面是否有吸引力，直接决定了用户是否会进入直播间。设置了封面的直播间，比使用默认头像的直播间观看人数要多。

那么，设置高点击率的直播封面时要注意什么呢？

1. 要干净清晰

直播封面一定要干净清晰、简洁大方，给人留下好印象，如直播绿植的直播间，可以使用嫩绿的绿植作为封面装饰（图 9-2）。

2. 突出人物标签和特点

根据账号鲜明的特点，设置突出账号标签特征的直播封面。例如，如果你是萌宠主播，直播封面尽量与萌宠有关；如果你直播卖少数民族传统服饰，则要突出产品特点，主播可穿着特色服饰进行直播（图 9-3）。尽量不要设置与直播内容毫不相关的直播封面，否则可能会影响用户在直播间的停留时长。

图 9-2　干净清晰的直播封面

图 9-3　突出直播产品特点

3. 不要低俗

不要为了博眼球而使用一些低俗的直播封面。这样的直播封面会拉低直播品质，甚至会影响主播品牌。

4. 适时更换频率

尽量从最开始就制作符合账号特色的直播封面，让喜欢你的观众在看到直播封面的第一时间就知道是你。当然，如果直播间人气持续较低，也可以尝试更换不同的直播封面来吸引人气，最终找到适合自己的直播封面。

四、写出吸引人的直播标题

直播标题也是影响用户进入直播间的关键因素。那么，直播标题怎么写才吸引人呢？

1. 突出主播特征

在标题上突出主播特征，如性格特征是可爱还是高冷，人物特征是厨师、医生还是学生等。突出人物特征，有利于用户在第一时间获取主播的关键信息，如下图 9-4 所示，标题为“年薪 50 个 W 的大厨是怎么做西红柿炒蛋的”，从标题即可看出人物身份为厨师。

2. 突出直播内容和主播才艺

例如，如果你的直播间主题是唱歌，那么就在标题中标明音乐主题（图 9-5），让用户在第一时间就知道你的直播间到底是做什么的。如果你的才艺独特，更要在标题中凸显出来，从而进一步吸引用户关注你的直播间。

图 9-4 主播特征明显的标题

图 9-5 突出直播内容和主播才艺的标题

3\. 突出新颖玩法

例如，如果在直播过程中会特价秒杀活动，或者赠送福利的环节，就可以在标题中适当地透露出来，以此吸引用户关注你的直播间（图 9-6）。

4\. 突出主播实力

这主要是指通过直播标题就能让用户知道主播很厉害，如“跳舞达人”“歌霸”等，如图 9-7 所示，标题为“四个技巧十五天 你也能成为麦霸”，从标题中用户就能知晓主播会讲授关于唱歌的技巧，通过短时间的学习用户能学会唱歌。

图 9-6 直播环节有优惠活动的标题

图 9-7 突出主播实力的标题

5. 规避直播标题禁忌

在写直播标题时，要避免直播标题违反直播平台的规定以及相关法律法规的要求。当然，除了直播标题外，主播在直播过程中也要避免出现违规操作或者违规用语。

五、推广个人直播

在直播开始前，主播需要借助各种推广方法为直播间聚集人气。下面介绍几种直播推广的方法。

1. 基础推广

主播如果想在抖音上推广个人的直播，首先要利用一切能曝光信息的位置，添加直播信息。最简单的就是在主播抖音号个人主页封面与个性签名处添加直播时间预告，让用户和粉丝一打开主播的个人主页，就能看到相关的直播信息。

2. 站外文案直播宣传预热

如果推广文案写得好，也可以利用软文推广直播。如撰写热门原创文章，要选择覆盖人群广的第三方平台，比如微博、微信群、相关网站等站外平台，为直播间预热宣传，在内容中附上直播的网址和链接，让用户能更精准地找到直播地址，并准时观看。主播在发布直播预热文案时，要将自己的亮点展现出来，以吸引更多用户进入直播间。

3. 直播前发视频推广

开播前，一般会在抖音发布开播预告短视频，如果短视频的完播率、互动率等数据优秀，就会被系统推荐进入更大的流量池，这时候开启直播，也能给直播间引流，如图 9-8 所示。

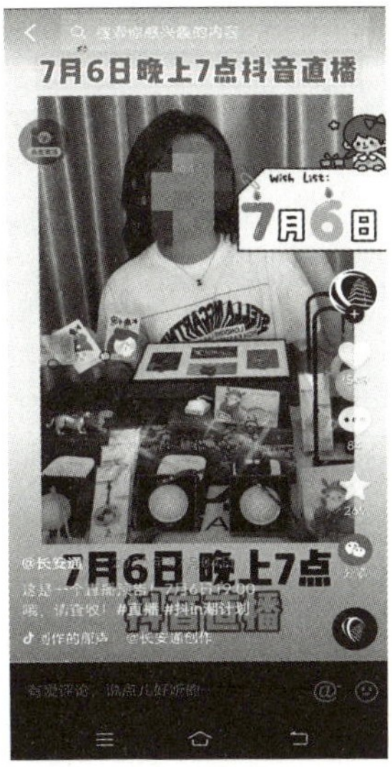

图 9-8 直播前发视频推广

4. DOU+直播上热门推广

DOU+直播上热门是为直播间导流的工具，它能够在直播期间为直播间带来更多的观众。

DOU+直播上热门针对直播进行优化，只会在主播直播期间进行投放，审核通过后会在30分钟内完成目标用户投放。

【课堂活动】

如何拟定吸引人的直播标题？如何推广个人直播？围绕上述问题展开深入思考，并与同学进行讨论。

任务四　抖音直播营销和运营实战

要开展直播带货，需要制定合理的营销策略，规划好直播的各种细节。

一、直播营销的策略组合

1. 建立人设

将主播账号当作一个人设来运营，所有发布的日常内容都要保持统一的风格。过于混乱的内容容易导致该品牌的调性不统一，引起受众对该品牌的认知偏差。如果需要传播多个维度的内容，建议建立多个账号。那直播间如何打造特定的人设呢？

（1）店铺定位

店铺定位决定主播的风格和形象，所以最根本的是要清楚你的店铺定位是怎样的。店铺定位要结合商家的产品特点和客户画像来决定，你卖的是美妆还是农产品？你的产品有什么卖点和利益点？有何优势？

（2）直播间主播配置及时长配置

直播间配置多少名主播，每位主播开播多长时间要根据直播行业和产品来决定。

一般食品类直播配备两位主播比较合适，一位负责产品介绍，一位负责试吃和处理食品。

服饰类可以配备一位或者两位主播，防止试穿时出现空境，有些服装有不同的颜色，两位主播一起试穿也便于粉丝对比效果。

家居类和珠宝类多聚焦于产品和演示，可以只配备一位主播。

走秀类需要在直播间打造T台，所以需要配备多位主播。

（3）主播IP化

对于一般中小企业来说，如果能够把自己的主播IP化，不仅能够快速、长期地吸粉，而且能够大大增加粉丝黏性。

（4）主播间装饰

根据主播风格打造对应调性的直播间风格。直播间背景和物品摆放应以简单、大方为主，空间明亮整洁，色调和谐不突兀。在镜头前陈列的商品要有一定的层次感，方便粉丝观看，尤其是一些美妆、农产品等，位置的摆放很重要。

直播时摄像头的摆放角度也很重要，尤其是对服饰行业，在试穿时选择好的角度能够大大提升穿衣的效果。

2. 场景营销

场景营销就是以“心理体验”为核心的营销方式，针对视频情景进行广告设置，自然而然地将用户的注意力吸引到特定情景中，激发用户的自我想象力，并通过对商品的引导，在潜意识层面刺激用户的内在欲望，从而实现广告营销的目的。

营销场景是指以特定的场景为背景，通过氛围的烘托，给消费者提供产品或服务，让消费者有更真实的场景感和体验感，从而激发消费者产生购买欲望，进而产生消费行为。例如，以地区特色农产品为主的产品场景营销策略是个明智的选择：一来，直播带货的铁律是“有流量才有销量”。这种特色优势农产品本身具有一定知名度和消费群体，能够吸引大量观众形成流量红利。二来，直播时可以突出特色农产品的重点，避免网友们和带货人注意力分散，从而实现“多带货”。还可以将产品的优点用段子进行概括，引经据典，选择当地特色农产品作为直播商品，能够发挥它本身所承载的各地特色文化属性，便于主播给农产品赋予深刻的文化价值意义，把农产品的文化故事讲得妙趣横生，从而提升农产品的溢价空间，并打造各地区特色农产品品牌。

二、直播营销方案的制定

一次完整、成功的直播，离不开前期详尽的直播方案。完整的直播方案包括直播目的、直播简述、人员分工、时间节点、预算控制五大要素。如图 9-9 所示。

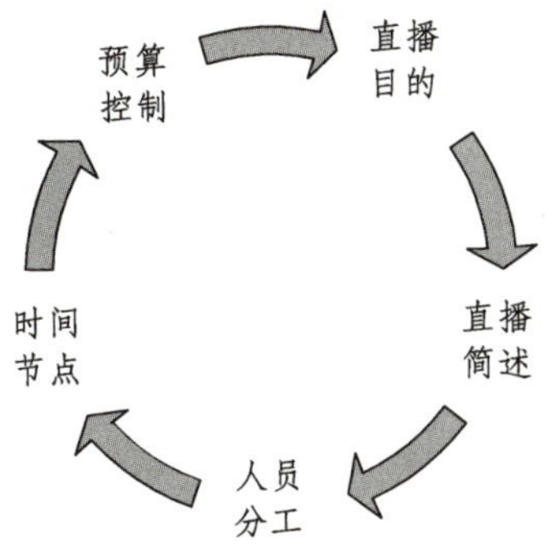

图 9-9　直播营销方案五大要素

1. 直播目的

方案正文首先说明本次直播需要达到的具体可衡量的目标，例如销量增加、观看直播人数达到某一量级、线上直播引流线下人数等。因此，一个完整的直播目的陈述应该是这样的：

“恰逢春节来临，正值全国人民出游、返乡高峰期，也是用车的高峰期，为了增加××专车的知名度以及扩大消费市场，将用户量提升至××万人，特举行一场网络直播。”

2. 直播简述

方案正文需要对直播的整体思路进行简要描述，精简正文内容使其显示在一页通告上，要点包括直播主题、平台、亮点、形式等。图 9-10 即为一则直播的宣传通告，可以清晰地从海报上看到直播的具体内容、主播、直播平台、直播的入口、直播的具体时间、形式。

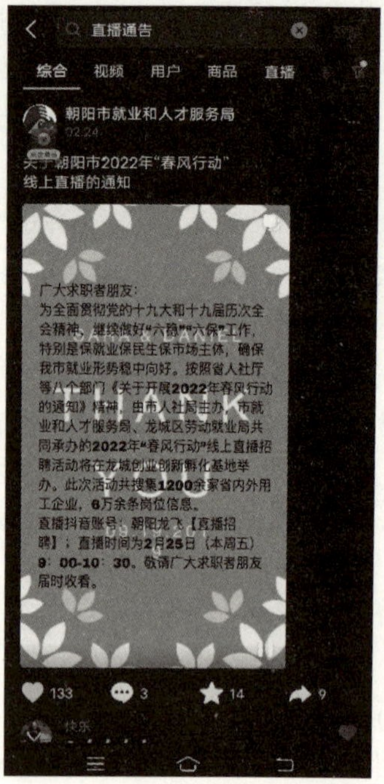

图 9-10　直播通告

3. 人员分工

直播需要按照执行环节流程对人员进行项目分组，包括道具组、渠道组、内容组、摄制组等，每个项目组需要承担的任务内容，以及负责人的姓名和联系方式都要予以事先确认。

4. 时间节点

时间节点包括直播前、直播中以及直播后。直播前，包括物料准备的时间节点、前期各项筹备工作完成的时间节点（包括邀请嘉宾、广告宣传制作、前期发酵）；直播中，包括抽奖环节的时间节点、观众参与的时间节点、嘉宾介绍产品的时间节点；直播后，既要撰写直播图文简介的发酵时间点、对直播内容的复盘时间点等。对每一个节点的有效把控都是对直播质量的保障。

5. 预算控制

项目的每一个环节及进度都应有大致的预算控制，对预算的控制应贯穿直播的整个过程，如果出现预算超支，要迅速诊断原因。根据具体情况，或调整方案，或临时增加预算。

实战 1：直播练习——广西柑橘推介

1. 直播制作前的准备工作

（1）选择拍摄对象

广西柑橘——水分含量高、营养丰富，含维生素 C、葡萄糖等十余种营养元素。柑橘具备润肺止咳、止咳化痰、健脾胃、疏肝理气、解渴的药力，是大家皆食的上品鲜果。

（2）选择好陪体与环境

为了衬托柑桔的色泽，可以将柑桔叶子与柑桔一起摆放在果盘里，果盘可以选用竹篾的平底竹筐。如果直播背景能放柑桔树更好，让环境更贴近果园，容易营造轻松的直播氛围。

2. 直播的拍摄任务流程

（1）总体节奏把握

直播过程每 5 分钟强调一次本场活动内容，每半小时开展活动一次，如抽奖、发红包、秒杀等。

直播过程中多感谢关注的人，多引导关注、点赞。

整场节奏速度要快，把握产品卖点，营造紧张火热的气氛。

（2）时间节点安排

以 20 点开播为例。

19:40 助理把货品全部准备好，调整灯光；

19:55 主播准备开播；

20:00 正式直播，介绍本账号/本场直播活动及内容，活跃直播间气氛（图 9-11）。

图 9-11 货品陈列

（3）开启直播

主播自我介绍及介绍本场活动和下单流程。

预热开场环节持续时间：3 ~ 5 分钟。

话术：欢迎来到直播间的宝宝们，喜欢主播的可以在上方点个关注，点点小红心。众所周知，广西是全国水果大省，热带和亚热带水果十分丰富。广西柑橘类水果占广西水果总产量的52.54%，占全国柑橘类水果总产量的24.53%。南宁武鸣，有“沃柑之乡”的美称，武鸣沃柑也是国家农产品地理标志。

……

咱们一会儿有大福利送给大家。

话术：柑橘的营养成分十分丰富，其中维生素C含量比较高，有利于人体吸收。另外，柑橘中含有的香橙精华，有洁净肌肤毛孔的功效，还能去除污垢和多余的油脂。维生素C有美白的作用，长期使用可改善黯淡的肤色，让肌肤恢复白皙柔滑。鲜甜多汁的柑橘风味浓郁，果肉像布丁一样嫩滑甜润，在嘴巴里嚼一嚼，汁水顺着舌尖沁入喉底，吃完之后嘴里还回味出一丝甘甜。

话术：内行人有句话，叫“广西沃柑看武鸣”，足以说明武鸣沃柑口感有多好。南宁市武鸣区，北回归线穿境而过，年平均气温21.7℃，年平均日照时数1660小时，非常适合柑橘生长，沃柑因此成为柑橘中的优质品种。温润的气候、纯净的水质、丰沃的土壤、青山环绕，远离污染，自然孕育出来的武鸣沃柑格外饱满柔嫩，甘甜适口。优质果园，绿色种植，看得见的生态，吃得出来的健康。每一颗果实都精挑细选，无添加剂，无农药，没有催熟，不打蜡，高品质看得见。

话术：大家看上了赶紧截图啊，喜欢吃水果的亲们，截完图直接找咱们家的客服宝宝下单就可以了。好，现在开始我数123宝宝们就开始截图哦，1、2、3（声音可以拖得长一点），喜欢的宝宝们赶紧截图下单。另外我们的直播活动每半个小时会有抽奖、红包、秒杀的活动，你们来到我的直播间真是超值了！产地直发，超级新鲜，还有红包领，分享朋友圈即有机会得到。全国包邮，多买多赠，真是物超所值！好了话不多说，接下来咱们先给大家活动走一波……

实战2：直播练习——柳州螺蛳粉推介

1. 直播制作前的准备工作

（1）选择拍摄对象

柳州的风味小吃——螺蛳粉，由特有的米粉加上酸笋、木耳、花生等配料及酸辣味螺蛳汤调和而成，酸、辣、鲜、爽、烫。

（2）选择好陪体与环境

直播背景可以使用螺丝粉的海报；主播面前的桌子可以选用古风餐具，将螺丝粉的各种配料摆放出来，方便主播讲解的时候使用。此外，还要做好一碗现成的螺丝粉，以便于主播在讲解的过程中试吃。

选择合适的拍摄环境。

2. 直播的拍摄任务流程

（1）总体节奏把握

直播过程每5分钟强调一次本场活动内容，每半小时开展活动一次，如抽奖、发红包、秒杀等。

直播过程中多感谢关注的人，多引导关注、点赞。

整场节奏速度要快，把握产品卖点，营造紧张火热的气氛。

（2）时间节点安排

以 20 点开播为例。

19:40 助理把货品全部准备好，调整灯光；

19:55 主播准备开播；

20:00 正式直播，介绍本账号、本场直播活动及内容，活跃直播间气氛。

（3）开启直播

主播自我介绍及介绍本场活动和下单流程。

预热开场环节持续时间：3 ~ 5 分钟。

话术：欢迎来到直播间的宝宝们，喜欢主播的可以在上方点个关注，点点小红心。广西“三大名粉”之一的柳州螺蛳粉以“酸、辣、鲜、爽、烫”的独特风味，受到不少“吃货们”的喜爱，而预包装螺蛳粉因其口味独特、煮食方便等特点，成为疫情期间人们居家时喜爱的食品之一，销量大增，多次因缺货受到万千网友呼唤而上热搜，预售一度排到 4 月份。

……

咱们一会儿有大福利送给大家。

话术：我们的螺蛳粉口感非常的地道，配料用料足，里面有辣椒油和醋包，在汤汁里面能看到明显的螺蛳肉的颗粒，配料非常丰富，酸笋、木耳、腐竹片和花生米都准备好了，量也很充足。

话术：制作起来非常方便，干粉煮上十分钟，再加入调料，就可以了。整个粉吃起来非常的香辣酸爽，一包就能吃得饱饱的。

话术：大家看上了就截图啊，截完直接找咱们家的客服宝宝下单就可以了，好，现在开始我数 123 宝宝们就开始截图哦，1、2、3（声音可以拖得长一点），喜欢的赶紧截图下单！

另外每半个小时会来波抽奖、红包、秒杀的活动，你们来到我的直播间真是超值了！产品工厂直发，日期新鲜，还有红包领，分享朋友圈即有机会得到。还有半小时一轮的秒杀活动，真是物超所值！好了话不多说，接下来咱们先给大家活动走一波……

【课堂活动】

试着创建自媒体直播账号，与同学一起尝试在直播过程中使用一些互动的技巧，分组讨论如何对直播账号进行推广。

【思考练习】

① 如何打造主播个人 IP？

② 抖音直播运营与推广技巧有哪些？

③ 简述直播营销的策略组合。

项目十

新媒体营销数据分析

学习目标

了解新媒体数据的类别与来源。

熟悉微信公众号的用户数据分析、图文数据分析、菜单和消息数据分析等。

掌握微博基本数据分析、内容数据分析及微博推广数据分析等内容。

掌握新媒体活动前、活动中及活动后的数据分析。

引导案例

晴隆县探索“大数据农业+新媒体营销”模式全产业链推进薏仁米产业助农增收

近年来，晴隆县坚持把产业作为带领群众脱贫致富的根本之策，探索“大数据农业+直播电商”模式，打造薏仁米大数据产业园，“全产业链”发展薏仁米产业，助力按时、高质量打赢脱贫攻坚战。2020年以来，带动全县1.25万农户累计种植薏仁米34.7平方千米，每户平均增收1万元以上。

第一，是“全产业链”培育优质特色产品解决绿色健康、优质放心的问题。依托龙头企业，致力打造“晴隆糯薏仁”品牌，采取“良种培育+基地+规模化种植+分散种植+生产加工+产品销售+冷链物流”模式，实行“统一供种、统一技术、统一防治、统一收购、统一标准、统一品牌、统一价格、统一销售”8个“统一”，“全要素链”配置、“全产业链”发展。截至目前，该县与30个合作社按10元/千克签订了保底收购协议，解决了种植户在销售方面的后顾之忧。

第二，是“大数据农业”管理运营模式解决管理粗放、竞争力不强的问题。该县与华为公司合作，按照“公司+大数据农业+新媒体营销”的模式打造贵州省第一个大数据农特产业项目，建设基地大数据，实现线下供应链流程管理转向线上“黔农E管家”数据运营，搭建大数据营销系统，于2020年2月建成并投入使用全国薏仁米行业首个大数据运营管理系统，增强龙头企业的核心竞争力。同时，探索区块链仓储金融模式。建立“贵州薏仁米”供应链企业大数据金融系统，通过数据分析规范企业供应链管理，满足金融机构投资企业评级的基本要求，解决中小型企业在发展过程中贷款抵押难的问题。

第三，是“直播电商＋新媒体营销”模式解决产品滞销的问题，防止返贫。该县建成2000平方米的直播中心，打造贵州省第一个西南直播孵化基地——“万峰严选”西南直播基地。目前在快手、抖音、淘宝直播平台吸引粉丝约1500万人、签约主播艺人15人、储备合作艺人186人、垂直运营和合作艺人主播粉丝量约1.2亿人。薏仁米、薏仁水果麦片等产品利用直播平台远销北京、上海、合肥等60余个一二线城市。同时，优化、完善农特产品供应链，建立“畅销码”，供农户和合作社使用；收集优质的农特产品，把市场需求和标准作为“严选”的标准，通过微信扫描“畅销码”，第一时间对农户有意销售的农产品进行严选、收购和销售，帮助农户特别是贫困农户销售农特产品，助推晴隆县农特产品实现“黔货出山”。

“大数据农业＋新媒体营销”模式已在各行业销售模式中崭露头角，抓住先机，必能增强企业的核心竞争力。

任务一 新媒体数据认知

一、新媒体数据分析

数据分析是一个为提取有用信息和形成结论而对数据加以详细研究和概括总结的过程。新媒体数据分析是为了帮助新媒体团队更科学地制订计划、更精准地评估效果。

1. 进行数据分析的原因

早期使用新媒体营销的企业比较少，随着加入新媒体营销队伍的企业不断增加，只有通过数据驱动运营的企业才有可能脱颖而出。因此，数据分析对新媒体营销有着重要的作用。

（1）了解运营质量

通过新媒体数据分析可以了解运营质量。新媒体运营的日常工作包括内容更新、微信公众号推广、微博发布、今日头条推送、朋友圈推送、视频推广、直播分享、粉丝维护、社群运营、线上线下活动策划与组织等。这些工作是否有价值、是否能够有效实现营销目标，需要通过数据来了解与判断。

通过数据对比，可以发现相关问题所在，如标题没取好、图片没吸引力、内容不够优质、目标用户不在此平台活跃等，然后根据数据反馈的问题，及时做出调整，避免掉粉。

（2）预测运营方向

通过新媒体数据分析可以预测运营方向。分析网民大数据，有助于判断新媒体内容、活动、推广是否要和网络热点结合。常见的行业相关大数据包括巨量算数、百度指数等。图 10-1 所示为百度指数。我们可以通过指数的数据，来判断某个事件或话题在今日头条的热度，进而判断此事件的影响力。

图 10-1　百度指数

（3）控制运营成本

通过新媒体数据分析可以控制运营成本。企业新媒体营销，一方面需要关注销售额的增长及品牌价值的提升，另一方面也需要时刻关注运营成本，尤其是广告成本。

（4）评估营销方案

通过新媒体数据分析可以评估营销方案。营销方案只是新媒体团队根据以往经验而制订的工作规划，但在工作规划制订一段时间后，则需要通过数据进行评估。一方面，分析最终完成数据，可以反推方案中目标的可行性；另一方面，分析过程数据，可以及时发现方案制订后在执行过程中遇到的问题，作为下次营销方案制订的参考。

2. 新媒体数据分析工具

使用数据分析工具可以有效提升新媒体运营效率，常用的数据分析工具共 4 类，包括网站分析工具、自媒体分析工具、第三方分析工具及本地 Excel 工具。

（1）网站分析工具

网站分析工具包括百度统计、站长工具、爱站网等，主要为网站运营者提供数据支持。网站站长可以在以上第三方站长工具平台注册账户，然后申请统计代码，获取统计代码后，将统计代码粘贴至网站对应的位置。

（2）自媒体分析工具

自媒体分析工具是使用难度最低的一类数据分析工具，无须掌握分析函数或统计代码，可通过数据一键生成。无论微博、微信还是今日头条等平台，都具有完整的统计功能。用后台自带的自媒体分析工具，新媒体运营者可以直观地看到用户增长、后台互动等数据。

（3）第三方分析工具

第三方分析工具指的是非官方平台自带的、需要官方平台授权后才可以使用的数据分析工具。第三方分析工具与自媒体分析工具的主要区别在于前期的注册与授权，一旦授权完毕，第三方分析工具的后续操作与自媒体分析工具类似，直接通过网站即可查看。常见的第三方分析工具包括新榜数据、西瓜助手、考拉新媒体助手等。

（4）本地 Excel 工具

对于有一定办公软件操作基础的新媒体运营者，可以借助 Excel 工具进行人工统计数据分析。人工统计的数据包括文章发布数量、后台评论类别、同行口碑分析、行业标杆拆解等。

二、新媒体数据的类别与来源

新媒体工作中会产生大量数据，但对于不同平台、不同形式的数据，分析方式或统计方法都会有所不同。因此，学习新媒体数据，必须先掌握新媒体数据的类别及常见新媒体数据来源，然后在工作中有针对性地使用。

1. 新媒体的数据类别

新媒体数据包括数值型数据及图文型数据两种类别。

（1）数值型数据

数值型数据主要由数字组成，即通过对大量数字进行统计与分析，总结并评价营销效果。

常见的数值型数据包括阅读数据、粉丝数据、网店销售数据、网站浏览数据、活动参与数据等。

（2）图文型数据

图文型数据不是由数字构成的，而是由文字或图片等形式构成的。

图文型数据主要通过问卷调查、结构化比较、分析汇总等形式获得，研究目的不是评估量化的数据结果，而是找到运营方向。

常见的图文型数据包括网站栏目分类、账号粉丝分类、同行微信公众号自定义菜单分类、消费者反馈、多平台矩阵分布等。

2. 新媒体的数据来源

新媒体数据的主要来源也可以分为微信数据、微博数据、今日头条数据、网站数据等。在进行新媒体数据分析时，使用频率最高的是微信朋友圈数据、微信公众号数据、微博数据、今日头条数据及网站数据。

（1）微信朋友圈数据

一般用微信个人号作为主要推广平台的新媒体团队，常以“社群运营＋朋友圈运营”的方式进行品牌宣传或产品推广，因此分析微信朋友圈数据，通常需要分析好友增长数量、朋友圈点赞数量、朋友圈购买数量、导购文案转化率等。

（2）微信公众号数据

微信公众号数据对于微信公众号的运营有极强的指导意义。例如，通过变换内容风格并分析阅读数据，运营者可以了解粉丝的阅读喜好情况；通过分析后台粉丝数量的增减，运营者可以分析出推广的有效性。

微信公众号数据包括新增关注数、取消关注数、新增用户来源、单篇图文阅读量、全部图文阅读量、微信菜单点击数等。

（3）微博数据

无论是企业还是个人，都可以在微博后台查阅微博数据。新媒体运营者可以在网页端登录微博后，单击“管理中心”并进入“数据助手”，了解微博数据。

常用的微博数据包括阅读数、主页浏览量、视频播放量、粉丝来源、新增粉丝数、取消关注粉丝数等。

（4）今日头条数据

作为新兴的内容平台，今日头条的后台具有更强的数据统计功能。新媒体运营者可以借助今日头条数据，对标题效果、内容、推荐、阅读、评论等数据进行系统分析。

（5）网站数据

虽然在自媒体时代，微博与微信成为新媒体团队进行品牌推广或产品销售的主要阵地，但是作为新媒体平台中的重要环节，尤其是不受平台更新迭代影响的自有互联网阵地，网站的运营作用不容小觑。

网站数据通常包括网站流量、跳出率、搜索来源、来路页面、访问深度等。

三、新媒体数据分析的基本步骤

互联网中每天都有大量数据产生，如果将所有数据都进行统计与分析，会极大地影响新媒体运营效率，同时大量无意义的数据处理也在无形之中造成了资源的浪费。因此，新媒体运营团队必须有目的、有方法地挖掘与分析数据，使数据真正为新媒体营销服务。新媒体数据分析通常需要五个步骤，包括设定目的、挖掘数据、数据处理、数据分析、数据总结。

1. 设定目的

新媒体数据分析是为了帮助新媒体团队更科学地制订计划、更精准地评估效果。因此，数据分析人员需要在数据分析需求中提炼需要解决的具体问题，然后找到问题关键点，接着提炼出分析目的。

例如，面对“分析为什么公众号最近粉丝情况不好”这一需求，提炼出的待解决的问题是“近期微信公众号粉丝增长缓慢”，然后可以找到问题的关键点是“公众号推广没有做好”，接下来可以将“寻找近期微信公众号推广的错误环节”设定为数据分析的目的。

再如，面对“分析为什么网站有人看但是没有人买”这一需求，提炼出的待解决的问题是“网站只有流量没有销量”，然后可以找到问题的关键点是“网页转化率太低”，接下来可以将“挖掘网站转化率漏洞”设定为数据分析的目的等。

2. 挖掘数据

在这一环节，新媒体团队需要围绕第一步中设定的目标，有针对性地挖掘数据。不同的目标对数据的需求有所不同，因此在数据挖掘环节，需要将目标对应的全部数据进行罗列。罗列出目标对应的数据后，新媒体团队开始进行数据挖掘。对于网站或第三方数据分析工具已有的数据，可以直接在后台找到；而对于个性化数据，网站或第三方数据分析工具无法获取，需要新媒体运营团队进行手动统计。

3. 数据处理

在挖掘数据环节得到的数据通常属于原始数据，这样的数据无法直接使用。因此，需要对原始数据进行处理，得到可被分析的数据。数据处理通常包括数据剔除、数据合并、数据组合 3 个部分。

在原始数据中，无意义的字符或与目标不相关的数据，应在数据处理环节被剔除，否则会增加分析难度。例如，在分析网站流量数据时，一般了解网站浏览时间、浏览人数、访问时长等数据即可，而访客浏览器、访客性别等数据可以被剔除。

原始数据中相近的数据，需要进行数据合并。例如，分析今日头条阅读数据时，需要将站内阅读数与站外阅读数进行合并。

原始数据中的过程数据，需要进行数据组合，借助公式设计出更适合分析的数据，如网站浏览量和网站成交量，可以利用“成交率 = 成交量 ÷ 浏览量”的公式，将二者相除，得到新的数据。

4. 数据分析

经过处理的数据具有可分析的价值，新媒体运营团队可以进行分析。常见的新媒体数据分析包括流量分析、销售分析、内容分析和执行分析。

（1）流量分析

流量分析即网站流量分析，通过对访问量、访问时间、跳出量、跳出率等流量数据进行分析，可以评估网站运营的基础情况。

（2）销售分析

销售分析，即对线上产生的下单数量、支付比例、二次购买比例等进行分析，寻找当前线上销售的问题。需要强调的是，销售分析不只局限于线上消费，消费者通过线上预定然后在线下消费，也可以算作销售分析的范畴。

（3）内容分析

内容分析，即对新媒体内容平台的发布情况进行统计，包括微信公众号阅读量、微博头条转发量、今日头条文章推荐量等。借助内容分析，可以有效地对文章标题、文章内容、文章推广等进行评估。

（4）执行分析

执行分析，即对团队成员的日常执行工作进行统计与评估，包括文章撰写速度、客服响应效率、软文发布频率等。新媒体工作是否有效率，可以借助执行数据进行分析。

5. 数据总结

新媒体运营情况、同行新媒体运营状态、行业新媒体趋势等数据，对新媒体团队甚至企业整体营销都具有指导意义。因此，在数据分析完成后，需要对数据进行总结。这一方面便于内部沟通，另一方面便于分析结果或规律的应用。

【课堂活动】

登录智联招聘网站，以“新媒体”为关键词进行搜索：

① 查询近一个月新媒体行业的相关岗位，对数据进行统计分析，了解它们都集中在哪些岗位、地区、行业等，并找出其中的规律。

② 收集这些招聘岗位的岗位需求，分析哪些要求是高度集中的，有哪些要求是不同的。

③ 任选一个与新媒体相关的岗位，结合岗位要求使用文中提到的新媒体营销相关工具制作一个介绍自己技能的H5网页。

任务二　微信公众号数据分析

微信公众平台于2012年8月23日正式上线，曾命名为“官号平台”和“媒体平台”，最终命名为“公众平台”。随着定位的一系列改变，腾讯官方对于微信公众号寄予了更大希望。

一、微信公众号数据分析概述

西藏各级妇联2021年9月微信公众平台数据榜单

统计数据来自新媒体指数平台，为2021年9月（2021-09-01至2021-09-30）这一周期内发布的文章数据，排名采用WCI指数（微信传播指数），为系统自动生成，非人工统计（图10-2）。

	公众号	发文	阅读	头条	平均	在看	点赞	WCI
	西藏女性 xzzzqfnlhh	187	32795	25737	175	225	419	503.61
	西藏女性藏语版 xzzzqfnlhh2	11	2346	968	213	40	53	235.10
1	拉萨女性 lssfnlhh	64	37751	35262	590	382	433	543.28
2	阿里妇女 gh_dd23ecd64dcd	55	10145	3801	185	46	78	324.89
3	民大女性 mdnxzj	10	4635	4596	464	19	39	320.97
4	藏东妇女 zangdongfunv	54	3577	2850	66	57	159	256.46
5	珠峰女性 rkzwomen	89	3315	1582	37	36	45	227.14
6	羌塘牧女 gh_eac1ddefd977	18	1187	729	66	20	36	164.16
7	雅砻女性 gh_574c66214abd	28	374	349	13	1	0	74.39
8	林芝微女性 lzsfnlhh	46	438	136	10	4	9	70.75
9	藏地佳人 gh_e0ce57766a09	6	100	100	17	0	8	35.35
10	藏大女性之家 TU_Women_Federation	4	14	7	4	0	0	2.24

图 10-2 西藏妇联公众平台数据榜单

微信数据分析可以帮助新媒体运营者了解公众号运营状况及效果，明确各微信公众号的传播力及影响力，可适时、适当地调整微信营销策略。

企业可以通过微信公众平台实现消息推送、品牌推广、信息分享等行为活动。这些活动的数据，需要进行数据监控，进而评估传播效果。微信公众号的后台数据分析，整体上分为六大板块，分别是用户分析、内容分析、菜单分析、消息分析、接口分析和网页分析，图10-3所示为微信公众号的后台数据分析。最常使用的是用户分析、图文分析、菜单分析这三项分析。由于没有专职的后台维护人员，与粉丝的消息互动比较少，消息分析相对前三项分析，用得非常少。也由于还没有深入使用公众号的强大功能，接口分析和网页分析暂时还无法使用。

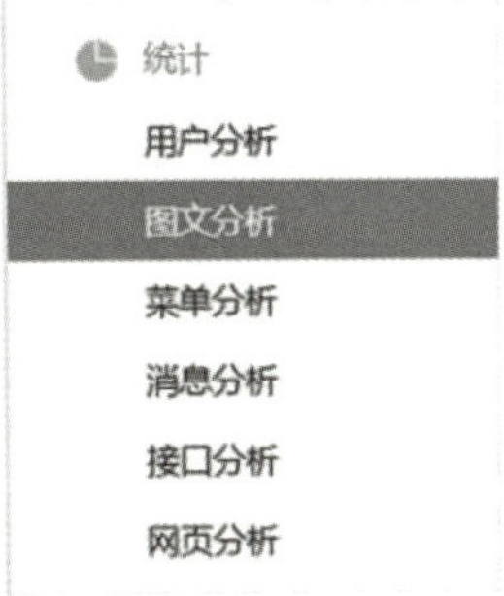

图 10-3 微信公众号的后台数据分析

了解微信公众号数据分析，对于微信公众号运营主要有以下意义。

① 了解用户增长趋势和用户属性特征以构建用户群体画像。

② 分析图文阅读量增长变化趋势，了解用户对内容的喜好，从而优化内容及找准推送时间。

③ 对用户来源渠道和图文消息传播渠道分析，判断用户来源，了解核心用户所在渠道，方便为产品传播造势。

④ 了解微信公众号数据分析，能够帮助运营者更好地运营微信公众号、发现问题，并提高各项运营数据。

二、做好用户数据分析

在用户数据分析模块，主要分析的数据是用户增长和用户属性。通过前者，运营者可了解账号粉丝增长趋势与原因；通过后者，运营者能更熟悉粉丝情况。

1. 用户增长数据分析

从微信后台中，运营者能了解到用户增长模块关键的四个指标（图 10-4）。

① 新增人数：新关注公众号的用户数。

② 取消关注人数：取消关注公众号的用户数。

③ 净增人数：净增长的关注用户数。

④ 累积人数：当前关注公众号的用户总数。

图 10-4　用户增长模块关键指标

在这四个指标中，运营者需要重点关注新增人数，以便准确判断粉丝增长的趋势。

监测新关注人数的数据，需要特别留意数据的突然变化。例如，某一天新增粉丝突然增多，可能是当天的内容、选题、传播渠道等方面正好满足了用户需求，那么需要运营者仔细分析原因，看看是上述哪一方面导致了粉丝的激增。同样，如果某一天新增粉丝突然降低，甚至取消关注人数特别多，就需要仔细分析当天所发的内容是否引起了用户反感，从而导致用户取消关注。

除了分析数据突然的变化，运营者还需要进行数据对比分析。对比分析主要分为两种，即同比和环比。同比是指在相邻时段中的某一相同时间点进行比较，是本期统计数据与历史同期数据比较，一般情况下是今年第 n 月与去年第 n 月比较，如 2019 年 6 月与 2020 年 6 月相比；环比是本期统计数据与上期比较，一般情况下是今年第 n 月与今年第 n－1 月相比，如 2019 年 6 月与 2020 年 5 月相比较。相对而言，环比数据分析的价值大于同比数据。通过同比数据，运营者可以分析特定时间段推出何种运营内容更好；但通过环比数据，运营者才能更直接地了解当前用户对账户内容的喜好程度。

官方微信后台能查询到最近 7 天、最近 15 天、最近 30 天或任意 2 个月内的数据。因此运营者进行同比或环比的对比分析时，可以以周、半个月、月为单位进行对比。

观察微信用户新增人数的数据，运营者还可以查看新增用户的增长来源。单击页面中的“全部来源”，运营者能看到新增用户关注微信公众号的几个主要途径，即搜一搜、扫描二维码、文章内账号名称、名片分享、支付后关注等。

了解到这些关注途径后，对研究增加公众号粉丝的方法会有很大的帮助。例如，一个运营者拥有自己的实体店铺和商品，那么他可以每次都在顾客支付时，引导顾客关注自己的公众号，从而带来稳定的新增粉丝。除此以外，如果某一天新增粉丝特别多，可以了解用户从哪个渠道关注，从而顺藤摸瓜，去寻找最初的源头或平台，可能这个平台就能发展成为一个核心传播渠道。

除了正常的查看，公众号每日增长的粉丝数据是支持导出的。在左侧挑选合适日期，然后单击页面右侧的“下载表格”，即可下载每日粉丝增长明细。下载后将会得到一个 Excel 文件，通过这个 Excel 文件，运营者能做出更多分析，如每日平均增加粉丝、历史单日最高增加粉丝等数据。同时，通过利用 Excel，运营者还能生成更多数据图表，如柱状图、曲线图、饼状图等，以便更直观地查看数据。

2. 用户属性数据分析

用户属性中可以看到性别、语言、省份、城市、终端、机型等数据（图 10-5），其中最有价值的是男女比例、城市分布、手机机型。这些数据能帮助运营者查看粉丝的属性和质量。进入用户属性的页面，运营者可以看到男女比例数据。男女比例数据能够帮助运营者更好地调整发布内容。如果女性比例偏高，那么运营者的写作风格可以更亲切、可爱、调皮，从而吸引更多的女性受众。男女比例不同的公众号，适合推广的内容也会有所侧重。例如，男性粉丝居多的微信公众号，则可以投放体育、汽车等相关内容资讯；而女性粉丝居多的微信公众号，则可以投放时尚、美妆、娱乐等内容。

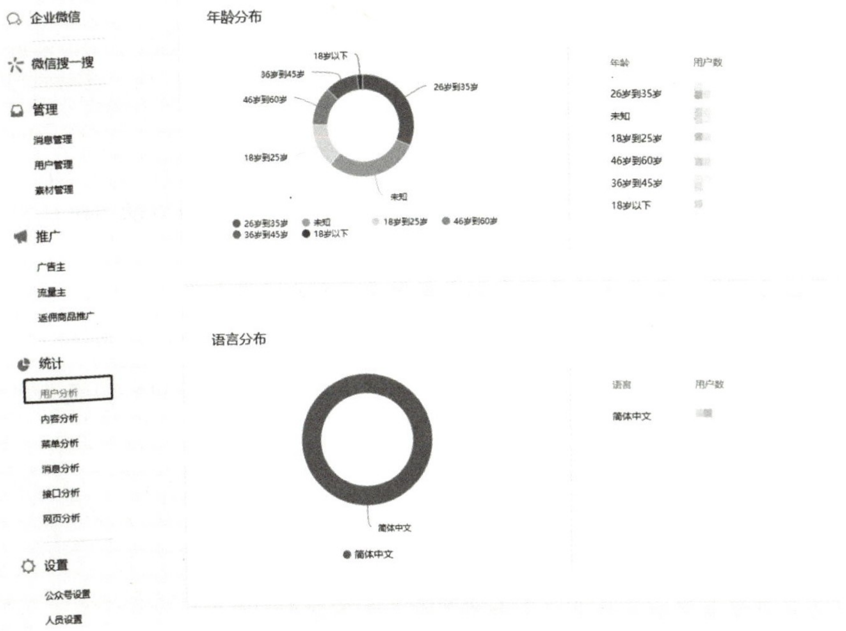

图 10-5　用户分析

除了看公众号后台的数据外，还可以设计问卷调查，以此来深入用户需求，了解用户的阅读偏好与痛点，分析文章的阅读量和朋友圈占比。

当运营者了解了用户分布的整体数据后，包括性别、省份、城市、机型等，最大的意义在于可以更加精准地投放网络广告。广告主在投放广告时可以侧重选择性别、城市、机型等要素，以便更加精准地投放广告，从而提升广告转化率。例如，互联网零食品牌“三只松鼠”，是一家主营坚果、肉脯、果干等休闲食品的零食品牌，他们在挑选合作微信公众号时，注重挑选粉丝集中在一线城市、女性粉丝偏多的公众号进行广告投放，从而获得了巨大成功。

三、做好图文数据分析

除了用户数据，还有一个很重要的数据模块，就是图文数据。在了解图文数据之前，运营者需要了解如下数据指标的定义：

送达人数：图文消息群发时，能够送达的人数。

图文阅读人数：包括非粉丝在内，所有点击图文页的人数。阅读来源包括好友转发、朋友圈、公众号会话、历史消息等。

图文页阅读次数：包括非粉丝在内，所有点击图文页的次数。阅读来源包括好友转发、朋友圈、公众号会话、历史消息等。

分享转发人数：包括非粉丝在内，转发或分享到朋友圈、微信群、微博等的用户数。

分享转发次数：包括非粉丝在内，转发或分享到朋友圈、微信群、微博等的次数。

微信收藏人数：包括非粉丝在内，收藏至微信的用户数。

原文页阅读人数：包括非粉丝在内，点击原文页的人数。

原文页阅读次数：包括非粉丝在内，点击原文页的次数。

微信公众号后台的图文数据分析包括两个部分，一是单篇图文，二是全部图文。

1. 单篇图文

打开单篇图文，运营者能看到最近文章的阅读数据的图表。需要注意的是，单篇图文的数据范围，仅统计了图文发出后 7 天内的累计数据。要了解 7 天以外的数据，可以到首页查询单篇图文的整体数据。

目前，微信公众号阅读量源自如下渠道。

（1）公众号会话

文章在选定的时间内通过公众号推送、预览、手动回复来获得的阅读量的统计。

（2）好友转发

将文章转发给好友或者微信群的阅读量的统计。

（3）朋友圈

将文章转发至朋友圈后文章阅读量的统计。

（4）历史消息

用户在公众号历史消息里点击文章的阅读量统计。

（5）其他

按照微信官方解释的“其他”阅读量来源，总结下来有以下 7 种。

① 微信自定义菜单：包括引用图文素材、引用历史消息等。

② 页面模板：原创开通后，页面模板可引用图文素材、历史消息等。

③ 微信搜索：在“微信”—“发现”—“搜一搜”里搜索到的相关文章。

④ 朋友圈热文：在“微信”—“发现”—“看一看”里，被推荐到朋友圈的文章。

⑤关键词回复：根据关键词进行自动回复时引用图文素材。

⑥ 文章内部链接：阅读原文链接。

⑦ 微信收藏：阅读微信收藏内的文章。

当运营者了解到公众号阅读量来源的不同渠道的定义后，对于提高微信图文阅读量也会有帮助。例如，如果一个账号粉丝基础比较大，但是目前阅读量一般，那么运营者可以重点策划一个针对粉丝的互动活动，激发已有粉丝的活跃度，加强与粉丝的互动，最终增加来自公众号会话的阅读量比例；如果一个公众号的粉丝较少，但是希望提高文章阅读量，那么可以结合好友转发和朋友圈传播的渠道特点，努力创作“爆文”，这样即使粉丝基数小，也能获得高阅读量。

当运营者单击“详情”之后，可以看到这篇文章传播的数据详情。不同渠道的转化率、全部渠道传播的趋势图、阅读文章用户的性别比例、机型分布、省份分布等数据。

通过这些数据，运营者不仅知道一篇文章的阅读量是多少，更能清晰了解一篇文章的阅读量是由哪些渠道的哪些用户带来的，这对于后续对文章传播量的预估判断有很大的参考借鉴意义。

以分析公众号阅读量来源的渠道为例，查看某篇文章数据详情，运营者可以观察到该篇文章的主要传播渠道。如果后续要加强传播，运营者可以继续深挖这个优势渠道的资源，也可以拓展那些数据不太明显的“潜在渠道”。

2. 全部图文

打开全部图文，运营者能看到昨日关键指标的 4 项数据，分别是图文页阅读次数、原文页阅读次数、分享转发次数和微信收藏人数。

（1）图文页阅读次数

图文页阅读次数指所有图文在某个时间段里的阅读次数（且包括非粉丝）。

（2）原文页阅读次数

原文页阅读次数指点击一篇文章左下角的阅读原文的次数。

（3）分享转发次数

分享转发次数指所有图文在某个时间段里被分享转发的次数。

（4）微信收藏人数

微信收藏人数指收藏文章的用户人数。（干货类、教程类的内容通常容易被用户收藏）

针对这 4 项数据，微信公众号提供了三种分析。

第一种是按照时间维度，提供最近 7 天、最近 15 天、最近 30 天的阅读量来源分析及趋势图。

第二种是不同时段的趋势对比分析，如选择图文页阅读次数后，然后任意选择最近 7 天、最近 15 天、最近 30 天，再单击页面右侧的“按时间对比”，即可进行数据对比。

第三种是每日关键指标明细，与公众号每日增长的粉丝数据明细一样，支持自定义时间筛选和导出 Excel 文件。

四、做好菜单和消息数据分析

微信公众号统计板块中的菜单分析和消息分析，是掌握用户点击量和了解用户关注焦点的重要数据分析项目。

1. 菜单分析

菜单栏作为粉丝互动的基础入口，通过分析菜单栏的数据，可以看出该公众号粉丝的活跃程度以及粉丝的满意程度。点击数越多，说明覆盖人群越多；人均点击数越多，说明粉丝越活跃。

打开菜单分析，运营者能看到菜单分析的昨日关键指标的 3 项数据。

① 菜单点击次数：菜单被用户点击的次数。

② 菜单点击人数：点击菜单的用户数。

③ 人均点击次数：菜单点击次数/菜单点击的去重用户数。

针对这三项数据，微信后台可以选择查看最近 7 天、最近 15 天、最近 30 天或任意时间段的菜单点击情况的数据，或选择按版本进行对比（图 10-6）。

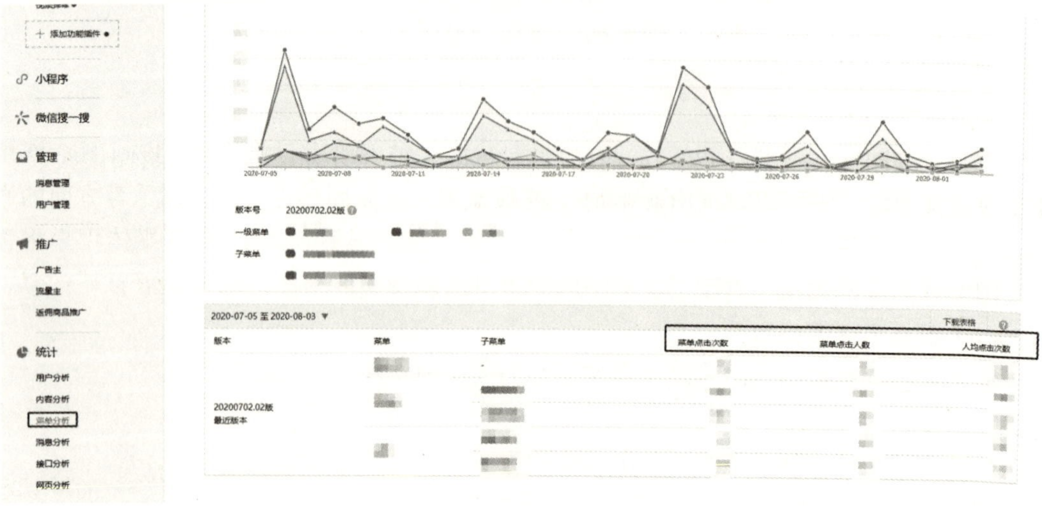

图 10-6　菜单分析

如果运营者想提升菜单的点击量，那么一定要注意菜单文案的撰写，最大限度地引起粉丝的好奇心，并且在点击菜单之后设置一些有趣的彩蛋，从而促进粉丝的点击互动。

2. 消息分析

消息分析有助于我们发现用户发消息的集中时段，了解到用户的主要疑惑点或需求点。

打开“消息分析”，里面主要分为两个部分，一是消息分析，二是关键词分析。运营者可以通过选择不同的时间维度，查看消息发送人数、消息发送次数、人均发送次数等数据。还可以通过选择最近 7 天、最近 14 天等时间段或选择按时间对比，得到关键指标的趋势图。

在消息分析关键词中，运营者可分别查询最近 7 天、最近 14 天、最近 30 天中，前 200 名的消息关键词是什么。运营者可以设置一些关键词让用户在后台进行回复。对关键词的回复进行分析，有助于运营者了解用户对于公众号内容的喜好，后续可以围绕这些关键词，继续创作类似的优质内容。

【课堂活动】

根据自己在学习或其他方面的需求，通过关键词搜索微信公众号并关注，并分组讨论你选择这些微信公众号的原因。

任务三　微博数据分析

微博，是基于用户关系的社交媒体平台，用户可以通过 PC、手机等多种移动终端接入，以文字、图片、视频等多媒体形式，实现信息的即时分享、传播互动。

一、微博数据分析概述

2021 年的微博数据显示，微博月活跃用户达到 5.3 亿，移动端占比 94%，日活跃用户达到 2.3 亿。微博以庞大的用户群体、高覆盖率及在新闻舆论、综艺娱乐等方面的影响力，成为自媒体人士必不可少的平台。艾瑞调研数据显示，60.8%的新媒体用户将微博、微信等社交媒体作为近 3 个月内获取资讯的主要方式。运营者若想做好微博运营，数据分析是必不可少的技能。

二、微博基本数据分析

微博管理后台提供了丰富的数据分析模块，运营者进入个人微博主页，单击“管理中心”—“数据助手”—“数据概览”，就可以对微博基本数据进行整体分析（图 10-7）。

在“数据服务”中，运营者可以对“昨日关键指标”“粉丝变化”“博文”“视频”“文章”等各项内容进行整体分析。

1. 昨日关键指标

“昨日关键指标”针对昨天的关注人数变化，以及与前天、7 天前、30 天前进行对比，体现为日、周、月的百分比变化。运营者可通过“昨日关键指标”留意净增粉丝数、阅读数、转评赞数、发博数、文章发布数、文章阅读数、视频发布数、视频播放量，从而通过客观数据找出差异，以提升运营效率。

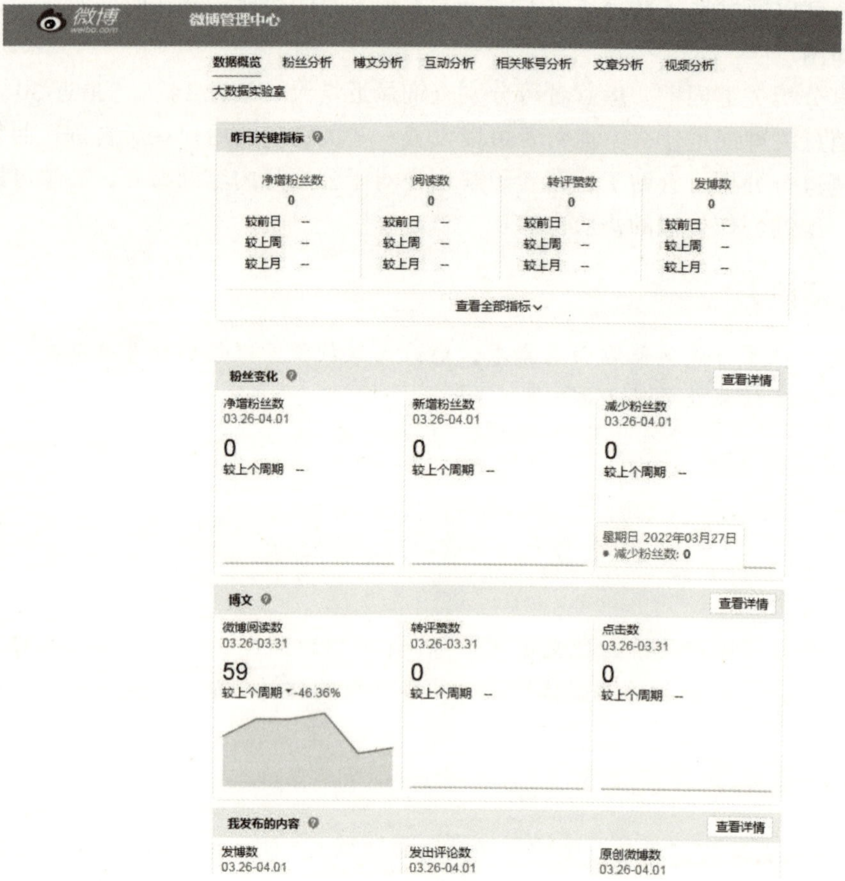

图 10-7 微博后台管理中心

在“数据概览”中，运营者可对以上指标随时间的改变发生的变化进行分析，红色代表运营情况变差，绿色代表运营数据增长。运营者需要关注红色数据和增长较明显的绿色数据，从而通过对比差异，找到提升运营效果的经验。

净增粉丝数能够帮助运营者监测粉丝增长情况。如果粉丝数据增长，运营者需要从发布内容、数量、发布时间等方面进行总结，整理运营经验以提升粉丝增长速率；如果粉丝增长数据下降，运营者应查看近期微博数据，查找原因并总结教训从而规划以后的运营。同理，运营者也可对其他数据进行分析。例如，运营者发现转评赞数呈明显增长趋势，通过查阅微博，发现由于近期在微博里由于添加了互动引导语，互动效果得到了提升，所以这可以作为日后运营的经验加以利用。

2. 粉丝变化

“粉丝变化”是了解粉丝变化趋势、查看取消关注粉丝列表的一项功能。“粉丝变化”中有两个关键指标：新增粉丝数和减少粉丝数。其中，减少粉丝数既包含粉丝主动取消对账号的关注，又包括账号主动移除粉丝的关注。在“数据概览”中，运营者可以看到粉丝变化的具体情况（图 10-8）。

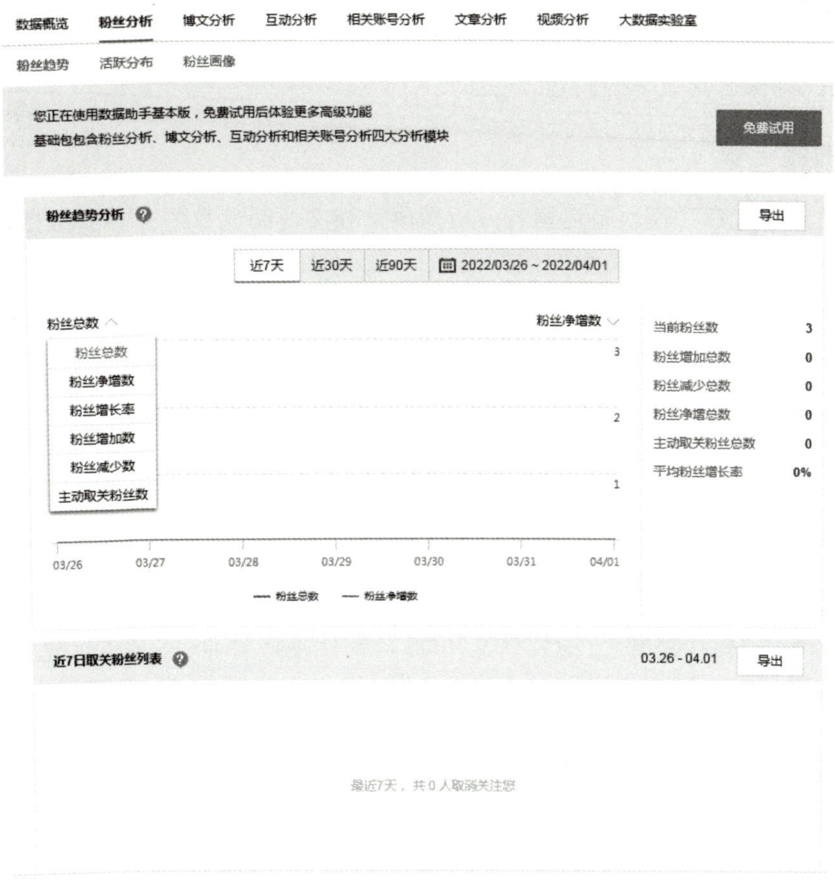

图 10-8　微博后台粉丝变化

3. 博　文

“博文”是了解微博阅读人数及点击趋势等的重要指标。“博文”中有两个关键指标：微博阅读数和转评赞数。

微博阅读数是指账号近 30 天内发布的微博被阅读的次数，一条微博可以被同一用户阅读多次；转评赞数是指账号发布的微博被转发、评论和点赞次数的累加。

在“数据概览”中，运营者可以看到“博文”数据的具体情况。

运营者可以分析微博阅读数和转评赞数的数据变化情况，进而总结提升运营效率的方法。

4. 我发布的内容

“我发布的内容”是掌握微博博主发博数、发出评论数和原创微博数的一项功能。

“我发布的内容”重点包括两个关键指标，即发博数和发出评论数。

发博数是指账号发出微博的条数，发出评论数指账号发出评论的条数。在“数据概览”中，运营者可以查看发布内容的详细数据。

对“我发布的内容”进行数据分析，可以查看运营者的勤劳程度。通过数据分布曲线，运营者需要分析自己是否抓住了热点时间段，如“6・18”等节日，从而合理规划运营时间段，确保运营效率的提升。

5. 视频和文章

“视频”和“文章”模块是运营者分析播放量和文章阅读数的主要参考指标，同样，运营者可以通过分析视频和文章的数据变化，进而总结运营规律，以提升运营效率。

三、微博粉丝数据分析

微博粉丝数据分析主要包括“粉丝分析”和“互动分析”。对微博粉丝属性进行分析，便于掌握粉丝的喜好，有利于做好运营规划。

1. 粉丝分析

“粉丝分析”模块主要包括“粉丝趋势分析”“近 7 日粉丝活跃分布”“取消关注粉丝”“粉丝来源”“粉丝类型”“粉丝性别年龄”“粉丝地区分布”“关注我的人的粉丝量级”“粉丝兴趣标签”，运营者可以对这些指标进行详细的数据分析，从而提高运营效率。

（1）粉丝趋势分析

“粉丝趋势分析”包括当前粉丝数、粉丝新增总数、粉丝减少总数、粉丝净增总数、主动取关粉丝总数和平均粉丝增长率。其中，粉丝增长率 =（当天粉丝数 − 昨日粉丝数）÷ 昨日粉丝数。

通过数据分析图，运营者可以快速查看粉丝增长和减少情况，从而对当天内容进行分析，找出数据变化原因。

（2）近 7 日粉丝活跃分布

在“近 7 日粉丝活跃分布”模块中，运营者可对活跃粉丝数进行分析。粉丝在某一天或某个时间段中登录过微博，即视为活跃粉丝。

微博中有很多“僵尸粉”，即很久不登录微博的用户。真正对运营者有帮助的是活跃粉丝的数量。在“近 7 日粉丝活跃分布”中，运营者可以查看以柱形图展示的活跃粉丝情况，进而合理评估自己账号的价值。

运营者也可以查看近 7 日平均活跃粉丝数按小时分布的情况，进而总结合理发文时间。

（3）取消关注粉丝

在“取消关注粉丝”模块中，运营者可对近 7 日内取消关注的粉丝进行统计。

在此模块下，运营者可以查看取消关注粉丝的账号、取消关注时间、最近关注时长及粉丝数，也可将数据导出至 Excel 中进行分析。

运营者可以根据粉丝取消关注的时间，研究当天内容是否引起粉丝的反感；或者去取消关注粉丝的微博主页，看其兴趣所在，从而避免同类粉丝的流失。

（4）粉丝来源

微博“粉丝来源”共分为 4 个部分，即找人、第三方应用、微博搜索、微博推荐。

找人，指通过客户端发现页找人频道关注账号的粉丝数量。

第三方应用，指通过第三方应用关注账号的粉丝数量，如通过简书、今日头条等渠道关注。

微博搜索，指通过微博搜索页面关注账号的粉丝数量。

微博推荐，指通过微博推荐关注账号的粉丝数量。

运营者可以在“粉丝来源”模块中，查看 4 个部分的比例分布。

（5）粉丝类型

“粉丝类型”分为认证用户和普通用户。微博认证用户的活跃度和黏性比普通用户要高，且对运营者更有价值。故粉丝中认证用户比例越高，说明运营者运营效果越好。

微博官方给出了“粉丝类型”的分布比例，便于运营者更好地评估运营效果。

（6）粉丝性别年龄

粉丝性别和年龄会影响运营者的选题及语言风格，运营者可以以直方图形式查看不同年龄阶段男女粉丝的占比，根据占比要确定运营内容。

（7）粉丝地区分布

运营者统计出粉丝的地区分布，更利于规划线下活动及运营内容。

（8）关注我的人的粉丝量级

运营者可以对“关注我的人的粉丝量级”进行数据分析，粉丝量级大的人数越多说明运营者的影响力越大。

（9）粉丝兴趣标签

对“粉丝兴趣标签”进行分析，便于根据粉丝需求提供合适的内容，进而提高粉丝黏性。

2. 互动分析

“互动分析”模块主要包括近 7 日微博互动 TOP10、我的影响力和我发出的评论。下面主要介绍两个较为主要的功能：近 7 日微博互动 TOP10 和我的影响力（图 10-9）。

（1）近 7 日微博互动 TOP10

此模块可以展示最近 7 天内与运营者互动最密切的前 10 个账号。运营者可以浏览这些账号主页，查看用户的兴趣和爱好，并给予重点关照。

运营者只有将精力放在最有价值的用户身上，才有利于提升账号的运营效果。

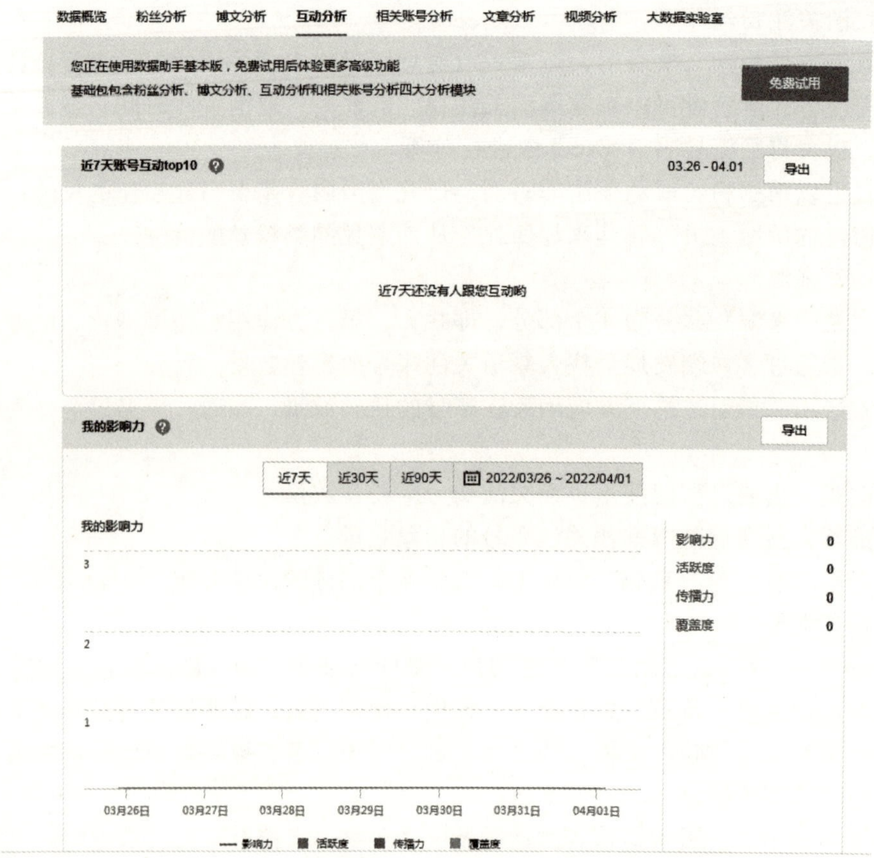

图 10-9　互动分析页面

（2）我的影响力

我的影响力共包括以下 4 个方面。

影响力：主要用于衡量微博账号在微博中的影响力，通过博文的评论情况、转发情况、粉丝活跃度等来综合评定。

活跃度：发布高质量的博文吸引粉丝、积极转发评论、私信好友均能迅速提高活跃度。

传播力：每篇博文平均被转发、被评论的次数、人数越多，证明微博的传播能力越强。

覆盖度：当天登录的粉丝数和参与互动的粉丝数越多，则覆盖度越高。

运营者可以通过图表查看各个参数的变化情况，了解微博影响力的变化情况，进而制定相应的策略，提升运营效率。

四、微博内容数据分析

微博内容数据分析主要包括“博文分析”和“文章分析”。其中“博文分析”指对所发博文进行数据分析，“文章分析”指对微博头条文章进行数据分析。

1. 博文分析

运营者单击“管理中心”—“数据助手”—“博文分析”，即可对所发博文进行数据分析。在“博文分析”模块，运营者可对“微博阅读趋势”“微博转发、评论和赞”“单篇微博分析”进行详细数据分析（图 10-10）。

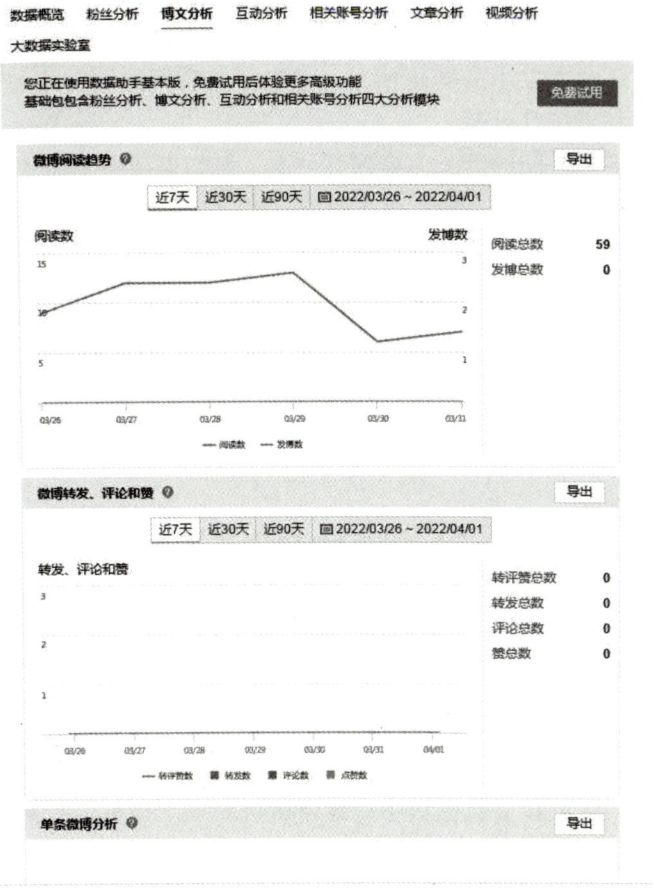

图 10-10　博文分析页面

（1）微博阅读趋势

在“微博阅读趋势”模块中，运营者可对发博数、阅读数这两个指标进行数据分析：

发博数：账号发出微博的条数。

阅读数：账号近 30 日内发布的微博被阅读的次数，一条微博可以被同一用户阅读多次。

（2）微博转发、评论和赞

在“微博转发、评论和赞”模块中，运营者可对互动数进行数据分析。

微博转发、评论和赞：账号发布的微博被转发、评论和点赞次数的累加。

（3）单篇微博分析

在“单篇微博分析”模块，运营者可对阅读人数、点击数这两个指标进行数据分析：

阅读人数：单篇微博发出后累计被阅读的去重人数。

点击数：账号发布的微博中带有的短链（含头条文章）或者图片被点击次数的累加。

在“单篇微博分析”模块中，阅读人数、点击数等将以折线图直观显示出来。运营者也可以单击右上角的“导出”按钮，将详细数据导出至 Excel 中对数据进一步处理。

运营者可以快速找到阅读人数和点击数高的微博，从而对相应微博内容、发文时间进行统计，以便找出更佳的运营策略。单击右侧“查看详情分析”按钮，运营者可以看到微博阅读量随时间改变发生的变化情况。单击“查看原微博”按钮，运营者可以快速查看微博内容，有利于统计分析。

阅读量一般会随着时间的延长不断缓慢增加，但如果微博发布一段时间后被“大 V”转发，则阅读量还会攀升，故运营者发布微博时可以提醒相关“大 V”，这样可以确保阅读量不断增长。

2. 文章分析

运营者单击“管理中心”—“数据助手”—“文章分析”，即可对所发头条文章进行数据分析。在“文章分析”模块中，运营者可以对“文章阅读趋势”“文章转发、评论和赞”“单篇文章阅读趋势分析”进行数据分析。

（1）文章阅读趋势

在“文章阅读趋势”模块中，运营者可对两个参数进行数据分析：

文章阅读数：账号近 7 日内发布的头条文章被阅读的次数，一篇文章可以被同一用户阅读多次。

文章发布数：账号发出的头条文章的篇数。

运营者同样可以对两个指标进行对比分析，并可将所有数据导出至 Excel 中。

（2）文章转发、评论和赞

在“文章转发、评论和赞”模块中，运营者可对以下指标进行数据分析：

转发总数：账号发布的头条文章被转发的次数累加。

评论总数：账号发布的头条文章被评论的次数累加。

点赞总数：账号发布的头条文章被点赞的次数累加。

运营者同样可以对 3 个指标进行对比分析，并可将所有数据导出至 Excel 中。

（3）单篇文章阅读趋势分析

在“单篇文章阅读趋势分析”模块中，运营者可对 3 个指标进行数据分析，它们的定义如下。

阅读数：账号发布的头条文章被阅读的次数，一篇文章可以被同一用户阅读多次。

文章转评赞数：账号发布的头条文章被转发、评论和点赞的次数累加。

阅读互动率：点赞数 ÷ 文章阅读数。

与“单篇微博分析”类似，运营者同样可以查看以数据条显示的头条文章的阅读数和文章转评赞数，并可将详细数据导出至 Excel 中。单击右侧“查看详情分析”按钮，运营者可以查看阅读数和转评赞数随时间变化的具体数据，从而进行统计分析。

五、微博推广数据分析

当运营者粉丝数量很少时，若想提高微博阅读量，可以使用微博推广工具——粉丝头条。当某条微博使用粉丝头条后，在 48 小时内，它将出现在粉丝微博首页信息流的第一位。

粉丝头条需要运营者花钱购买，所需费用根据投放粉丝覆盖数及潜在粉丝数的多少而定。运营者在某条微博的左下角单击“推广”，便可使用粉丝头条功能进行推广，进而提升微博阅读量。

在粉丝头条推广中，运营者可以推广给我的粉丝、潜在粉丝、指定账号粉丝的相似用户和兴趣用户。如果微博定位是初入职场的人群，可以使用粉丝头条推广给兴趣用户“初入职场”及具有相同定位、粉丝兴趣相近的账号，从而有的放矢地提升投放精准性及运营效率。当粉丝较少时，运营者可以有计划地对优质微博进行粉丝头条推广，从而提升微博的运营效率。

六、微博营销效果分析

1. 微博营销提高消费者体验感

微博营销团队通过对微博信息的分析，及时将对微博的洞察力转化为行动，进而转化为销售收入的提高。企业可以通过消费者的反馈，来反思产品，反思企业的品牌形象，进而重新设计品牌的宣传方式，使之符合企业战略发展的趋势。

微博营销创造关联性强的内容。关联性指每一个营销的方式都是与品牌战略联系在一起的。微博是热点话题的聚集地，容易吸引网友的追踪。微博营销强调与消费者互动，增强消费者体验。消费者已经由过去的被动接受，变成了主动体验和参与。微博营销突破了原有的受众群体，吸纳和融合受众观点，使得这种营销具有了其他方式所没有的生命力与持续力。

2. 微博营销 SWOT 分析

以 SWOT 分析方法为指导，分析微博营销的优势、劣势、机遇和挑战，并提出相关营销策略建议，即互动营销策略、代言营销策略、情感营销策略、个性化营销策略，为改善微博营销效果提供参考（图 10-11）。

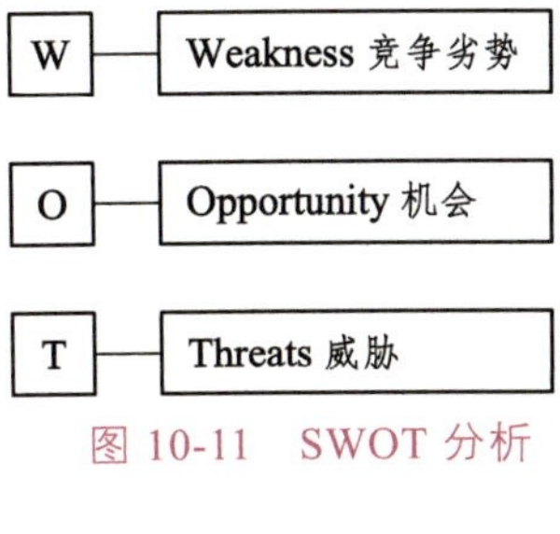

图 10-11　SWOT 分析

（1）优势分析

微博内容题材和发布方式较为灵活。微博用户数量大，更容易迅速获得大量用户的关注。微博容易形成稳定的受众群，提供更细致、更人性化的服务。微博营销可节省营销费用，以更低的成本对消费者行为进行研究，节省了保持用户的费用，减小了被竞争者超越的潜在损失。

（2）劣势分析

虽然微博营销看似没有成本，但却需要投入巨大的人力进行策略思考，并根据业内的最新动态及时调整营销重点，随时应对网络社区中的负面评论报道和竞争对手的攻击。

（3）机遇分析

移动互联网的发展是微博营销发展的基础。智能手机微博客户端下载简便，微博网民规模呈现快速发展的趋势。微博用户数量的增加吸引了实体企业和风险投资纷纷加入，推动了微博技术更新、服务拓展，并且对企业的网络营销环境产生日益深远的影响，微博营销的应用价值也逐渐表现出来。微博营销的目标市场潜力巨大，具有高学历、高收入、高消费和年轻化的特点，是十分具有营销价值的人群。

（4）挑战分析

消费者利用微博向企业讨说法的例子已经屡见不鲜，甚至有人别有用心地利用微博来抨击知名企业，水军泛滥会误导企业的营销策略。网络平台有安全隐患，易受到竞争对手攻击，营销模式还不成熟，易造成公关危机压力。

SWOT 分析结果给予如下启示：微博营销的优势大于劣势，而来自外部的挑战和机遇不容忽视。为了更好地利用微博营销，将其效用最大化，要把握发布时机，努力争取更大的信息接收率，配备专业人员监控和反馈，妥善处理公共关系。

3. 微博舆情监控

伴随着微博用户爆炸式增加，一些商业微博已经出现了泥沙俱下的乱象，一个合格的微博监测系统必须能第一时间发现相关微博内容，对突发事件及敏感信息进行及时预警，并能随时掌握舆论动向及趋势强弱变化。

（1）微博营销考核指标

微博运营数据可以用来衡量微博运营效果。微博营销涉及的数据如下：

微博信息数：每日发布的微博数量（条／天）。

平均转发数：每条信息的转发数之和／信息总数量，一般计算日平均转发数或月平均转发数（次／条），平均回复数原理类似。

平均转发数（评论数）：平均转发数（评论数）与粉丝总数和微博内容质量相关，所以这个数据可以反映粉丝总数、内容和粉丝质量的好坏。

粉丝活跃度：这是一个综合数据，一般可以通过平均转发数或回复数来衡量。

微博活跃度：一般用于竞品微博或其他微博之间的比较。

（2）通过数据考核营销效果

以 A 公司品牌微博数据（表 10-1）为例，4 月和 5 月两个月的粉丝增量近似，微博数量 5 月增加 36%，但是转发总数增长近 1 倍，评论增长了 57%。该企业分析 4 月的微博内容之后，在 5 月份做了一些调整，更加注重用户需求，所以在总量增加的同时，微博的平均转发数和评论数都上升了，可以说明该微博 5 月份比 4 月份是有进步的。

表 10-1　A 公司 4、5 月份粉丝及微博数量变化

时间	粉丝增长		微博数量	转发		评论	
	数量（条）	增长率		转发总数（次）	平均转发数（次）	评论总数（条）	平均评论数（条）
4 月	5545	37%	208	2196	10.6	909	4.4
5 月	5461	27%	284	4093	14.4	1429	5

总结：平均转发数和评论数可以衡量自身微博运营状态好坏。

（3）微博舆情监测方法

微博凭借其简单、互动性强、传播迅速等特点，突破了时间、空间的限制。对于微博的舆情监测，涵盖 7 个不同的角度。

① 危机信息预警：涉及企业的负面消息形成舆论话题时，若无法及时有效地进行监测、挖掘和分析，舆论的发展将造成不可挽回的口碑损失，甚至会造成大量客户的流失。舆情监测可以帮助企业及时进行危机公关。

② 网络口碑监测：企业可以了解媒体及客户对于行业以及某个企业的好感度。倾听消费者的声音，在海量客户发声的情况下，帮助企业了解其中的建设性建议。

③ 社会热点追踪：企业可以掌握时下营销热点，帮助企业在热点内容及话题下，获得更高的曝光量。

④ 竞争情报分析：观察竞品的一系列动作。

⑤ 行业资讯采集：了解在社交媒体中行业关心和讨论的内容。

⑥ 实施效果评估：分析企业公关后的舆论势头。

⑦ 营销效果反馈：跟踪企业营销通过微博发挥作用的效果表现。

监测微博舆情需要采用技术性方式，一方面能够确保信息监测的全面性，另一方面能够提升舆情信息监测搜索的效率。目前，已经有针对微博舆情的监测分析产品，能够对舆情起到一定的监测、分析和预警作用，提供有效的技术和决策支持。

微博舆情监测的实现过程是，每日定时、周期性地对微博进行网页抓取，对其内容实行解析后存入数据库，再通过用户设定的关键词库对采集的数据进行关键词集过滤，由此获得敏感舆情信息文本返回给用户界面。系统还应对收集的信息进行自然语言处理，从而识别热点话题和热门事件。

【知识链接】

常用微博舆情监测工具

1. 新浪微舆情热点

基于海量媒体数据，专注帮助政府、企业、媒体以及自媒体从业者，发现正在发生或潜在发生的全网热点，致力于打造“热点发现—热点分析—传播效果评估—热点事件案例库”的媒体传播大数据应用平台。

2. 微博数据助手

微博数据助手是智能数据管家，可帮助用户记录新浪微博的多方位数据。打开手机微博，点击“我”，找到“粉丝服务”，点击“粉丝服务”—“粉丝趋势”，即可找到“数据助手”。在“数据助手”中可以观测到昨日微博变化情况，例如粉丝变化、互动情况、博文阅读总数、文章阅读总数、文章总发布数等。关于粉丝分析，这里可以查到粉丝数量、粉丝来源、粉丝地区分布、粉丝增加数、粉丝减少数等。“博文”分析可以查看发博总数、评论总数。“互动”分析可以看到近七天内粉丝排行榜。“文章”分析可以查看到文章阅读总数、文章总发布数、转发总数、评论总数、赞总数。

3. 微指数

微指数是通过关键词的热议度，以及行业／类别的平均影响力，来反映微博舆情或账号的发展走势。微指数分为热词指数和影响力指数两大模块，此外，还可以查看热议人群及各类账号的地域分布情况。例如，鲜花和巧克力均在 2 月 14 日那天热议指数达到顶峰，但是巧克力的提及度要明显高于鲜花，这说明巧克力在情人节比鲜花更受情侣们的钟爱。

任务四　新媒体活动数据分析

无论是企业还是个人，要想做好、做大、做强自己的新媒体事业，策划、举办一些新媒体活动会是很有效的手段。除了举办新媒体活动，新媒体运营者更应该学会如何进行新媒体活动数据分析，从而了解新媒体活动的成功与不足、性价比以及后续可以改进的地方。

一、新媒体活动的类型

新媒体活动按照不同的划分方法，可以有不同的分类。

1. 按照活动目的分类

按照活动的目的，可以分为以下几个类型。

① 拉新类活动，指通过新媒体手段获得新增粉丝一类的活动，如微博上常见的关

注并转发以及“@3个好友”的抽奖活动，就是拉新类活动。

② 促销类活动，指的是为了促进现有粉丝活跃的活动，如在微信后台发起的留言活动，鼓励粉丝与作者留言互动，就是促销类活动。

③ 转化类活动，指的是为了促进粉丝进行下载、购买等一系列转化行为的活动，如目前在微信公众号上很常见的售卖课程一类的活动，或者是微博上的留言点赞获得产品的均是转化类活动（图10-12）。

④ 品牌类活动，指的是通过新媒体渠道宣传和推广品牌的活动，如微信群或微博线上发布会。

图10-12　转化类活动

2. 按照活动平台分类

按照不同的活动举办平台，可以分为以下几个类型。

① 微信类新媒体活动，如朋友圈常见的“萌娃投票”类活动。

② 微博类新媒体活动，如常见的“转发微博抽奖”类活动。

③ 其他平台类新媒体活动，除了微博、微信两大主流平台，在其他平台举办的新媒体活动，可以统称为其他平台类新媒体活动，包括今日头条、知乎、网易号等。

二、活动前的数据准备

为了监测新媒体活动的举办效果，运营者在活动开始前，还需要确定活动目标，根据活动目标确定此次活动的KPI。在确定KPI后需要完成以下两个准备工作。

一是根据KPI，拆解出此次需要重点监测的数据维度。

二是记录现有数据概况，方便在活动后进行对比分析。

例如，因为最近粉丝增长乏力，为了在短期内获得较多新增粉丝，某地区影楼的微信公众号策划了一个“萌娃投票”的微信活动，活动内容就是给参选的“萌娃”投票，投票优胜的“萌娃”会获得影楼提供的免费儿童摄影套餐。

那么，这个活动的KPI就是微信公众号新增粉丝，围绕这个KPI，可以监测的数据维度包括投票活动参与人数、投票活动报名人数、微信公众号新增关注数、微信公众号取消关注数、微信公众号净增关注数、微信公众号累计关注数等。然后记录各项数据维度在活动开始前的数据，并且在活动举办期间，逐日记录各项数据。

三、活动中的数据监测

新媒体活动过程也是一个非常关键的阶段。运营者需要搜集与分析数据，包括实时监控数据、分析宣传渠道优劣和留意用户反馈。

1. 实时监控数据

活动展开后，运营者需要监控活动中的各项数据维度，及时了解活动实时走向。一旦活动数据出现异常，运营者要能反推出活动的问题在哪里，并决定如何调整。

例如，某公司开展了一个微信公众号新增粉丝的活动，主要的方法就是在多个微信群中投放宣传海报，引导群内用户扫描海报上的公众号二维码获得奖品。可是活动后，后台的新增粉丝数并没有多大变化。经过运营者主动查找发现，由于海报上的二维码进行了缩放调整，导致用户在长按二维码进行扫描识别的时候，会出现无法识别的情况，从而无法扫出微信公众号，最终导致新增粉丝的效果大打折扣。了解到这个情况之后，运营者紧急调整二维码设计，重新在一些渠道进行活动海报投放，后续的新增粉丝数就逐渐符合预期了。

2. 分析宣传渠道优劣

在宣传新媒体活动的过程中，运营者需要对各个不同渠道的转化数据进行采集和分析。分析不同渠道的转化率，分析哪个渠道性价比更高、带来的用户更精准、用户转化率更高等。

例如，某公司完成了一套新媒体课程的研发，需要多个合作伙伴一起对外推广。该公司利用网站Banner、论坛帖子、微信公众号软文等渠道进行推广，最终发现来自微信公众号软文的成交量最高。在活动的后期，运营者就逐渐将更多资源投放到微信公众号宣传上。

3. 留意用户反馈

在活动期间，运营者会从各种渠道取得不同的用户反馈。对于一些比较有效的用户反馈，如对活动亮点的赞扬、活动过程中不足的反思、用户提出的改良建议等，都可以进行收集、归纳和整理，以方便活动后的总结复盘，为之后举办活动提供参考。

四、活动后的数据复盘

“复盘”这个词最早来源于棋类术语“复局”，指对局完毕后复演该盘棋的记录，以检查对局中对弈者的优劣与得失关键，有效地加深对这局对弈的印象，也可以找出双方攻守的漏洞。复盘的目的是通过向过去学习，达到能力的提升。

1. 数据复盘的意义

复盘是一个有意识地利用自身过去的行为经验进行学习的行为。但是往往很多运营者忽略了这个有效的途径。其实活动后的数据复盘，对于运营者而言有重大意义。

（1）了解活动最终执行效果

进行数据复盘，运营者可以把各项活动数据按照时间维度列出，从而一览整个活动的走势。运营者可以结合最终活动数据，对比活动目标，参照活动成本，判断这场活动的投入产出比是否合理，是否完成了最终活动目标，以及今后如何做得更好。

（2）分析不足，避免重复犯错

每举办一场新媒体活动，最终都可能会出于各种原因导致活动结束后仍有一些缺憾。运营者在复盘的时候，需要知道哪些地方做得不够好，下次如何避免。

（3）总结经验，确保下次做得更好

对新媒体活动进行数据复盘，会让运营者从头到尾将活动剖析一遍。在这个过程中，运营者会逐步回忆起活动举办过程中的各项细节，最终沉淀出宝贵的活动经验，知道哪些环节做得不好、哪些环节有可能做得更好，确保下次活动取得更好的效果。

2. 数据复盘的步骤

活动后的数据复盘，可以从以下几个步骤进行操作。

（1）回顾目标

在活动结束后，运营者找出当初策划活动时确定的活动目标，并思考后续的活动执行是否在朝着目标迈进，其间是否出现过波折，以及出现波折的原因。

（2）对比结果

通过找出活动目标，并对比最终活动数据，从而确定是否完成了既定目标。这个对比的过程可以通过表格的形式进行，最好能够将结果量化。

（3）分析原因

通过活动数据的对比，分析活动最终成败的根本原因，包括主观和客观两个方面。

（4）总结经验

结合对原因的剖析，思考后续举办类似的活动时需要采取哪些措施、注意避免犯什么错误，同时要挖掘一些新的办法，让后续活动成功率得到保证。

【思考练习】

① 新媒体数据的来源有哪些？

② 简述新媒体数据分析的基本步骤。

③ 为什么进行数据复盘？数据复盘的步骤是什么？

参考文献

[1] 王昂，赵苗. 新媒体营销[M]. 北京：人民邮电出版社，2022.
[2] 杜鹏，佟玲，等. 新媒体营销[M]. 北京：人民邮电出版社，2021.
[3] 秋叶. 新媒体营销与运营[M]. 北京：人民邮电出版社，2021.
[4] 邹益民，李丽娜，等. 新媒体营销与运营[M]. 北京：人民邮电出版社，2021.
[5] 康肖琼. 新媒体营销[M]. 北京：机械工业出版社，2020.
[6] 魏艳. 零基础学短视频直播营销与运营[M]. 北京：化学工业出版社，2019.
[7] 李昕. 全能运营：新媒体营销和运营实战手册[M]. 北京：清华大学出版社，2019.
[8] 袁国宝. 抖音营销[M]. 北京：电子工业出版社，2019.
[9] 郑昊，米鹿. 短视频：策划、制作与运营[M]. 北京：人民邮电出版社，2019.
[10] 勾俊伟. 直播营销[M]. 北京：人民邮电出版社，2017.